民國歷史與文化研究

七 編

第 **2** 冊

民國高等學校招生制度研究（上）

肖黎明 著

花木蘭文化事業有限公司

國家圖書館出版品預行編目資料

民國高等學校招生制度研究（上）／肖黎明 著 — 初版 — 新
北市：花木蘭文化事業有限公司，2018〔民107〕
目 2+206 面；19×26 公分
（民國歷史與文化研究 七編；第 2 冊）
ISBN 978-986-485-255-0（精裝）
1. 高等教育 2. 教育制度 3. 入學考試
628.08   107001275

民國歷史與文化研究
七 編 第 二 冊   ISBN：978-986-485-255-0

民國高等學校招生制度研究（上）

作 者 肖黎明
總 編 輯 杜潔祥
副總編輯 楊嘉樂
編 輯 許郁翎、王 筑 美術編輯 陳逸婷
出 版 花木蘭文化事業有限公司
發 行 人 高小娟
聯絡地址 235 新北市中和區中安街七二號十三樓
        電話：02-2923-1455 ／傳眞：02-2923-1452
網 址 http://www.huamulan.tw 信箱 hml810518@gmail.com
印 刷 普羅文化出版廣告事業
初 版 2018 年 3 月
全書字數 306090 字
定 價 七編 8 冊（精裝）台幣 15,000 元

民國高等學校招生制度研究（上）

肖黎明　著

作者簡介

　　肖黎明，男，江西贛州人，2005 年考入華南師範大學學習教育史；2008 師從袁徵教授學習和研究民國教育史，2012 年獲教育學博士學位。現爲贛南師範大學教育科學學院教師，碩士研究生導師，承擔教育學、小學教育學、學前教育及教育管理等專業本科及研究生專業課程的教學工作。

　　本人的主要研究興趣爲教育史、傳統文化與教育思想、高校招生制度。發表過《顧炎武教育思想研究綜述》、《顧炎武教育活動考論》等論文，主持或參與研究省級科研課題 3 項。

提　　要

　　本書旨在研究民國時期高等學校招生制度的演變軌跡及其主要內容、基本特徵與歷史效應，並總結經驗教訓，爲當代中國高校招生制度改革提供歷史鏡鑒。

　　本研究發現：

　　民國初期，由於深受傳統和貫例的影響，高校招生仍主要依賴政府機構選送，政府在高校招生中仍處於實際的主導和控制地位。新文化運動開始後，在民主、科學與法治的時代潮流中，由於中央政府一般很少直接干預、參與和控制高校內部的具體招生事務，同時，由於各方勢力比較均衡，在高校自主招生、學生自由選擇與政府依法監管調控的良性互動中，在蔡元培等教育家及社會各界的努力下，民國高校開始擺脫對政府機構的依賴，並逐漸開闢了自主招生的新局面，從而使高校招生實現了從政府主導到自主招考的歷史性轉變；與此同時，民國高校還採用合議制與分任制相結合的議事決策和行政制度，建立了民主與效能兼備的高校招生組織人事制度，從而不僅基本實現了教授治校原則指導下的自主招生，還通過民主的議事規則和高效的行政制度，使自主招生兼具民主、高效、科學與法治的特點。這種比較合理的招生制度在南京國民政府時期雖然受到「黨化教育」與計劃統制思潮的影響，但已經建立的民主和法治還是基本上能夠盡力消減各種消極因素對高校自主招生產生的負面影響。

　　從總的情況來看，在民國時期的高校招生活動中，圍繞著高校入學資格的給予與獲取，高校、學生與政府等有關各方經過長期的互動，逐漸形成了比較寬鬆的招生管理制度，比較民主和高效的組織人事制度，比較公平合理且相對穩定的招考錄取程序以及非常靈活的招生與入學規則，整個高校招生制度表現出民主、科學、法治、公平、靈活、高效等基本特徵。因此，在比較公平與合理的招生制度下，民國高校可以比較自主地招考錄取新生，廣大學子報考入學的自由選擇機會也比較多，高校與學生積極互動，基本上能夠達到「招所願招」、「教所願教」與「學所願學」的較高境界。這種制度在一定程度上參與改寫了中國現代的歷史進程，其理性精神和合理做法值得學習和借鑒。

致　謝

　　拙作終於告一段落，掩卷沉思，深感學問著述之艱難。但飲水思源，感慨之餘，作者更須感恩。因為，如果沒有家人、老師、親友、同仁及單位的幫助和支持，拙作不可能完成並付梓出版，作者在此一併致謝。

　　首先，必須感謝作者在華南師範大學教育科學學院攻讀博士學位期間的各位老師，特別要感謝我的博士生導師袁徵教授，並感謝曾給作者授課的黃明喜教授、張俊洪教授、扈中平教授和董標教授，先生們嚴謹的學術精神和高尚的人格魅力，永遠是作者學習的榜樣，也是激勵作者繼續從事學術研究的重要動力。如果沒有上述各位老師的悉心指導和無私付出，作者不可能完成學業，更談不上寫作博士論文，並以此為基礎出版專著。

　　其次，本書的撰寫離不開家人和親友們的幫助，在此必須感謝作者妻子林佳春的默默奉獻，感謝女兒肖安琪和其他親友們的大力支持，拙作也凝聚著作者家人和親友們的勞動和心血。正是由於他/她們的奉獻和支持，作者才能夠專心於本書的寫作。作者對於家人和親友們的支持無以為報，只希望拙作的出版能給他/她們帶來的一些樂趣。

　　再次，拙作作為江西省教育科學「十三五」規劃課題《深化高校招生管理改革的歷史鏡鑒——民國的經驗與教訓》（編號為 16YB125）的階段性成果，作者必須感謝為本書寫作提供條件幫助的單位和朋友，特別是作者現在供職的贛南師範大學及與作者一起共事的各位同仁和朋友，如果沒有單位和同仁們的支持，作者也沒有良好的條件來完成書稿的修改工作。

　　最後，拙作能夠順利出版，得益於一些幕後英雄，特別是花木蘭文化事業有限公司的高小娟董事長、杜潔祥總編輯和楊嘉樂主任，各位的耐心、細緻和寬容常常使作者深受感動。作者在此表示誠摯的感謝！

肖黎明

2018 年 1 月 26 日

目
次

緒　論

　　在正式開始論述民國時期的高等學校招生制度之前，這裡先闡述一下本書課題的選題緣由及研究意義、研究現狀及研究任務，以及相關的時間和概念界定及研究方法，並簡單介紹本書的基本框架與研究創新之處。

一、選題緣由和研究意義

（一）選題緣由

　　首先，本書選擇民國時期的高等學校招生制度（以下簡稱民國高校招生制度）作為研究課題，起緣於本人對中國高考改革的關注和反思。

1. 高考改革陷入困境：統一高考與自由選擇的衝突

　　1977 年，中國恢復「高考」，重新實行全國普通高等院校統一招生考試制度。三十多年來，高校統一招生考試在很大程度上成為全國學校教育系統運轉的軸心和指揮棒。「高考」一直是全社會廣泛關注的焦點。

　　當前，隨著教育改革的逐步深入，高校招生制度改革已經成為我國教育改革與發展中的熱點與焦點問題，並引起了全社會的廣泛關注及中共中央、國務院和國家領導人的高度重視。經過有關部門和社會各界歷時兩年多的廣泛討論和公開徵求意見，2010 年 7 月 29 日，新華社受權正式發布了由中共中央和國務院印發的《國家中長期教育改革與發展規劃綱要（2010～2020 年）》。〔註1〕該規劃綱要用了相當的篇幅來論述高校考試招生制度改革的必要性和改革方

〔註 1〕　新華網：《中共中央、國務院印發〈國家中長期教育改革和發展規劃綱要（2010 ～2020 年）〉》，（2010－07－29）〔2010－09－09〕，http://news.xinhuanet.com /politics/2010-07/29/c_12388761.htm。

向，並提出要「創新考試招生制度」，「推進考試招生制度改革」，以考試招生制度改革爲突破口，克服『一考定終身』的弊端，推進素質教育實施和創新人才培養。按照有利於科學選拔人才、促進學生健康發展、維護社會公平的原則，探索招生與考試相對分離的辦法，政府宏觀管理，專業機構組織實施，學校依法自主招生，學生多次選擇，逐步形成分類考試、綜合評價、多元錄取的考試招生制度」，及「完善高等學校考試招生制度。深化考試內容和形式改革，著重考查綜合素質和能力」，還要「完善招生錄取辦法，建立健全有利於專門人才、創新人才選拔的多元錄取機制」。〔註2〕其中有些表述似乎讓人們又看到了希望，但是，如何具體地操作和實施各項改革，仍然存在許多未知數。因此，如何改革高考制度，仍然需要社會各界認眞研究和探索。

同時，近年來的教育改革實踐也表明，中國的高考制度乃至整個教育制度似乎又到了一個歷史性的轉折關頭，高考制度的改革也成爲整個教育制度改革的關鍵和樞紐之一。雖然教育管理者可能希望學習西方發達國家的高校招生與考試經驗以改善和提高中國高等教育的質量，社會各界似乎也希望通過高校自主招生來選拔對應試教育不太適應的「奇才」、「偏才」和「怪才」，但從目前中國教育管理者的教育行政實踐及教育研究者的研究成果來看，多數人對現行高考制度改革的討論仍然局限於諸如招考方式或招生考試的形式、次數、科目設置、命題及計分等考試技術層面的內容，卻似乎對高考考試制度形式背後的整個招生制度視而不見，更缺乏廣泛和深入的研究與討論。實際上，招生考試（即爲了招生而舉行的考試）只不過是整個招生過程中的一個重要環節而已，招考制度不過是整個招生制度中的一小部份而已。雖然它也很重要，但是，合理的改革不僅應當在招考的技術層面展開，更應當針對整個招生制度。當然，關鍵是建立高校享有較大自主權的招生制度，將大部份招生權歸還給各高校，因爲高校招生活動的大部份內容本來就是屬於高校的內部事務，也是高校的學術自由。正如 1978 年美國最高法院的判決所指出的那樣：大學的學術自由就是它可以「根據學術理由自己決定誰可以講授、什麼可以講授、如何進行講授和誰可以被錄取入學」。〔註3〕

〔註 2〕 新華社：《國家中長期教育改革和發展規劃綱要（2010～2020 年）》，（2010－07－29）〔2010－09－09〕，http://www.gov.cn/jrzg/2010-07/29/content_1667143.htm。

〔註 3〕 Regents of the Univ. of California v. Bakke, 438 U.S. 265（1978），轉引自袁微：《中國教育問題的哲學思考》，深圳：海天出版社，2009 年版，第 180～181 頁。

　　然而，近年來，雖然許多教育管理者能夠看到現行高考制度的弊端，也
希望通過借鑒西方發達國家高校自主招生考試的某些做法來克服應試教育的
弊端，但往往出於某些不必要的擔憂或恐懼，卻又對西方發達國家的整個高
校自主招生制度乃至學術自由制度不太感興趣。於是，在多半是出於應付社
會質疑和批評的改革中，有關部門出臺的改革措施大多在一些細枝末節的問
題上反覆折騰，實質性的改革難以取得進展。

　　誠然，現行的高考制度曾經開創過一個新的時代，其歷史功績不容否認。
但是，從近年的社會輿論來看，越來越多的人開始反思和質疑這種僵化的制
度，越來越多的人對現行高考制度感到不滿。目前，社會各界對現行的高考
制度的爭議相當大。有人堅決主張廢棄統一「高考」，也有人堅決維護統一「高
考」，這兩種相互對立的觀點似乎都有各自充足的理由，但堅持「高考廢棄論」
者似乎難以拿出更好的辦法來解決高校招生中的公平問題，而反對「高考廢
棄論」者似乎也沒有辦法解決目前「高考」制度中越來越明顯的弊端，並解
決選拔人才和提高效率的問題。尤其是在中國社會對傑出創新人才的渴望與
優秀人才難以湧現的矛盾被普遍認為與現行整個中國教育體制中的關鍵和樞
紐——高考制度密切相關的時候，任何有關「高考」的改革舉動都可能會引
起全社會的高度關注。顯然，歷史似乎又到了一個轉折的關口，當前人們對
於現行「高考」制度的爭議可能與清末時人們對科舉的爭議有些類似，其存
廢與改革成為全社會越來越關注的焦點問題。就目前的情況來看，教育學術
界除了介紹國外的高校招生經驗之外，對此似乎無所作為，相關的理論研究
也進展不大，而有關部門出臺的各種「高考」改革政策似乎也常常讓人們感
到失望，與「高考」有關的負面新聞時常可以在新聞媒體的報導中見到。在
「改革什麼，什麼就失敗」的哀歎中，教育改革似乎就被公認為顯著的例子，
高考改革會不會成為下一部失敗的作品呢？如果不會，又憑什麼呢？

　　於是，當前的高考改革就出現了這樣的境況：一方面，全國統一高考與
高校的辦學權利及學術自由之間的衝突越來越大，仍在試驗中的高校自主招
生改革難以取得突破性的進展，甚至誤入歧途；另一方面，統一高考與學生
的學習權利及入學選擇自由之間的衝突也越來越明顯，長期倍受詬病的全國
高校統一招生考試制度仍然鮮有實質性變革的跡象，有些改革措施的公正性
也讓人產生懷疑。因此，可以說，當前的高考改革已經陷入了嚴重的困境之
中。

　　由此可見，陷入困境的高考改革究竟何去何從，如何使現行的高校招生制度變得更加公平合理，並為高校實現自主辦學權利和學術自由服務，為學生實現學習權利和選擇自由服務，同時也為提升中國的教育學術水平服務，仍然是當今中國社會和教育面臨的一個緊迫的重大問題，非常有必要認真地進行更加廣泛和深入的研究和討論。

2. 高考改革仍須借鑒歷史：民國高校招生的制度經驗值得重視

　　在此教育改革與高校招生制度改革的大背景下，從民國高校招生制度的歷史變遷中汲取經驗和教訓更顯得非常有必要。因為，在民國教育史上，高校招生與學生入學制度的改革與發展雖曾有過一些教訓，但更多的是留下了許多經驗。民國高校曾經嘗試過單獨自主招生、聯合招生、統一招考、委託招生、成績審查、免試保送、破格錄取、多次考試與學生自主選擇等做法，並留下了不少至今讓人津津樂道的佳話。但到目前為止，學術界在這方面的研究還比較薄弱。因此，有必要進行更加深入的研究，以期弄清楚民國高校招生制度發展的內在邏輯，為目前的高考制度改革提供歷史借鑒。這也是本書選擇研究民國高校招生制度的重要緣由之一。

　　觀今宜鑒古，也許歷史可以給人以智慧的啓迪。在借鑒西方發達國家高校招生制度中某些先進做法的同時，從本國高校招生制度的歷史變遷出發來探討高校招生制度改革的問題就顯得具有特別重要的現實意義。

　　雖然目前學術界對民國高校招生制度也有一些研究成果，但除了一些期刊論文之外，甚至連一本專著也還沒有出現，現有成果仍顯得過於單薄，還不足以揭示民國高校招生制度的本質及其變遷的內在邏輯，也難以全面總結歷史經驗教訓，因而無法較好地為當前的高校招生改革提供借鑒和服務。因此，加強對這方面的歷史研究，認真地全面和深入探討民國時期高校招生制度的演變及其利弊得失，應當可以為當前的高校招生制度改革提供有益的參考。

　　為此，在中國的高考制度及高校招生制度又面臨重大變革之際，本人選擇了與高校招生有關的歷史研究課題──民國高校招生制度研究，以期為當前中國高校招生制度的改革提供歷史的經驗借鑒。

3. 本人的研究與思考：關注教育體制改革，反思計劃與統制教育制度

　　其次，選擇此課題，還緣於本人在學習和研究過程中對民國時期「計劃教育」和「統制教育」的思考與求證。

　　在閱讀民國教育史相關文獻的過程中，本人體會到，近代以來，出於對國家和民族危機的深刻憂慮與對「富國強兵」的急切渴望，「教育救國論」思潮在近代相當盛行，並對中國教育產生了深刻的影響。中國教育界在基本拋棄本國的傳統教育模式和制度以後，對世界潮流跟得相當緊。能夠虛心地學習當時比較發達國家的教育模式和制度，這對改革和發展中國教育當然是必要和有益的。但同時也存在急功近利和盲目跟風以至不講學理的問題。因此，自晚清新政以來，中國教育一直處於變革之中，而主政者與教育學術界在持續不斷的教育改革實踐中，模仿和照搬國外教育理論和制度的痕跡相當明顯，先是模仿日本的制度，然後是學習德國、法國和美國等國的做法，再然後就是模仿蘇聯的體制。至於為什麼要改變學習和模仿的對象，多數人都是先根據當時的社會輿論來判斷某個國家在當時世界上的綜合國力與影響力，並進而判斷其教育模式和教育制度的「先進性」的。在這種「勢利眼」大行其道之際，很少有人能夠靜下心來從學理上論證學習某個國家教育模式和制度的合理性與局限性，當然，更少有人能從學理上論證合理的教育模式與教育制度到底應該是什麼樣的。這正是中國教育界乃至全社會典型的「病急亂投醫」現象。

　　然後，本人進一步思考發現，自「新文化運動」以來，中國教育界主流以學習歐美國家為主，歐美有些教育學者對中國教育改革的影響尤其顯著，但自從 1929 年歐美國家出現經濟危機以來，民國時期的政府和教育界都不約而同地將學習和模仿的對象轉向當時經濟發展速度較快的蘇聯。而當時蘇聯採取的中央集權與統一計劃的教育模式和教育制度又正好迎合了當時國人加快教育發展與建設速度的普遍心理，更符合國民黨蔣介石加強中央政府權威與「一黨專政」及個人獨裁的政治需要，再加上當時各項建設事業本身對計劃的需求及統一計劃本身具有的某些合理性，於是，本人推測，一個與當時「計劃經濟」思潮與模式相適應的、一種新的教育模式──「計劃教育」模式開始在中國形成。

　　接著，我沿著這個思路追查，發現民國時期確實有不少「計劃教育」的影子和痕跡。在教育思想方面，則可以追朔到孫中山與蔣介石等人的「計劃教育」思想及教育學術界的「統制教育」思潮。在教育實踐方面，在地方，比較典型的例子有陳誠在湖北推行的「計劃教育」；在中央，比較典型的例子有教育部在全國推行的計劃與統制招生制度。於是，我進一步推測，在民國時期，「計劃教育」可能是在當時國內「計劃政治」、「計劃經濟」及各種為了

「建設」與「培養建設人才」就必須「統制教育」並實施中央集權的統一「計劃」思想等因素綜合作用下的產物，也可能與當時的國際政治經濟形勢與文化思潮有密切的關係。

因此，爲了繼續驗證這個思考結果，本人選擇研究民國時期的高校統一計劃與統一管制招生制度（本文將其簡稱爲計劃統制招生制度）的形成、發展和演變作爲重要的切入點，以更加深入地探討研究民國時期的「計劃教育」與「統制教育」。當然，這種推測不一定正確，還需要用史料史實詳細驗證。

最後，此課題的選擇還與本人的專業研究興趣有關。

近年來，本人對中國的教育問題和教育制度作了一些理論方面的研究和思考，特別是對學校招生與學生入學制度作過比較認眞的思考。我認爲妥善解決招生與入學問題是解決中國目前各種教育問題的關鍵突破口之一。而教育理論研究與教育歷史研究之間的關係相當密切，理論研究可以爲歷史研究提供解釋工具，歷史研究也可以爲理論研究提供素材和生動的案例，甚至可以推動理論研究的發展。

爲此，本人選擇研究民國時期的高校招生制度歷史，以運用和檢驗自己所學到的知識和理論及自己通過研究和思考所得到的一些想法，同時也試圖爲研究解決招生與入學問題的理論研究提供某些歷史借鑒。

綜上所述，爲了從民國教育史上汲取寶貴的資源，爲了繼續探索和推進當前高校招生制度的改革，也爲了運用和檢驗自己的專業理論知識，本人決定深入地研究民國時期的高校招生制度，以期在自身專業發展和研究興趣得到滿足的同時，也能夠對當前中國高校招生錄取制度的改革、發展與完善提供一些歷史的經驗借鑒。於是，在導師袁徵教授的指導下，在目前特定的歷史背景、現實環境和研究條件下，本人根據現有信息選擇了民國高校招生制度這個研究課題。

（二）研究意義

本課題的研究不僅可能有較大的理論意義，還可能有較大的社會應用價值。

1. 理論研究意義

本研究有助於弄清民國時期高校招生制度的基本內容、本質特徵、演變邏輯及制度變遷的基本史實及其關鍵轉折的歷史緣由，同時有助於發掘不少

在民國高校招生研究方面仍未被前人注意的史料，為以後的研究打下紮實的基礎，從而推進此課題的學術理論研究。具體地說，本課題的理論研究意義可能有以下幾個方面：

（1）本課題研究有助於弄清楚民國時期高校招考錄取與學生報考入學的基本流程和關鍵環節，及相應的程序、制度和招生組織架構、人事安排及議事決策規則等方面的關鍵制度內容；

（2）有助於澄清人們對民國時期高校「破格錄取」與「自主招生」等制度的模糊認識；

（3）有助於深入探討民國政府、高校和求學者等有關各方圍繞高校入學資格的給予與獲取所進行的力量博弈情況，及有關制度設計與實踐所體現出來的理性精神；

（4）有助於弄清民國高校招生制度與實踐從政府主導到高校自主的變遷軌跡、關鍵轉折及歷史緣由；

（5）有助於探討民國高校招生制度變化的關鍵因素及其歷史影響，並弄清民國高校招生制度的內在演變邏輯，有助於將此課題的學術理論研究提高到一個新的水平；

（6）有助於瞭解民國的政治經濟制度、文化教育思潮、教育制度與高校招生及學生入學制度變遷之間的互動關係，推進對高校招生制度與政治、經濟和文化之間關係的理論研究。

（7）有助於吸取民國高校招生的經驗教訓，為當今高校招生制度改革提供有益的歷史經驗借鑒和豐富的理論研究素材。

2. 社會應用價值

由於高校招生制度是連接中等教育與高等教育的橋樑，歷來為社會所關注，近年來有關「高考」的改革更是成為了中國社會的熱點和焦點，而對民國時期的高校招生制度展開系統研究，可以為當前的高校招生制度改革提供經驗借鑒，為反思和改革高校招生制度乃至整個教育體制提供理論參考，可能具有重大的社會應用價值。

當前，西方國家的經濟和金融危機日益加深，全球有陷入經濟蕭條的危險，而隨著國際政治經濟形勢的變化，中國的民族主義正在高漲，「中國模式」論似乎也頗有市場。於是，許多人又開始懷疑西方發達國家在教育制度方面的合理性與先進性。歷史彷彿回到了 1929 年世界經濟大蕭條之際。當時，看

到歐美國家正陷入嚴重的經濟危機，而蘇聯則因實行計劃而日益強大，許多中國人於是將目光轉向蘇聯。在教育制度方面，國人也由學習歐美，轉而模仿蘇聯。隨著計劃與統制思潮的興起，執政當局也開始在教育領域實行計劃與統制制度，而對歐美發達國家的先進經驗不再感興趣，甚至持完全否定的態度。然而後來的歷史發展似乎足以表明，雖然蘇聯的制度確有過人之處，但歐美發達國家的教育制度也沒有因為經濟危機而完全喪失其合理性和先進性。雖然有識之士一般不會以「勢利眼」看問題，但是，在這個歷史的十字路口，人們更有必要更加謹慎小心，似乎也有必要重新回顧當年的歷史，並從中吸取經驗和教訓，因為對歷史的無知或誤解往往會使人迷失方向。因此，為了認清形勢和辨明方向，發掘歷史的經驗和教訓或許會比介紹國外經驗更有現實意義和社會應用價值，因為有些人對國外經驗可能會有某種排斥的心理，但對歷史的經驗則可能不會完全拒絕。

因此，開展此領域的系統研究，不僅推進民國時期高校招生實踐及制度本身的學術理論研究，而且，如果能夠從民國社會的政治、經濟和思想文化與高校招生實踐及制度變遷的互動關係中努力找到高校招生制度形成與變化的內在邏輯，從歷史的經驗和教訓中總結出有價值的帶有規律性的東西，也可以為當今的高校招生制度改革提供理論參考，這對於深化當今的教育體制改革，特別是為繼續探索和推進高校招生制度改革提供歷史的經驗和教訓，都可能具有一定的理論指導意義和的社會應用價值。

二、研究現狀與研究任務

下面在梳理有關文獻及現有研究成果的基礎上分析本課題的研究現狀，然後探討民國高校招生制度這個歷史研究課題應當關注的基本問題，並初步確定本書的主要研究目標。

（一）研究現狀

通過文獻檢索發現，到目前為止，國內外學術界對於 1949 年以前高校招生制度的系統研究還不多見，除了少數幾篇論文外，還沒有出現系統的專著研究成果。

1. 文獻綜述

在民國時期，這方面僅有一些資料性的文獻，如《第一次中國教育年鑑》、

《第二次中國教育年鑒》、《教育部二十七年度國立各院校統一招生委員會報告》、《教育部二十八年度國立各院校統一招生委員會報告》、《二十九年度國立各院校統一招生委員會報告》以及各種教育雜誌、報紙和報刊上與招生和考試的公告和規章等分佈零散的文獻資料或教育評論，專門就高校招生進行系統研究的論文非常鮮見，專著則沒有出現。

　　直到 20 世紀九十年代後期，才出現了與本課題有關的一些論文，下面擇要簡介如下：

　　（1）《民國時期高校招生考試述略》（高耀明，《高等師範教育研究》1997年第 4 期）

　　作者將民國時期高校招生制度的演變劃分爲單獨自由招生階段（1911～1932）、計劃控制與統一招生階段（1933～1940）、招生形式多元化階段（1941～1949）三個階段，並概述了各個階段的基本制度內容及其利弊得失。其階段劃分的兩個標誌性事件分別爲：第一，1933 年，教育部採用「比例招生法」，要求設有文、實兩類學院的大學及文科類學院所招新生數額，不得超過實科類學院新生數額；第二，1941 年，因抗戰進入相持階段，教育部取消了統一招生，改爲由各公立大學及獨立學自行招生。該文對後來的研究具有重要的啓發意義。

　　（2）《近代中國高校招生考試研究》（薛成龍，廈門大學 1999 年 5 月碩士學位論文）

　　這是一篇較早對民國高校招生考試制度進行系統研究的學位論文。作者系統梳理了自晚清到 1949 年期間的高校招生考試制度，論述了近代中國高校招生從單獨招考到統一招考的歷史過程及相關制度出臺背景與實施過程及其利弊得失，並精闢地概括出近代中國高校招生考試具有民主性、科學性、開放性與實用性等四個基本特徵，對後來的研究具有重要的參考價值。但該論文由於篇幅較短，忽略了不少制度內容和有關的史實，對有些問題也沒有詳細論述，因而顯得比較單薄。

　　（3）《從單獨招考與統一招考——民國時期高校招生考試變革的啓示》（張亞群，《中國教師》2005 年第 6 期）

　　該文探討了民國高校招生考試的變革及啓示。作者將民國高校招考劃分爲民國前期的單獨招生考試階段與民國中後期的高校計劃與統一招生形式階段，並將劃分標誌定爲 1933 年教育部頒佈的各大學及獨立學院招生辦法，認

為該辦法標誌著南京國民政府為了克服單獨招生所衍生的諸多弊端而開始強化中央政府對高校招生的宏觀控制。

（4）《民國時期的大學招考制度及其影響》（楊李娜，《漳州師範學院學報》2005 年第 4 期）

該文論述了民國時期大學聯考制度的主要特徵與影響，認為臺灣的大學聯考制度起源於民國時期的聯考制度。

（5）《民國時期的高校招生方式及其現實意義》（單雲蘊，《湖北招生考試》2008 年第 12 期）與《民國時期高校招生制度及其現代價值》（單雲蘊，南京師範大學 2009 年 6 月碩士學位論文）

作者在這兩篇論文中梳理了民國時期高校招生制度的演變歷程，分析了相關制度的制約因素、基本特徵及各自的利弊，同時探討了民國高校招生制度的啓示意義。作者以相應的標誌性事件為線索將民國高校招生制度分為單獨招生階段（1912～1937）、統一招生階段（1938～1940）與混合招生階段（1941～1949）。

（6）《南京國民政府時期高校招生制度研究》（王岩，南京師範大學 2009 年 5 月碩士學位論文）

該文將南京國民政府時期的高校招生制度劃分為單獨招生制度、計劃與統一招生制度、多元化招生制度三種類型，並探討了各自的時代背景、實施過程與優缺點及對當今招生制度改革的啓示。

其他相關的期刊論文還包括：《民國時期高校統一招生及其意義》（冉春，《四川教育學院學報》2003 年第 9 期），《民國時期高校考試制度的歷史考察》（房列曙，《安徽師範大學學報》2004 年第 5 期），《民國時期高校招生考試與學校教育的關係》（劉清華，《寧波大學學報》2004 年第 10 期），《近代中國教會大學的招生特點》（巨玉霞等，《大學教育科學》2005 年第 5 期），《南京國民政府時期高校招考制度的歷史考察》（鄭剛、黃文忠，《湖北招生考試》2008 年第 8 期）等。這些論文對民國時期高校招生制度的歷史演變、制度特點、歷史意義等方面進行了研究和探討，都有相當的啓發意義，其中也不乏真知灼見。毫無疑問，這些論文成果為後續的深入研究打下了良好的基礎。

2. 存在問題

毫無疑問，上述研究成果對晚清民國時期的高校招生進行了多方面的探討，為後人的研究提供了良好的基礎。但是，毋庸諱言，由於學術界在這個

方面進行研究的時間比較短，現有成果也有許多不足。例如，大部份論文只是側重於從政府政策文本上分析和論述民國高校招生活動中的環節之一——考試環節的研究，而忽略了其他諸如招生與錄取等重要環節與內容，有的甚至沒有嚴格區分招生與考試的概念，沒有看到決定入學考試制度的是政府的招生管理調控制度及相應的招生組織人事制度，同時也沒有區分各種類型高校招生的不同做法，也沒有專門研究政府與高校之間及高校招生與學生入學選擇之間的互動，因而缺乏對整個高校招生實踐與制度的整體研究和深入的理論分析。另外，民國高等學校的招生實踐內容豐富，制度的形成、發展經歷比較複雜的變化，而現有的研究成果大多是期刊論文，篇幅較小，許多重要的史料還沒有得到利用，甚至連一些基本的重要史實也還沒有搞清。因此，在這方面顯然還有相當大的研究空間，有待於深入探討和系統研究。

另外，其他的一些研究考試制度方面的教育史專著也可能涉及民國時期高校組織的入學考試制度，都有一定的學術價值。但是，由於這些著作大多以高校招生活動中組織的入學考試這個環節爲主要研究對象進行概述，因而難以對整個民國高校招生制度進行系統和深入的研究，因此，嚴格地說，目前關於考試方面的研究還不能算是專門研究民國高校招生制度這一課題的系統專著。

綜上所述，現有的研究論著雖然取得了一定的成果並爲後人的深入研究打下了良好的基礎，但由於學術界對民國時期高校招生制度的研究起步較晚，研究力量相當薄弱，研究成果還比較少，特別是高水平的成果尚不多見，甚至連一本全面系統研究和論述此歷史課題的專著也還沒有出現。可以說，到目前爲止，這還是一個研究十分薄弱的領域，值得深入探討。

（二）研究任務

下面探討民國高校招生制度這項歷史研究課題應當關注和解決的基本問題，同時在此基礎上提出本書的研究目標。

1. 基本問題

要想弄清楚以往的研究存在哪些問題，首先要知道本課題研究中需要解決哪些基本問題，然後根據需要解決的問題與現有研究成果進行仔細對照和檢驗，如此才能眞正發現以往研究的成就和不足之處。

　　基於以上考慮，本人認爲，本課題的研究應該努力解決以下幾個方面的基本問題：

　　（1）解決「是什麼」的問題，即解決民國高校招生制度「是什麼」的問題，也就是要搞清楚課題研究對象的問題。

　　這就要求對課題研究中的有關概念做出比較清楚和嚴格的界定，其中包括「民國高校」、「招生」與「制度」等核心概念。

　　（2）解決「有什麼」和「什麼樣」的問題，即解決民國高校招生制度到底「有哪些內容」及「有何特點」的問題。

　　這就要求認眞搜集相關史料，盡可能弄清楚民國各個時期高校招生制度變遷的眞實歷史面貌，而制度又包括正式和非正式的制度內容。

　　（3）解決「如何形成、發展與變化」的問題，即要研究民國高校招生制度的具體形成、發展和演變的歷史過程。

　　制度在形成之後雖然會有一定的穩定性，但也是在不斷發展和變化的。即使同樣的制度文本在由不同當事人的實施過程中也可能會有所變化。這就要盡力搜集相關史料，盡可能全面系統地研究民國高校招生制度的形成、發展和變化過程的全貌，特別是盡可能弄清其演變過程中主要的關鍵轉折過程；其中，應當努力搜集某些關鍵當事人及重要機構所做決策的史料，而不僅僅是摘錄幾個常見制度文本所記載的內容就以爲搞清楚了制度演變的整個歷史過程與脈絡。

　　（4）解決「爲什麼」的問題，即解決民國高校招生制度「爲什麼會這樣而不會那樣」的問題。

　　這就要努力探討民國高校招生制度背後的制度環境和制度基礎及其形成和發展演變的內在邏輯，要盡可能弄清楚有關當事人會做出這樣的選擇而不會做出那樣的選擇，而不僅僅是總結出可供當前高校招生改革借鑒的若干招生方式；其中，比較重要的是要弄清楚民國高校招生制度關鍵轉折的歷史緣由，並探討當時的政治經濟文化思想狀況對高校招生制度所產生的影響，特別是要深入探討民國時期的中央政府在高校招生制度發展變化中所起的重要作用。

　　（5）解決「應當是什麼」的問題，即努力探討合理的高校招生制度應當是什麼樣的問題，或解決「有什麼歷史啓示」的問題，努力總結其歷史經驗和教訓，並發掘其對當前高校招生改革與發展的理論指導意義。

從理論上說，課題研究者應該盡可能地應用相關的知識和理論來探討最合理的高校招生制度到底應該是什麼樣的，即使無法做到這一點，也應當努力探討比較合理的高校招生制度應該是什麼樣的，並說明其理論依據和內在邏輯，只有這樣才能明白歷史上有關當事人所做出的選擇有哪些可取之處，又有哪些不可取之處，也才可能為當今和以後的高校招生制度改革提供理論上的指導。否則，如果研究者自己都不明白比較合理的招生制度是什麼樣的，其研究至多只能算是史料的羅列或史實的澄清，其歷史研究的價值可能就會大打折扣，也無法為人們如何根據當前的環境和條件做出比較合理的選擇提供借鑒。而真正有價值的歷史研究作品應當能夠做到這一點。當然，要完全做到這一點，可能會比較難，但學術研究者如果能夠在方面做出努力，其成果可能會更有價值。

當然，除了以上主要的基本問題之外，還有其他一些問題也很值得研究，如民國高校招生制度與當時其他國家高校招生制度的比較，以及其對後來大陸與臺灣高校招生制度所產生的影響，等等。

對照目前的研究成果，不難發現，學術界對民國時期高校招生制度的研究還比較薄弱，還沒有比較全面與系統的研究專著或高水平的論文成果出現，現有成果大多局限於或注重於對某些表面的招生考試形式的研究與效果評價或借鑒，而忽略了一些最基本的問題如招生的主體、對象、過程、目標等，對政府招生政策制定的過程與實施效果、高校自主程度與學生選擇機會多寡、招生制度變遷的影響因素與決定因素等等方面的問題也還沒有深入探討，更不談不上揭示民國高校招生制度歷史變遷的內在邏輯。由此可見，這還是一個研究十分薄弱的領域，應該在前人研究的基礎上努力進行更加系統和深入的研究。

2. 研究目標

2010 年 9 月 8 日，《中國青年報》的《冰點特稿》報導了一位抗戰老兵的傳奇人生經歷。〔註 4〕這位抗戰老兵的親身經歷向世人表明：直到 1950 年代初，在全國高校實行高度統一的計劃招生制度之前，一位普通的高中畢業生不僅可以努力實現自己的大學夢想，還有可能同時收穫多達 5 所大學的錄取通知書，並自由選擇高校入學。

〔註 4〕　林天宏：《冰點特稿：老兵歸來》，《中國青年報》冰點特稿 767 期，2010 年 9 月 8 日：《中國青年報》中青在線：《冰點特稿：老兵歸來》，（2010－09－08）〔2010－09－21〕，http://zqb.cyol.com/content/2010-09/08/content_3408656.htm。

　　民國時期，許多人像趙振英一樣，懷抱著考大學的理想，通過自己的不懈努力，最終獲得了上大學的機會。而且，能夠同時收穫數所大學錄取通知書的人，在民國時期絕不止趙振英一個人。文化名人季羨林就是一個典型的例子，1930 年夏，季羨林從山東省立濟南高中畢業，他來到北平，報考了北大和清華，結果被這兩個學校同時錄取。因為想留洋鍍金，季羨林最後選擇了清華。〔註5〕可見，民國時期有不少優秀學子都可以同時收穫不止一所大學的錄取通知書，這在當時實在是很平常的事情。然而，令人納悶的是，民國時候，甚至在 1950 年代初實行統招之前，考生仍可同時收穫不止一所大學的錄取通知書，為何現在的考生不可以？為何各項建設進步的同時廣大學子的選擇自由卻越來越少？

　　誠然，民國的高校招生制度也有缺點和不足，也不能保證讓所有人都上名牌大學，但它卻給無數的民國學子帶來了多次自由選擇的機會，有志的優秀青年一般都能夠憑著自己的成績和表現考進自己理想中的大學，並自由地選擇學科、專業和課程，甚至直接追隨自己中學時代就已欣賞或崇拜的名師，從而正式開啓自己的大學之旅。同時，民國高校招生制度不僅能夠讓考生擁有自由選擇的機會，還能夠讓高校招收到各類成績優秀且真正具有學術潛質和創新意識的人才。現在人們仍在懷念的眾多民國「大師」們，有許多就是當年在民國高校招生制度下選拔出來的優秀考生，如朱自清、羅家倫、錢鍾書、錢偉長、季羨林等。因此，在這樣的制度下，高校教師可以「招所願招」，「教所願教」，從而享受到「得天下英才而教育之」的人生快樂；廣大學子也能夠選擇自己喜歡的學科和專業，並跟隨自己喜愛甚至崇拜的教師學習，「學所願學」，從而享受到真正的學習樂趣。

　　那麼，在當時的制度下，民國高校是如何將優秀人才選拔出來的？民國學子又何以能夠擁有那麼多的自由選擇機會？民國時期主流的高校招考與入學制度又是如何形成的？基本制度形成後又是為何得到良好的貫徹和執行？為何民國的招生制度就能夠接近或達到「招所願招」、「教所願教」與「學所願學」的較高境界？

　　為了回答這些問題，就必須對整個民國高校招生制度進行系統研究，因為如果只研究一項或幾項具體的制度，就難免會有「見樹不見林」的局限。

〔註 5〕季羨林：《1930～1932 年的簡略回顧》，《清華校友通訊》復 49 期，2004 年 4 月。

顯然，系統研究不僅要求研究各種與招生有關的具體招生規則，還應當探討隱藏在背後並起決定性作用的招生自主權及相應的招生組織人事制度。這就必須深入瞭解整個民國高校招生活動的基本流程和關鍵環節及相應的各種規則，以及招生活動的議事決策過程及相應的制度，必須弄清基本的制度內容及有關制度的執行和實施機制，及整個招生制度的基本特徵與實施效應。

　　為此，本文將解決下面幾個問題列為主要研究目標：

　　第一，弄清楚民國高校是如何獲取自主招生權的；

　　第二，弄清楚民國高校是如何具體地落實各自的自主招生權的；

　　第三，弄清楚民國時期的中央政府是如何管理和調控高校招生的；

　　第四，從高校招考錄取的角度出發，弄清楚具體的招考與錄取流程及相應的各項具體規則；

　　第五，從學生報考入學的角度出發，弄清楚具體的報考入學流程及相應的各項具體規則。

　　因此，本文試圖在研究民國高校招生制度歷史變遷的基礎上，比較系統地研究民國時期高校招生活動的組織架構、機構設置、人事安排及議事決策規則和有關的招生管理制度，比較深入地探討民國高校招生活動的基本活動流程及相應的具體招考錄取與報考入學規則，以總結歷史的經驗和教訓，為當今高校招生制度改革，特別為建立比較公平的招生與入學程序、比較靈活的具體招生入學規則、比較民主的招生組織人事制度，及比較寬鬆合理的招生管理制度提供有益的借鑒。

三、相關界定及研究方法

（一）相關界定

　　本書的研究對象為民國時期的高校招生制度，在研究之前，有必要對研究的時間範圍進行界定，並介紹本文對民國高校招生制度發展和演變的階段劃分，同時還應當對釐清有關的基本概念，並對本文的主要研究內容進行初步界定。

　　1. 時間界定與階段劃分

　　（1）時間界定

　　民國時期：按照中國大陸比較通行的做法，將民國時期定為 1912 年中華民國建立至 1949 年中華人民共和國成立期間。

當然，有時為了更清楚地說明高校招生制度的歷史演變脈絡，也有可能會涉及到晚清時期和 1949 年之後的情況，因為民國高校招生制度萌生於晚清的高校招生制度，而在 1949 年之後的高校招生制度中又明顯可以看到民國高校計劃統招制度的影子和痕跡，也是民國高校招生制度的延續。

（2）階段劃分

為了便於研究，本文將民國高校招生制度的發展和演變劃分為大致互相銜接的三個歷史階段，即初期（1912～1917）、中期（1917～1927）與後期（1927～1949）。其中，1917 年與 1927 年是兩個比較關鍵的年份，這樣劃分的理由有以下幾點：

第一，從 1917 年開始，蔡元培在北京大學推行招生制度改革，到 1919 年就基本完成了有關制度的建設並取得初步成效，其他主流高校也在此前後建立了比較民主的招生制度，這就標誌著民國高校招生從傳統的「官主」轉變為現代的「民主」，並從官僚主義的「人治」轉變為民主主義的「法治」。鑑於民國教育家蔡元培及其在北大改革的重要影響，將 1917 年作為一個分界線是比較合適的。

第二，1927 年以前民國高校的招生制度主要是在北京民國政府主導下形成的，而 1927 年之後的高校招生制度則是在南京國民政府主導下形成的。1927 年之前，民國各高校在招生中遵循的主要是北京民國政府教育部制定的各項法令法規，1929 年之後，這些法令法規被南京國民政府及其教育部頒佈的法令法規取代。因此 1927 年是一個重要的分界點。

第三，1917 年到 1927 年期間，由於北京民國政府及其教育部的力量相對比較弱小，政府、高校與學生有關各方之間的力量比較均衡，因而高校招生與學生入學是比較民主和自由的時期。但南京政府成立之後，政府制定的各項教育制度開始得到較好的貫徹實施，政府對高校招生的管制力度明顯增強。

因此，根據民國高校招生制度的本質特徵，綜合各類高校招生制度的發展和演變，並結合中央政府及其教育主管機關的替換，本文認為，以 1917 年和 1927 年作為大致的分界線是比較合適的。

2. 概念界定和研究內容

（1）基本概念

在民國時期高校招生制度研究這個課題中，基本的概念主要有三個：一是高校，即高等學校或高等院校，二是高校招生，三是高校招生制度。

　　首先是「高校」的概念。對於何為「高校」的概念，一般沒有太大的爭議，一般是指中等學校以上的專門從事高等教育的組織機構，包括專門學校、高等師範學校、大學本科及其預科與大學院、專科學校、專修科、獨立學院、大學及研究院和研究所等在內的所有高等院校。但是，值得注意的是，所謂的「高等」和「中等」，也只是人們的主觀看法，而且，有時候，高等與中等的區分併不十分明顯，過份強調「高等」與「中等」的差別也許並不完全是明智的做法。因為，現在的高等教育與民國時期的高等教育內容可能有明顯的差距，民國時期的某些高等教育內容可能只相當於現在的中等教育內容，反之亦然；同樣，不同時期的高等學校與中等學校的概念也可能有明顯的差距。而且，一個更為重要的事實是，民國時期的許多高校實際上除了舉辦高等教育之外，還往往同時舉辦中小學教育，可能包含附屬的中小學校甚至幼稚園。本文以民國時期社會公認為高等院校或大學的教育機構法人實體作為招生活動的主體，因此，民國「高校」可能與現在的「高校」概念不完全一樣，雖然名義上也以高等教育為主，但實際上可能同時也注重開辦中小學。

　　其次是高校招生的一般概念。招生是指高等學校為了招收新生而進行的一系列活動，包括從為獲得招生資格到為招收新生制定招生計劃與章程並發出招生公告，到試卷命題，到投考者報考，到學校對投考者進行資格鑒定並組織考生參加招生考試，到學校閱卷評分與錄取合格考生，再到被錄取的考生進入高校正式註冊、獲得學籍（包括學籍檔案與學習資格，主要指學習資格下同）並開始選課與正式學習為止等一系列過程。

　　這裡有必要區分招生和入學的概念。招生一般是指學校或教育培訓機構招收新生，其行為主體是學校或教育機構；與招生相對的概念是入學，入學是指求學者通過學校或教育機構的考試或審查被錄取後進入學校或教育機構學習，其行為主體是學生。

　　在日常生活中甚至在有些學術研究論著中，人們有時將考試與招生完全混為一談，例如將高考和高校招生混在一起使用，這顯然是有問題的。因為考試只是招生的環節之一，雖然它是整個招生制度中的一個重要的中心環節。還有不少人將招生考試與入學考試完全等同，這樣有可能會導致不同行為主體之間權利與義務關係的混亂。

　　最後是高校招生制度的一般概念。

從狹義上講，高校招生制度是指高校在招生過程中形成的具有一定約束力的具體辦事規則。

從廣義上講，它是指各級各類高校在招收學生過程中形成的一整套由傳統、習慣、做法、方法、原則、政策、決策、程序、組織、決策與辦事機構、人事安排、規定規則和規範機制等組成的體系。

顯然，這裡的廣義制度概念與現代制度經濟學中的制度概念相類似，也包括了正式的制度和非正式的制度。這種制度概念具有豐富的內涵和外延，它是具體的，又是動態的，是不斷變化的，是與一定的環境和條件有關的，與相關當事人和機構聯繫在一起的，而不是僵化的，也不是抽象的。

本文以狹義的制度概念為基點，同時在必要時將其拓展延伸到廣義的制度概念，力求展現民國高校招生制度歷史的豐富性、複雜性及其動態的變遷過程。

（2）核心概念

基於對以上基本概念的研究，下面對民國高校招生制度研究課題中特定的核心概念進行界定：

民國時期的高等學校：簡稱民國高校，指民國時期專門學校以上的各種高等教育機構，包括專門學校、高等師範學校、大學預科、本科、大學院、專科學校、專修科、獨立學院、大學及研究院和研究所、公立大學、私立大學與教會大學等在內的所有高等院校。如上所述，民國時期的高校可能與現在中國大陸的高校概念不完全一致，似乎不宜用今天的中國大陸高校模式去套民國歷史上存在的高校法人實體。

民國時期的高校招生：簡稱民國高校招生，指民國時期的高校為招收學生而獲取招生資格、制定招生計劃與章程並發出招生公告，到試題編製，到投考者報考，到高校對投考者進行資格鑒定並組織考生參加招生考試，到高校閱卷評分與錄取合格考生，再到被錄取的考生進入高校正式註冊、獲得學籍並開始正式學習為止等一系列過程。

這裡，有必要指出的是，根據有關史實，民國高校招生中所招收的學生中除了一年級第一學期的「新生」，還大量招收其他各年級的「舊生」，學生的各類和層次也是各類繁多。

民國時期的高等學校招生制度：簡稱民國高校招生制度，廣義可指民國時期高校在招生實踐活動過程中形成的一整套由傳統、習慣、做法、方法、

原則、政策、決策、組織、程序、目標、辦事機構、規定規則、人事安排和規範機制等組成的體系；狹義則指民國高校在招生活動中必須遵循的一系列規章制度和法令法規。本文不僅研究狹義的民國高校招生制度，同時也在必要時涉及部份廣義的制度內容。

根據上述對制度的定義，本文不僅研究政府制定的法規或政策文本上的規章等正式的制度內容，也適當地結合民國高校招生實踐活動中所遵循的傳統、慣例、方式、原則、程序等非正式的制度內容，因爲在許多時候一些非正式的制度內容往往在民國招生實踐活動中也起著重要的作用。

（3）研究內容

在民國高校招生活動中，由於民國的高校、政府及學生三者之間的長期互動，逐漸形成了許多具體的招生活動規則，如果以高校爲主體，這些活動規則可以稱爲招生制度，如果以學生爲主體，則稱爲入學制度。在傳統的社會中，政府和有關機構一般佔據主導地位，而個人往往據於弱勢地位，代表教育者的高校一般佔優勢地位，而代表受教育者的考生大多占弱勢地位，因此，入學制度雖然與招生制度有許多共通之處，但高校是招考錄取新生，而考生是報考及入學高校，二者實際上也有不少相異之處，二者是雙軌並行且有時交叉的相向活動過程，而由於學生的弱勢地位，再加上入學制度也大多是由高校與政府主持制定的，因而入學制度往往被招生制度所遮蔽甚至取代。同樣的道理，如果以政府爲活動主體，則政府對高校招考錄取與學生報考入學活動的管理和調控制度稱爲招生管理制度，一般較少稱爲入學管理制度。而在日常生活的中文語境中，高校招生制度的內容往往涵蓋了高校的招考錄取制度、考生的報考入學制度及政府的招生管理制度。但這樣的做法模糊了各個活動角色的主體地位，也不利於對整個高校招生活動過程（包括考生報考入學及政府的招生管理過程）進行深入系統的研究，因而也不利於區分和界定各個角色之間的權利和義務關係。另外，除了高校招生錄取、學生報考入學及政府管理制度之外，有關的招生組織人事制度也在很大程度上起著決定性的作用，因爲各項具體的招生、入學與管理制度歸根到底是由相應的組織人事制度來決定和實施的。因此，本文認爲，除按照貫例一般性地統稱爲民國高校招生制度之外，還應該將高校招生制度具體地劃分爲高校招考錄取制度、學生報考入學制度及政府的招生管理制度和高校招生組織人事制度。據此，本文將這些方面的具體制度列爲基本的研究內容。

（二）研究方法

本書主要研究採用歷史文獻研究法。在搜集史料方面，本研究除查閱相關檔案、年鑒、報紙和雜誌等史料之外，同時搜集有關年譜、文集、傳記、日記、回憶錄、會議報告等多種史料，力求發掘尚未被教育史學界和歷史學界注意的內容；在運用資料方面，主要有三個方面的資料：一是民國時期的中央政府及教育主管機構制定和發布的與招生有關法令法規和行政命令，二是各高校內部與招生有關的規章制度及各校校史中對有關招生活動的敘述資料，三是有關當事人回憶錄中有關於招考與錄取、報到與註冊等方面的內容。

在必要時，本文擬運用適當的理論工具對有關史料進行適當的理論分析，並在運用這種方法的研究過程中，努力做到以下幾點：

1. 文獻研究與理論分析相結合

本課題結合教育學與歷史學專業的學科特點，主要採用史學中的文獻研究方法，在發掘與梳理史實的基礎上對民國時期的高校招生制度進行分析和研究。同時，由於高等教育招生與入學事關重大，相關政策與制度的出臺必然牽涉到教育之外的領域，故本研究不拘泥於教育史一域，而力圖搜集當時國內外政治、經濟、文化等各方面的史料，以求綜合運用各種史料對民國高校招生制度進行研究。因此，在對史料的處理與運用過程中，本課題研究將儘量避免堆積與羅列史料的現象，並盡力避免單純按照時間簡單地排列史料的傾向，努力做到靈活地綜合運用史料，讓史料為解決相關問題服務。同時，適當運用其他學科的理論對相關問題進行簡要分析。

2. 整體研究與個案分析相結合

由於民國高校招生制度的內容不僅涉及政府的招生法規與政策，也直接關係到各高校的招生實踐活動，不僅包括政府、高校及求學者之間的互動機制，也包括各類高校之間、高校招生與學生入學之間的互動機制，因此，本文擬採取整體研究與個案分析相結合的方法，以更加清楚地揭示民國高校招生實踐活動及制度變遷的豐富與生動內容。

3. 招生活動與招生制度相結合

民國高校招生既是一種以高校為主體從事的自主實踐活動，也是高校在有關制度制約下從事的社會活動，招生活動與招生制度的關係是相互聯繫、相互制約與相互影響的，兩者密不可分。因此，有必要將活動史與制度史結

合起來對民國高校的招生進行研究，以弄清民國高校招生的眞實面貌。

　　另外，本書也適當運用比較的方法，將民國高校招生制度與中國其他時期的高校招生制度及外國的高校招生制度進行適當的比較，爲理解民國高校招生制度提供一些參照。

四、論文框架及研究創新

（一）論文框架

　　本文除緒論和結語部份之外，正文第一章從實際招生控制權的角度出發研究民國時期高等學校招生實際控制權的轉移和變化，並著重探討由政府控制的選送式招考演變爲由高校自主招考新生的關鍵轉折過程；第二章從招生活動組織與實施者的角度出發探討保證民國高校自主招生權得以實現的組織與人事制度，內容包括招生活動的組織架構、機構設置、人事安排與議事決策規則；第三章從政府管理的角度出發研究民國時期政府對高校招生的管理調控和計劃統制制度；第四章以高校爲主體研究民國高校自主招考與錄取新生的基本程序及相關制度；第五章以學生爲主體探討民國學子在報考與入學高校過程中的基本程序與相關規則。

（二）研究創新

　　由於本選題的現有研究成果較少，所以，本書的研究內容有許多是前人尚未涉及或解決的問題，大多具有一定的學術創新意義。具體地說有以下幾個方面：

1. 研究選題的新穎

　　一方面本文著重研究民國高校招生活動實際控制權的轉移、高校招生的組織人事制度、高校招生的政府管理制度等核心制度內容，而這些內容都是以往研究者沒有或較少涉及的；另一方面，發掘新的史料，澄清有關史實，對此課題進行比較全面系統的研究，嘗試比較深入地研究和探討民國時期高校招生制度的基本內容及其形成與變化的歷史軌跡、本質特徵及內在演變邏輯，其難度相當大，學術界至今沒有這方面的專著研究成果。

2. 研究視角的創新

　　本書不僅從政府對高校招生的宏觀管理與計劃控制及高校招生的角度出發，也從求學者的報考入學選擇的視角對招生制度進行研究，以往研究者一

般沒有或極少綜合性地從各個角度來系統地研究民國高校招生制度。

3. 研究內容的拓展

在以往研究成果的基礎上，本文在研究內容方面作了進一步的拓展，主要表現在：

第一，本書不僅研究入學考試等重要環節，還將內容擴大到從籌劃招考到組織考試、錄取、報名投考、報到註冊及入學等各個流程和環節及相應的各項制度；

第二，本文不僅研究招生制度本身，還探討招生制度與當時教育制度及政治經濟制度之間的互動關係；

第三，本書不僅著重分析了制度變遷過程中組織機構與人事及議事決策規則的作用，還適當關注了有關當事人及有關組織機構對制度變遷的影響；

第四，本書不僅探討了重大事件的影響，包括當時的教育改革、學生運動、國內國際政治、經濟形勢、國共鬥爭與抗日戰爭對有關制度的影響，還探討了當時社會與思想界主流思潮對高等教育招生與入學制度的影響。

以上這些內容都是以往論著沒有或較少涉及的。

4. 學術成果的突破

本書通過研究，取得了一系列新的認識，提出了一些新穎的觀點和比較可靠的結論，本文的發現大多超越和突破了目前學術界對民國高校招生制度的許多一般性認識，或為比較合理的認識提供了比較可靠的史料證據和邏輯論證支持，從而豐富了學界對民國高校招生問題和有關制度的認識，並將此課題的研究推向新的境界，同時也有助於推進學界對於高校招生制度的理論研究。

第一章　傳統與變革

　　蔡元培曾說過:「吾國今日之大學,乃直取歐洲大學之制而模仿之,並不自古之太學演化而成也」;他還明確指出:在古代中國,大學的辦學目標是爲了「對人們進行實踐能力的訓練,使他們能承擔政府所急需的工作」,而晚清時期,「大學推行的總方針,還是爲了要產生一個於政府有用、能盡忠職守的群體」,但「隨著一九一二年民國的成立,它把政府的控制權移到了民眾手中——在大學內部也體現了這種精神」,大學的辦學目標「不僅在於培養人們的實際工作能力,還在於培養人們在各種知識領域中作進一步深入研究的能力」。〔註 1〕在這樣的歷史背景下,民國高校成爲教授高深學術和養成碩學宏材的機構,並獲得了比較自由的發展空間。由此,現代大學制度繼續在中國成長壯大,而且,民國各高校結合當時中國社會的實際情況,充分利用比較寬鬆的政治環境,發揮制度創新的主動性與積極性,在長期的招生活動實踐中形成了一整套頗具特色的自主招生制度,其中的經驗教訓和歷史智慧至今仍然值得學習和借鑒。

　　爲了弄清楚民國高校在招生活動中是如何「把政府的控制權移到民眾手中」並實現自主招生的,本章從高校獲取和維護實際招生控制權的角度出發研究民國時期高校招生制度的歷史嬗變軌跡,並著重探討其中的關鍵性變革及變化原因與歷史影響。

〔註 1〕蔡元培:《大學教育》,《中國現代大學觀念及教育趨向》,中國蔡元培研究會:《蔡元培全集》,杭州:浙江教育出版社,1997 年版,第六卷第 594 頁,第五卷第 308~309 頁。

第一節　傳統的沿襲

　　清末，公立高校是官府機構開辦的，各高校的招生自然也大多是由官府機構和官僚控制，這種「官立」與「官辦」的傳統與慣例對民初各高校招生仍具有重要的影響。因此，民國初期，北京民國政府教育部及各地方政府仍然在很大程度上主導著各公立高校的招生活動。甚至直到蔡元培改革北京大學之前，各公立高校招生仍然嚴重依賴官府機構和政府官員。為此，在探討民國高校招生制度的重要變革之前，有必要考察一下變革前夕民國初期的基本情況。這裡主要研究在重要變革前夕由政府主導高校招生的民初高校招生制度，時間段大致為 1912 年至 1917 年。〔註2〕

一、選送式招考

　　民國成立之初，政府和各高校繼承了清末在教育制度方面的不少遺產，並通令各省要求「在現高等以上學校規程尚未頒佈，應暫照舊章辦理」，而清末學部於光緒三十二年（公元 1906 年）規定，學堂招生「自行考試，分別去

〔註2〕　「民初」本意為民國成立之初，一般既可指民國初年，也可指民國初期。民國初年一般指民國成立之後的最初幾年，而從招生制度變遷的角度來看，本文認為，民國初期應當主要是指從民國成立至蔡元培主導北京大學改革為止的若干年期間，具體時間大約為民國成立至「五四運動」前後。當然，二者有一定的區別，但有時在某些情況下也可通用。本文對民國初期的時間界定理由如下：民國元年，曾任教育部總長的蔡元培及范源濂（先任次長，7 月26 日繼任總長）等教育革新派人物主持制定並頒佈了具有現代意義的教育宗旨和教育法令，但不久蔡、范二人先後去職（時間分別為 1912 年 7 月 14 日及 1913 年 1 月 28 日），其教育理念大多未及施行，而袁世凱隨後任命的教育總長多奉行比較保守的教育理念，以致蔡氏等人的教育理念大多為保守派所拋棄，在袁世凱於 1915 年初頒佈《特定教育綱要》及《頒定教育要旨》之後，民國教育更趨保守。1916 年 6 月，袁世凱去世。7 月 12 日，總統黎元洪任命范源濂為教育總長，范表示要「切實實行元年發表的教育方針」，參照英美兩國教育制度，提倡「軍國民教育」，並於 9 月 1 日致電蔡元培，請其出任北京大學校長，蔡於 1917 年 1 月 4 日就職，從此以蔡元培為代表的革新派重新主導民國教育的發展。因此，鑒於蔡元培、范源濂及袁世凱等人對民國初期教育發展與改革的重要影響，本文的民國初期主要指從民國成立至袁世凱逝世，再至蔡、范等人重新開始實施其教育理念，特別是到改革北京大學（大約為「五四運動」前後）為止的這段時期。有關史實參見陳學恂：《中國近代教育大事記》，上海：上海教育出版社，1981 年 10 月版，第 228，264～265，279～281 頁；及高平叔：《蔡元培年譜》，北京：中華書局，1980 年版，第 27～29，35 頁。

取」。〔註3〕顯然，如果嚴格按照法令條文，民初各高校完全可以自行招生錄取新生。但是，公立高校在招生時，由於承襲以往的傳統和慣例，除自行招考部份新生，多數名額的招考都由政府官僚機構操控，因此，當時的所謂招考仍然是以官府選送為主，是一種選送式的招考。其一般做法是：事先由中央政府教育機關下令或直接商請各地方政府，由各地官府機構向高校推薦選送具有一定出身和資格的人或中等學校的畢業生，〔註4〕然後再由高校對選送人員進行復試或覆核。

有的高校招生甚至連復試都是由各省官府主持。以梁實秋當年考進清華學校的經歷為例，1915 年，按照預定的配額標準，清華學校在直隸招考 5 名新生，當時有 30 多人報考應試，初試結果取 10 名，復試再遴選 5 名。梁實秋在通過初試後，即參加由直隸省長朱家寶親自主持的復試。梁實秋回憶當時的情景說：

〔註3〕　《教育雜誌》第 3 卷第 11 期，記事，第 79 頁；《奏定大學堂章程》考錄入學章第三，舒新城：《中國近代教育史資料》中冊，北京：人民教育出版社，1961年版，第 624 頁。

〔註4〕　民國成立之初，政府雖已下令廢除對各級學堂畢業生獎勵出身的辦法（1912年 1 月 19 日教育部公佈普通教育暫行辦法通令，參見朱有瓛：《中國近代學制史料》第三輯上冊，上海：華東師範大學出版社，1990 年 6 月版，第 1～2頁），但高校招生時仍會參照考生在以往清末學堂取得的出身和資格，當然，這種資格主要指在中等學校畢業的資格，不過仍與以往的出身和資格有一定的關係。而前清學堂畢業生的出身和資格則源於清末對各級學堂畢業生給予獎勵出身的規定（詳見 1904 年 1 月 13 日頒佈的《奏定學堂章程・各學堂獎勵章程》，潘懋元、劉海峰：《中國近代教育史資料彙編・高等教育》，上海：上海教育出版社，1993 年 12 月版，第 323～330 頁）。知名學者馮友蘭在回憶他母親及時人對於科舉資格的看法時說：「她（指馮友蘭的母親）想到，光叫我們在家裏上學，沒有資格，恐怕於我們前途有妨礙。說到資格，當時人的心中，還是以科舉的資格為標準。無論什麼資格，他都要把它折合為科舉的資格，心裏才落實」。可見，清末，各地雖開辦有不少新式學堂，但大多數人習慣於將在新式的府縣級中小學堂、省城的高等學堂及京師大學堂的畢業資格等同於獲得科舉的秀才、舉人和進士資格，傳統的科舉功名、出身和資格對當時士紳階層仍有著巨大的吸引力。馮友蘭：《三松堂自序》，《三松堂全集》第一卷，鄭州：河南人民出版社，2001 年 1 月版，第 26 頁。茅盾也回憶說：「前清末年廢科舉辦學校時，普遍流傳，中學畢業算是秀才，高等學校畢業算是舉人，京師大學堂畢業是進士，還欽賜翰林。所以高等小學學生自然是童生了。」茅盾：《我的學生時代》，天津：新蕾出版社，1982 年 1 月版，第 37 頁。

　　我獲得初試入選的通知以後就到天津去謁見省長。十四歲的孩子幾曾到過官署？大門口的站班的衙役一聲吆喝，嚇我一大跳，只見門內左右站著幾個穿寬袍大褂的衙役垂手肅立，我逡巡走近二門，又是一聲吆喝，然後進入大廳。十個孩子都到齊，有人出來點名。靜靜的等了一刻鐘，一位面團團的老者微笑著踱了出來，從容不迫的抽起水煙袋，逐個的盤問我們幾句話，無非是姓甚、名誰、幾歲、什麼屬性之類的談話。然後我們圍桌而坐，各有毛筆紙張放在面前，寫一篇作文，題目是「孝悌爲人之本」。這個題目我好像從前作過，於是不假思索援筆立就，總之是一些陳詞濫調。過後不久榜發，榜上有名的除我之外有吳卓、安紹芸、梅貽寶……。〔註5〕

又如，據從江蘇考入清華的鐵明回憶，1917 年暑假，他參加清華學校在南京的招生考試，當時是由他的三舅父帶領他前往南京參加由江蘇教育廳組織的入學考試。〔註6〕

　　因此，從民國初年與高校招生活動有關的組織機構來看，除了高校本身，也包括高校外部的有關政府機構，而從人事方面來看，具體負責招生的人員當然主要是政府官員及由政府任命的高校負責人，只有高校內外的有關組織機構和人員一起共同協作才能完成招考新生的全部活動流程。顯然，這種高校招生制度的安排實際上是沿襲清末主要由官府衙門及有關學務官員負責選送新生的做法。〔註7〕例如，1912 年 11 月 8 日，教育部一次性將江蘇省諮送

〔註5〕梁實秋：《梁實秋自傳》，南京：江蘇文藝出版社，1996 年 6 月第 1 版，第 38～39 頁。

〔註6〕鐵明：《「水木清華」眾秀鍾》，《清華校友通訊》復 3 期，1981 年 4 月。

〔註7〕根據清政府於 1902 年 8 月 15 日頒佈的《欽定考選入學章程》規定，大學堂預備科招考新生有兩種途徑：「一由各省諮送應考，一由大學堂報考」，「各項學生，均須志行端方，身家清白者，方准來堂肄業。除由各省諮送外，其願報名應考者，均取具本旗佐領圖片，同鄉京官印結，來堂報考」；「師範生由各省諮取外，並由京師招生，無論舉、貢、生、監，皆準考充，各取具各本旗佐領圖片，同鄉京官印結，來堂投考」（璩鑫圭、唐良炎編《中國近代教育史資料彙編·學制演變》，上海教育出版社 1991 年 3 月版，第 252～255 頁）。另據學部《奏擬選科舉舉人及優拔貢入經科大學肄業片》（1909 年 7 月 4 日）及《奏籌辦京師分科大學並現辦大概情形摺》（1910 年 1 月 10 日），辛亥革命前的京師大學堂在實際招生中也是採用上述辦法的（潘懋元、劉海峰：《中國近代教育史資料彙編·高等教育》，上海：上海教育出版社 1993 年 12 月版，第 40～42 頁）。

的高等學堂肄業生 27 人的名單發函轉給北京大學，並要求北大校長爲這些人安排「定期考試分別插班」，其中要求入一年級者 12 人，要求入二年級者 15 人。〔註8〕又如，1913 年 1 月，北京政府教育部電飭各省：北京大學本年八月開文理法商農工各科新班，四月間開辦預科新班，請飭合格學生志願入學者，向本省教育司報名，等候赴考，〔註9〕同時，還要求各省將本省合格學生志願應考的人數電告教育部。而且，各地考生在本省教育司報名之後，也是必須等候教育部的指令才能赴考，「俟考期確定，再由本部電令赴考」。〔註 10〕可見，當時的教育部與各省官府在國立北京大學的招生中扮演著「導演」與「主角」的角色。1915 年，袁世凱頒佈《特定教育綱要》，其中要求：「高等專門以上學校招班，宜嚴定考試入學之法，不得變通招考，致紊學系，由教育部通諮各省轉飭遵照」。〔註 11〕以袁世凱爲首的北京政府不直接要求各高校嚴格招考，而是通過教育部通「諮各省轉飭遵照」，這從另一個側面反映出：當時的高校招生活動實際上是由政府機構和行政官僚們主導的。

　　而民國時期的師範類高校，由於負擔著爲各地培養師資的任務，更是必須依仗地方政府教育機關協助才能順利開展招考新生的活動，因爲，按照有關規定，師範類高校除在本地直接招生一定的名額外，其餘名額多通過各省官府按照預定的計劃名額選送。例如，1915 年 6 月公佈的《南京高等師範學校簡章》中規定：「預科學生，須身體健全，品行端正，在中學校畢業或與有同等學力者，由省行政長官（或中等以上學校校長）保送來校試驗」。〔註 12〕1919 年，教育部進一步向各省發布公文，要求各省區公署按照南京高等師範學校招生簡章中所定的招生辦法，「如額考送學生，依期到校復試」，該學年南高師招生名額共計 125 人，除直接招生錄取定額的四分之一以外，其餘名

〔註 8〕　《教育部爲送考插班生函北京大學》，王學珍等：《北京大學史料第二卷（1912 ～1937）》（上冊），北京：北京大學出版社，2000 年 12 月版，第 531 頁。

〔註 9〕　王學珍等：《北京大學紀事：1898～1997》，北京：北京大學出版社，2008 年 4 月版，第 53 頁。

〔註 10〕《北京大學招考》，《教育雜誌》第四卷第十一期，1913 年 2 月。

〔註 11〕朱有瓛：《中國近代學制史料》第三輯上冊，上海：華東師範大學出版社，1990 年 6 月版，第 53 頁。

〔註 12〕《南京高等師範學校簡章》（1915 年 6 月訂），本書編輯組：《南大百年實錄・中央大學史料選（上卷）》，南京：南京大學出版社，2002 年 05 月第 1 版，第 76 頁。

額均由各省選送後再由該校復試錄取。〔註13〕同年，武昌高等師範學校的招生簡章也規定：「在武漢本地學生由本校直接招生，餘額由各省區公署或教育廳按額選送」。〔註14〕由此可見，當時的師範類高校對政府機構的依賴尤其嚴重。〔註15〕

在民國初期的高校內部，一般沒有設置專門的招生機構，也沒有統一規定的招生機構，主要由校長、學監及有關教務負責人領導校內行政或教務機構開展招生工作。如1919年度的山西大學招生就是由學監及學監辦公室負責的，而同年國立武昌高等師範學校則是由教務課具體負責的。〔註16〕

當然，必須指出的是，民國的私立高校由於一般不受政府的直接控制，因而大多不需要通過政府機構及官員開展招生活動，其招生主要由本校教務機構負責，如私立的北京中國大學1918年度的招生主要由該校教務科負責主持公開招考，基本上沒有依賴當時的有關政府教育行政機構。〔註17〕

但是，值得注意的是，在民國初期的教會高校，其新生來源也大多是來自教會保送的教會信徒子弟，而教會對於其所屬高校來說，顯然也具「官方」性質。例如，早期燕京大學的新生來源主要就是教會「官方」保送的，但後來，為了保持本校學生質量，使自己在與其他大學的競爭中處於有利地位，就廢除了原來由教會保送新生的辦法，而代之以從「承認學校」招生並結合在京、津、滬、廣州等地統一試題招考新生的辦法。〔註18〕

在其他性質的高校中，也有的按規定必須由政府教育機關考選新生。例如，根據有關史料記載，清末民初，德國與中國政府在山東合辦的青島特別

〔註13〕《教育部諮各省區刷錄南京高等師範學校招生簡章請查照所訂辦法如額考送文》（1919年5月21日），《政府公報》1186號，1919年5月24日。

〔註14〕《國立武昌高等師範學校招收學生廣告》，《政府公報》1257號，1919年8月6日。

〔註15〕必須指出的是，由於師範類高校的特殊性質，與其他公立高校不同的是，當其他高校招生對政府依賴逐步減輕甚至完全擺脫的同時，北京民國政府卻試圖進一步加強對師範類高校招生的計劃和控制。當然，從當時的情況來看，政府對高校招生的計劃與控制並不一定完全是壞事。請參見本文第三章。

〔註16〕《山西大學招生廣告》及《國立武昌高等師範學校招收學生廣告》，《政府公報》1257號，1919年8月6日。

〔註17〕《北京中國大學招生新班生及編級生》，《政府公報》909號，1918年8月5日。

〔註18〕張瑋瑛等、燕京大學校友校史編寫委員會：《燕京大學史稿》，北京：人民中國出版社，1999年12月第1版，第27，1168頁。

高等學堂（因校址設在德國駐膠黑蘭，故又被稱爲黑蘭大學，亦稱德華大學），按照中德雙方簽定的協議規定，招考新生事宜由山東省地方教育機關負責。該校極盛時期學生多達 400 餘人，後因第一次世界大戰爆發而停辦。〔註 19〕

　　潘光旦的回憶爲後人瞭解民初的高校招考提供了不少有價值的信息，從他的回憶中，人們可以大致瞭解國立高校招考受各級政府官僚把持的情況。他說：

> 但終於「取上」了。這裡不妨談一談當時清華學生的來源。當時清華分高等、中等兩科，各四年，高等科的學生大部份是由學校直接考選的插班生，大都來自上海等通商口岸，英文一般不錯，其中有不少是南洋、約翰等大學的轉學生，來此加上一兩工，就可以橫渡太平洋了。這部份姑且不多說。主要的是中等科學生，……他們是由各省考送的，由於各省對美國庚子賠款所負擔的比額不同，所能遣送的學額也就不一樣；而就一省而論，逐年也有些出入：大抵蘇、浙、川等省最多，從五六名到十餘名不等；邊遠省份少些，少到幾年中才輪到一名，例如新疆。各省遣送，大都經過一些考選手續，表面上公開，實際上至少部份名額受到有權位的人的把持，把自己和親友的子弟取上。我自己的例子上面已經說到。其他，親兄弟、堂兄弟、中表、叔侄、舅甥等先後「考取」入學的例子很不少，有多至四五個的。在北洋政府年代，清華是由外交部主管的，外交部的官僚利用了職權來玩些花樣，也不一而足；最掩飾不來的一例是曹汝霖把他的兒子，作爲新疆省的名額，送了進來；掩飾不來的是：（一）他冒了籍；（二）未經哪怕是形式上的考試。〔註 20〕

可見，民國初年的公立高校招生事務，在高校外部，一般由政府機構及官員主導，而在高校內部，則由校長或學監等少數人把持，而這些人也是由教育部任命的學務官員。同時，由於當時的人們仍然將大學當作政府衙門，高校招生基本上離不開官僚機構和政府官員的主持，似乎也在情理之中。當然，

〔註 19〕 張洪生：《晚清山東高等教育概覽》，山東省地方史志編纂委員會：《山東史志資料》一九八三年第三輯（總第 5 輯），濟南：山東人民出版社，1983 年 12 月版，第 89～90 頁。

〔註 20〕 潘光旦：《清華初期的學生生活》，中國人民政治協商會議全國委員會文史資料研究委員會：《文史資料選輯》（第三十一輯），北京：中華書局，1962 年 7 月版，第 67～68 頁。

不光是招生事務，其他學校事務也一樣，對此，蔡元培說：「我初到北京大學，就知道以前的辦法，是一切校務，都由校長與學監主任庶務主任少數人辦理，並學長也沒有與聞的，我以為不妥」。〔註21〕

因此，在傳統官本位政治的影響和制度安排下，民初的高校招考主要採取由官府選送考生，然後再由高校復試錄取的做法。

二、「偽自主招生」

民國初年，政府頒佈的有關法令除了對高校入學資格（中等學校畢業或有同等學力）作了一些原則性的規定之外，也沒有要求各高校招生必須由政府機構主持或參與的特別規定。但從上述有關制度安排可以看出，由於官府及學務官員在招生中起著重要的主導作用，民國初年的公立高校在招生時雖然表面上也是單獨招生，但是，實際上，多數公立高校在很大程序上仍然必須依賴政府官僚組織體系及有關的教育官員，所謂招生大多只是根據各地選送的官紳紈綺子弟進行覆核考試而已。〔註22〕

為了招收到足額新生，民初有的公立高校往往不得不依賴地方政府的行政權力，甚至要依靠政府的權威才能使各中學選送畢業生報考本校。例如，民國初年，甘肅公立法政專門學校在校學生本來就人數不多，1915 年，甘肅督軍張廣建又根據教育部飭令要求甘肅法專門，「各項專門學校招生務須一律從嚴，同等學力者不得逾中學畢業生十分之一」。可是，當時甘肅全省才 4 所省立中學，在校生只有 412 人，畢業生更少，且「多別圖上進」，另謀出路去了，甘肅法專一時面臨招生困難。於是，校長蔡大愚一面呈請教育部允許甘肅法專所招新生，「凡未經中學畢業有同等學力者，限其不得過十分之四，以示從寬辦理」，同時又呈請張廣建「飭行省立四中學及各縣知事，限於 1916 年元月內將中學畢業各生送來省以便試驗」，否則「不但不能盈額，即求其半數亦不可得，乃實在情形」。〔註23〕可見，當時甘肅法專的招生在很大程度上要依仗當地政府及有關官員。

〔註21〕 蔡元培：《回任北大校長在全體學生歡迎會演說詞》（1919 年 9 月 20 日），《北京大學日刊》第 443 號，1919 年 9 月 22 日。

〔註22〕 如果高校在復試中即使淘汰個別成績太差的正取生，則從備取生中遞補，高校最後錄取選擇的範圍仍然局限於地方官府選送的考生。

〔註23〕 張克非：《蘭州大學校史・上編》，蘭州：蘭州大學出版社，2009 年版，第 31 頁。

又如，北京大學在 1915 年 5 月底就曾在招生前將分科（注：民國初年的分科即相當於後來的學院，下同）章程摘要與預科章程摘要分別寄給各省公署，並在通告中稱：「擬請貴公署代為發布，並諭知貴省高等暨中等各學校，以便該生等屆期分赴京滬招生」，其中，預科「專考收中學畢業生及與中學畢業程度相當各生」，本科則「專收大學預科畢業、各省高等學校及同等學校畢業各生」，入學時，還須「取具志願書及保證人到校親填之保證書」。〔註 24〕可見當時的北京大學仍須依賴各省公署開展招生活動。

當然，也有地方政府主動向高校選送新生的例子。例如，在上文提到，1912 年，江蘇省政府通過教育部向北京大學一次就選送了 27 名新生。無論是高校不得不依賴政府才能順利開展招生活動，還是地方政府主動為高校選送新生，其結果都是政府在實際上主導或控制了高校招生。因此，民國初年高校招生制度的基本特點就是，高校招生活動必須依賴政府的行政官僚機構和有關的學務官員，政府機構和官僚在很大程度上把持著當時的高校招生。雖然這種制度在當時基本上也能夠使高校招收到一定數量的新生，但同時也使當時的政府和官僚能夠保持對高校招生的實際控制。〔註 25〕這當然不能算是一種高校獨立自主的招生制度。而且，這種「偽自主」招生的弊端也是顯而易見的：一是導致高等教育機會不均衡，使廣大平民子弟難以享有平等接受高等教育的權利；二是高校難以按照現代大學的招生理念招收到真正具有學術興趣、學術潛質與創新精神的優秀新生。

綜上可知，民初雖然沒有實行全國統一的招考制度，依照有關法令法規，各校完全可以自行招考，但顯然，由於傳統和貫例的巨大影響，當時的制度還不是一種自主的招生制度，而仍然只能算是傳統的「官主」招生制度。

三、新生多紈綺

民國初年由官方主導的高校招考制度產生了兩個比較主要的歷史效應：一個是高校招考比較注重出身資格，且多招紈綺子弟，另一個是高校招收的新生年齡普遍偏大，多已結婚生子，比較注重職業前途和個人享受，因而往往不容易組織起來。下面分別敘述。

〔註24〕　《北京大學通諮分科及預科招生日期文》，《學生雜誌》，1915 年第 6 期，學校狀況，第 1，3～4 頁。
〔註25〕　當然，從表面上看，這種做法在某種程度上可能有利於當時社會的暫時「穩定」，其利弊得失似乎有進一步討論的餘地。

1. 效應之一：注重出身資格，多招紈綺子弟

民國成立之初，雖然新式學校教育已經傳入中國多時，有關的教育制度也大多模仿和學習日本或歐美，但各高校在招生理念和招生制度方面，卻顯得相當保守與落後。有的私立高校為多收學費而隨意降低錄取標準，導致濫招學生；教會高校的招生相對比較開放，但一般也優先招收與教會信眾子弟及教會有關係人士的子弟或親友；而公立高校招生則由於受傳統出身和資格等社會陳舊觀念的影響，並受以官僚機構和教育官員為主導的招生組織人事制度的制約，大多招收具有一定出身和資格的新生。〔註26〕

據當時任《東方雜誌》主編的杜亞泉觀察：「科舉雖廢，觀念仍存，其視學校也，不以為一切事業必經之徑路，而以為希求仕宦進身之階梯，懷此謬見，故入校肄業，多為士籍及有希望仕進資格之人，此外每存觀望」。〔註27〕這種現象雖然主要反映的是民初學生的入學觀念和風氣，但同時從另一個方面也反映了當時學校的招生實際情況。

顯然，當時這種保守的招生理念和做法之所以能夠持續存在，除了社會心理因素的作用和客觀條件限制之外，最主要的直接原因可能在於，高校招生活動實際上主要由政府機構及學務官員把持。正是在官府機構及學務官員的主導下，民國初年的高校招生才會比較注重出身和資格。這種由政府官僚直接控制的招生制度使得高校招收的學生大多是官紳富豪子弟，同時也使得平民子弟特別是清寒子弟進入高校學習的機會大大減少。〔註28〕

例如，民國初年北京大學的招生就是當時招生理念及相應招生組織人事制度運作下的典型代表。清末京師大學堂初辦時，所收學生大多是在京官員和有科舉出身和傳統功名之人，後來也多由各省按照既定的出身、資格及分配到各省的相應名額推薦選送新生，〔註29〕但多數為縉紳富豪子弟。民國成

〔註26〕當然，在無法招到符合既定條件的新生時，各高校為了保持一定數量的生員，有時也可能對出身和資格要求不嚴而降格以求，這種情況另當別論。

〔註27〕杜亞泉：《教育之指導》，《東方雜誌》第15卷10號，1918年10月；許紀霖等：《杜亞泉文存》，上海：上海教育出版社，2003年5月版，第332頁。

〔註28〕當然，造成平民子弟特別是清寒子弟難以進入高校學習的因素有很多，另一個主要原因可能在於，官紳子弟因條件優越往往佔有相當的優勢，而平民子弟因受經濟條件制約而無法接受良好的教育。

〔註29〕據清末《學部關於招生辦法知照大學堂》（1907年8月18日）規定：「查大學預科瞬屆畢業，明年開辦分科，自應由本部份別電知各省調取高等畢業學生來京升學，以廣造就。……明年由各省選送二百人，庚戌年選送一百五十人，

立之後，北京大學沿襲清末的傳統，招生仍然比較看重出身和資格，所招的學生不乏紈綺子弟，許多人並非為學術而來，也大多沒有真才實學。〔註30〕對此，歷史學家顧頡剛在其自述中說道：

> 我是 1913 年考進北大預科的。那時北大雖有文、理、法、商、工、礦、農等七科，而全校學生不過三四百人，一切沿著前清「京師大學堂」的實質和形式。清朝的大學生畢業，地位相當於一個正途出身最高級的翰林。這個思想北大就承繼了下來，因此，學生的來源不出兩途，一是在京官僚家庭的子弟，一是外省官僚和地主家庭的子弟，他們都保存了濃厚的封建色彩。〔註31〕

他在撰文紀念蔡元培時還回憶說：

> 一九一三年我考入北大預科時，學校像個衙門，沒有多少學術氣氛。有的教師不學無術，一心只想當官；有的教師本身就是北洋政府的官僚，學問不大，架子卻不小；有的教師死守本分，不容許有新思想；當然也有好的，……但不多見。學生則多是官僚和大地主子弟。有的學生一年要花五千銀元；當然，這樣的豪富子弟數量不多，大約不過兩三人。至於一年花千把銀元的人就多了，少說也有好幾十。像我這樣一年從家裏只能拿二、三百銀元來上學的，就是窮學生了，在學校裏簡直沒有地位。一些有錢的學生，帶聽差，打麻將、吃花酒、捧名角，對讀書毫無興趣。〔註32〕

辛亥年選送一百五十人，籌劃完善，自應即行照辦。所有選送此項預科學生，必須遵照奏定新章，以中學堂畢業學生為合格。……其己酉年各省選送學生，應由本部通電各省，至多三十名，少者數名。如程度不足，任缺無濫。此項學生到京後仍由大學堂舉行升學考試，合格者再予入學，以防躐等而勵人材。除通電各省督撫外，相應諮覆貴總監督查照辦理可也」（北京大學綜合檔案 全宗一 卷78）；另據《大學堂出示招生預備科學生》（宣統元年）稱：「京師大學堂為招生中學畢業生事。本大學開春續辦預備科，業經諮呈學部核准在案。除諮調各省合格學生外，如有中學堂五年畢業，有志入學未及由本省諮送者，亦可報名與考」（原載《順天時報》宣統元年正月初六日），參見北京大學校史研究室：《北京大學史料第一卷（1898～1911）》，北京：北京大學出版社，1993 年 4 月版，第 354，357～358 頁。

〔註30〕當然，這裡的學術和真才實學也是站在現代學術立場上來評判的，而現代新式學校也主要與現代教育學術相適應，下同。

〔註31〕劉俐娜：《顧頡剛自述》，鄭州：河南人民出版社，2005 年 1 月版，第 53 頁。

〔註32〕顧頡剛：《蔡元培先生與五四運動》，蔡建國：《蔡元培先生紀念集》，北京：中華書局，1984 年 7 月版，第 178～179 頁。

而蔡元培自己在 1934 年 1 月也回憶說：「尤其北京大學的學生，是從京師大學堂『老爺』式學生嬗繼下來（初辦時所收學生，都是京官，所以學生都被稱爲老爺，而監督及教員都被稱爲中堂或大人）」，1937 年 12 月，他又回憶道：「北京大學所以著名腐敗的緣故，因初辦時（稱京師大學堂）設仕學、師範等館，所收的學生，都是京官。後來雖逐漸演變，而官僚的習氣，不能洗盡」。〔註 33〕

1915 年考入北大預科的陶希聖回顧當年北大學生的情形時說：

> 在清末的時候，京師大學堂的學生有些貴族達官的子弟。到了民國初年，貴族子弟仍然不少，文科那邊有一個學生坐自用人力車（洋車）來上課，他的洋車有六個電燈，兩個鈴、一路鐺鐺鐺的響著來，他的頭髮更是梳得油光發亮。在民國初年，兩院一堂是八大胡同受歡迎的重要的顧客。兩院是國會的參眾兩院，一堂就是北京大學——京師大學堂。學生之中這種貴族子弟還是不少。北京是都門，政治社會風氣仍有滿清末年留下來的。在那種氛圍之下，蔡校長來了之後，他把學風改變下來，所發生的影響和意義（是）何等的重大。〔註 34〕

而 1917 年考入北京大學哲學系的楊晦也回憶道，北大校內的工人也稱學生爲「老爺」、「少爺」，學生則稱工人爲「聽差」。〔註 35〕

在此情形之下，1917 年初，出生在沒落官紳之家但天資頗爲聰穎的瞿秋白來到北京投靠其在政府外交部護照科任科長的堂兄瞿純白，本來打算報考北京大學，但由於當時北大的「學膳費用高得驚人」，也只能選擇在北大旁聽，雖然當時陳獨秀和胡適等人的課對他很有吸引力，但後來還是只得「挑選一個既不要學費又有『出身』的外交部立俄文專修館去進」，其入學時間爲 1917 年 9 月。〔註 36〕顯然，瞿秋白也主要是依靠他堂兄的關係才得以順利進入俄文專修館的。

〔註33〕 蔡元培：《我在北京大學的經歷》（1934 年 1 月 1 日），《我在教育界的經驗》（1937 年 12 月），中國蔡元培研究會：《蔡元培全集》，杭州：浙江教育出版社，1997 年版，第七卷第 501 頁，第八卷第 510 頁。

〔註34〕 陶希聖：《蔡先生任北大校長對近代中國發生的巨大影響》，臺灣《傳記文學》第 31 卷第 2 期，1977 年 8 月；中國蔡元培研究會：《蔡元培紀念集》，杭州：浙江教育出版社，1998 年 4 月版，第 226 頁。

〔註35〕 楊晦等：《憶我們的老校長蔡元培》，蔡建國：《蔡元培先生紀念集》，北京：中華書局，1984 年 7 月版，第 158 頁。

〔註36〕 孫九錄：《瞿秋白在常州府中學堂和北京的一些情況》，《黨史資料》叢刊 1980 年第 3 輯（總第 4 輯），上海：上海人民出版社，1980 年 11 月第 1 版，第 74

又如，潘光旦當年考入清華時，雖然他本人成績不錯，但在很大程度上也是依靠其家庭出身才得以順利考取的，潘光旦自己的回憶可以證明這一點。他回憶道：

> 一九一三年夏天，當時稱爲「留美預備學校」的清華學堂委託江蘇省教育行政當局考收中等程度的學生，名額只十一個，而到南京應考的多到二百多人，無疑是「留美」的金字招牌起了作用。就我個人來說，問題本來不大。父親從進士館轉京師大學堂，學了不少「東洋」知識，接著又到日本「考察」了幾個月。回來後，上面說過，又在縣裏開辦了好幾個男女洋學堂，設有英文課；他的朋友中很有幾個是方言館出身的人，有的當著公使，他經常和他們通信，信封上開著「羅馬府……」等字樣，通行無礙；他每次從北京歸來，行李上總貼著中英文字對譯的紙條，如「潘大人」對「His Excellency Pan」之類，我從小看得很熟。這些都可以說是屬於內因方面。至於外緣：一是一九一二年冬我在「兩等小學」畢業後，父親從北京寄回家信，要我下一年應清華的入學試；……二是那時候我的舅父正在南京，主管著一部份省的行政，似乎還直接領導著教育的部份，「朝裏有人」，報名固然方便，錄取也就不大成爲問題。十一個額子中，我和舅父的大兒子，即我的表弟，就佔了兩額，此中不可能沒有「關節」。有人好意地推測說，大概我當時的英文程度不壞，其實當時我連動詞中現在式和過去式的意義何居，即什麼是「時」，都還搞不清楚。〔註37〕

正是在政府和官僚的控制下，公立高校所招收的學生明顯以官紳富豪子弟爲主，普通平民的子弟則難以獲得平等接受高等教育的機會。潘光旦說：

> 當年清華學生的階級成份，未經調查研究，是不可能作具體的說明的；但從各方面的迹象看來，也不難認識到一個大概。上面所說的選考過程就解答了這問題的一大半。官僚、地主、買辦、士紳

～76頁；瞿秋白：《多餘的話》，《瞿秋白自傳》，南京：江蘇文藝出版社，1996年11月第1版，第165頁；周永祥：《瞿秋白年譜》，廣州：廣東人民出版社，1983年版，第139頁。

〔註37〕潘光旦：《清華初期的學生生活》，中國人民政治協商會議全國委員會文史資料研究委員會：《文史資料選輯》（第三十一輯），北京：中華書局，1962年7月版，第66～67頁。

與小資產階級的子弟占壓倒的多數是無疑的。工農出身的子弟，如今回憶起來，意想不出幾個明確的例子來。這可能是由於我自己受了階級出身的限制，交遊的範圍狹小，但也不盡然，記得在小學裏，我是有過幾個過從很密的來自工農家庭的同學的。〔註38〕

顯然，潘光旦的回憶既反映了當時各省由政府官僚把持高校考送新生的腐敗情況，也反映了當時高校招收的學生成份結構情況。

可見，民國初年的高校，特別是公立大學，在招生時是比較注重出身和資格的，只有家庭條件較好及有一定出身和資格的人才有可能進入高校。〔註39〕正是在這種比較保守的招生理念及相應招生組織人事制度的作用下，在民初北大等公立高校的招生中，才會出現眾人回憶中官紳紈綺子弟居多的現象。因此，民國初年，各高校在招生時，雖然也會組織招生考試，但其招生對象一般為家庭出身較優越或具有一定科舉出身與資格的考生，這種比較傳統和保守的做法當然與以往「以出身資格取人」的招生理念有關，更與當時招生組織人事制度直接相關，是傳統的官僚機構運作下產生的必然現象。總

〔註38〕潘光旦：《清華初期的學生生活》，中國人民政治協商會議全國委員會文史資料研究委員會：《文史資料選輯》（第三十一輯），北京：中華書局，1962年7月版，第68頁。

〔註39〕民國元年頒佈的《專門學校令》規定了專門學校學生之入學資格，各專門學校須招收「中學校畢業或經試驗有同等學力者」。法令沒有明確規定學校必須組織入學考試，因而只要有中學校畢業證書，就可以直接進入專門學校就讀，不用參加入學考試，只有同等學力者才需要經過入學試驗。1912年10月24日公佈的《大學令》規定，預科生的入學資格為「須在中學校畢業，或經試驗有同等學力者」，各科本科生的入學資格為「須在預科畢業，或經試驗有同等學力者」，大學院生入院之資格「為各科畢業生，或經試驗有同等學力者」。同時，還規定：「大學預科生修業期滿，試驗及格，授以畢業證書，升入本科。」也就是說，中學校畢業生可直接升入大學預科，大學預科生畢業後無需再經過招生入學試驗就可以直接升入大學本科學習，大學各科畢業生也可直接升入大學研究科，只有對同等學力者才要求試驗。顯然，在當時中國社會比較注重人情關係的情況下，由各省官府負責選送高校新生，被選送者當然大多是與地方政府官員關係密切的官紳豪富人家的子弟，有關法令對入學資格的限制性規定往往是針對無權無勢者而言的，有關變通的規定則往往為有權有勢者所利用；而且，在民國初年，各地中等學校的數量稀少，在校生人數也非常有限，能夠拿到中等學校畢業證書的人大多也是富貴人家或傳統士紳的子弟。有關法令參見《教育部公佈專門學校令》及《教育部公佈大學令》，北洋政府教育部檔案，中國第二歷史檔案館：《中華民國史檔案資料彙編》第三輯（教育），南京：江蘇古籍出版社，1991年版，第107～109頁。

之，民國初年高校招考比較注重出身資格，且多招紈綺子弟，這同時也是民初高校招考制度產生的重要社會效應之一。

2. 效應之二：高校學生年齡偏大，老氣橫秋，難以組織

另外，由於民國初年各公立高校主要依賴官署選送，入學者多爲官紳紈綺子弟，由此還出現了一個不太爲人注意但卻非常重要的現象，那就是各高校所招學生普遍年齡偏大（個別有入學年齡限制的學校和專業除外）。〔註40〕例如，在上述民國元年江蘇省向北京大學諮送的 27 名高等學堂肄業生中，年齡最小的也有 19 歲，最大的有 28 歲，平均年齡接近 24 歲。〔註41〕

在 1915 年開辦的南京高等師範學校中，由於其新生多由各地選送，學生年齡也普遍偏大。根據 1918 年的調查，當時在校學生年齡最小的 19 歲，最大的達到 31 歲。〔註42〕

雖然大學新生年齡偏大的現象並不一定是壞事，但顯然，新生年齡普遍偏大的現象必然也會對當時的學校學風和校風產生重要的影響，因爲這個年齡段的學生大多比較現實，且多數已經結婚成家並具有相當的社會地位，這樣的學生除對中國傳統學術多少有些興趣之外，大多對研究現代西方傳入的高深學術興趣不大，普遍希望盡快畢業，以獲得相應的出身、資格和文憑，到社會上從事一定的職業，因而難免會顯得有些老氣橫秋，也比較注重享受，〔註43〕同時由於傳統文化基本比較深厚，也可能比較穩重和保守，世界觀和

〔註40〕 當然，民初高校學生的年齡偏大的另一個主要原因就是清末小學和高等學堂的畢業生年齡普遍偏大，這也與當時的學制及修業年限過長有關。例如，據馮友蘭於民國成立前夕參加縣立小學堂入學考試被錄取後就發現，他所在的那一班學生中，「有不少人都已年過二十，可是還算高等小學的預科，等於初等小學，學生們很不滿。議論了一番，也沒有辦法，只好上下去」（馮友蘭：《三松堂自序》，《三松堂全集》第一卷，鄭州：河南人民出版社，2001 年 1 月版，第 28 頁）。但是，如果不是依賴官府並嚴格按照出身和資格來招生，則顯然可以儘量避免或減少大學新生年齡偏大的現象，雖然大學新生年齡偏大在一般情況下也許並不是壞事。

〔註41〕 《教育部爲送考插班生函北京大學》，王學珍等：《北京大學史料第二卷（1912～1937）》（上冊），北京：北京大學出版社，2000 年 12 月版，第 531 頁。

〔註42〕 《南京高等師範學校調查表》（1917 年 7 月至 1918 年 6 月），本書編輯組：《南大百年實錄·中央大學史料選（上卷）》，南京：南京大學出版社，2002 年 05 月第 1 版，第 49 頁。

〔註43〕 例如，在蔡元培改革之前，北京大學被稱爲「兩院一堂」中的「一堂」，蔡元培曾說：「吾北京大學之被謗也久矣。兩院一堂也，探豔團也，某某等公寓之賭窟也；倖坤角也，浮豔劇評花叢趣事之策源地也」（蔡元培：《北京大學之

人生觀已經基本定型，不易受他人影響，思想言行一般沒有年齡較小的學生活躍，〔註44〕不容易組織起來，不容易形成非常團結的群體性勢力。這些特點與一些當事人的回憶是大致吻合的，1915年考入北大的許德珩回憶說：

> 一九一六年以前，校風很腐敗，學生年紀大的相當多，舉人秀才的學生也還有，校內工友稱呼他們是「老爺」，以後也稱他們為「先生」，……學生中除少數死讀書之外，打麻將、捧戲子、逛八大胡同，

進德會旨趣書》，《北京大學日刊》第四十九號，1918年1月19日）。顯然，當時的北大之所以被謗，難免也與廣大師生熱衷於享樂的行為有關。

〔註44〕當時北大與清華的學生形成鮮明的對比，後來有人在比較兩校的風氣時說：「北大、清華在民國十七年後，兩校的學生情形大體相同，都是高中畢業的學生，但在起初時，卻迥然不同，因而也產生了許多不同的風氣，而遺留到後來。清華初建時，是招收各省保送的學童，年齡都是相當初中生的小孩子，因在學生方面自然朝氣蓬勃，輕快活潑，……而北大則一開始不僅招的都是年紀大的學生，而有的是現任官吏（仕學院），等於現在的帶職進修，也好像是政府辦的許多高級講習班，學生的身份當然大大不同了。……而他們本身也大都是娶了妻生了子的成人，自不能像清華的學生那樣年輕活潑了。同時學生入學的心情也不一樣，清華的學生入學後，那是人生的開始，同學們既是玩伴又是將來的戰友，心情奮發不已；然而京師大學堂的學生入學的心情，縱不是十八學士登瀛洲，也是形同中了進士，點了翰林。我這話並非信口開河，而有事實的佐證，直到民國二十五年抗戰前夕……正惟如此，北大的學生入後，人人孤芳自賞，自命不凡，往往兩個人住一間房，卻用布從中間隔起來，互不來往，四年沒說過話，這不僅是活潑熱情，大家玩在一起的清華同學所能比，就是全世界也找不到這種怪作風吧——由於這種『老氣橫秋』的態度，連玩都可說是『成人遊戲』，……甚至是冶遊狎妓。……像這種嬉遊墮落之事，……不能說不是來自那『老氣橫秋』的弱點吧，儘管這種敗德後來已不再有，但那一『老』字的傳統，卻始終附在北大的身上。只看當年北平盛行的一句諺語，便是明證。那時女孩要選男朋友，有個座右銘『北大老，師大窮，只有清華燕京可通融』。燕京是指燕京大學，這兩校的學生都活潑而有錢，有學問而又會玩，最合乘龍快婿的標準。投考師大的學生，多半家境差一點，人也土一點，似欠風光；而北大學生之不夠標準，就是因為『老』了，而這『老』也當然不是指年紀老了」（張起鈞《西南聯大紀要》，陳明章編《學府紀聞：國立西南聯合大學》，臺北：南京出版有限公司，1981年10月版，第20～21頁）。由此可見，清末民初北大學生年齡較大的特點竟然影響相當深遠。當然，即使在年齡較小的學生當中，也有不少人不太好動，思想言行也不活躍。例如，據潘光旦回憶，民初的清華學堂為了「對付當年專啃書本、足不出戶、手無縛雞之力的一班『小老頭子』」，就採取了強迫全體學生參加運動鍛鍊並嚴加考核的「強迫運動」體育教育方式，而當時比潘光旦還小一歲的同班學生湯用彤的外號就叫「老頭子」。潘光旦：《清華初期的學生生活》，中國人民政治協商會議全國委員會文史資料研究委員會：《文史資料選輯》（第三十一輯），中華書局，1962年7月版，第84頁。

成爲風氣。……生活自由散漫，誰也不管誰，偶一發生問題，就寫出像今天大字報一樣的揭帖出來，贊成的，反對的，你唱我和，花花綠綠，貼滿牆壁。這是當時北大的一般情況。〔註45〕

1915 年考入北大的何思源也說：

1916 年以前，學校風氣很腐敗。學生年齡大，一般地穿長袍馬褂，也有穿西裝的。學生宿舍只有馬神廟西齋、沙灘東齋和北河沿八旗先賢祠三處，大部份學生在外面寄宿，住公寓。除少數用功讀書以外，打麻將、捧戲子、逛八大胡同成爲風氣。〔註46〕

還有人回憶說：

由於這種「老氣橫秋」的態度，連玩都可說是「成人遊戲」，……甚至是冶遊狎妓。……像這種嬉遊墮落之事，……不能說不是來自那『老氣橫秋』的弱點吧，儘管這種敗德後來已不再有，但那一「老」字的傳統，卻始終附在北大的身上。只看當年北平盛行的一句諺語，便是明證。那時女孩要選男朋友，有個座右銘是「北大老，師大窮，只有清華燕京可通融」。燕京是指燕京大學，這兩校的學生都活潑而有錢，有學問而又會玩，最合乘龍快婿的標準。投考師大的學生，多半家境差一點，人也土一點，似欠風光；而北大學生之不夠標準，就是因爲「老」了，而這「老」也當然不是指年紀老了。〔註47〕

由此可見，民國初期北大學生年齡偏大所造成的學校風氣影響甚遠。顯然，這樣的大齡學生群體，如果入學後沒有受到適當教育教學方法的矯正和訓練，往往只是沒有嚴密組織的一盤散沙，「自由散漫」是許多人對北大學生的印象，〔註48〕在北大的大齡學生中，多數人除了關心個人職業仕途和享

〔註45〕 許德珩：《五四運動六十週年》，中國社會科學院近代史研究室：《五四運動回憶錄　續》，北京：中國社會科學出版社，1979 年版，第 39 頁。

〔註46〕 何思源：《五四運動回憶》，中國人民政治協商會議北京市委員會文史資料委員會：《文史資料選編》第四輯，北京：北京出版社，1979 年 11 月版，第 65 頁；另見何茲全等：《一位誠實愛國的山東學者——何思源先生誕辰一百週年紀念集》，北京：北京出版社，1996 年 1 月版，第 242 頁。

〔註47〕 張起鈞：《西南聯大紀要》，陳明章：《學府紀聞：國立西南聯合大學》，臺北：南京出版有限公司，1981 年 10 月版，第 20～21 頁。

〔註48〕 例如，馮友蘭曾說：「清華學生在學習和生活方面都沒有像當時北大學生那樣自由散漫的樣子」。馮友蘭：《三松堂自序》，《三松堂全集》第一卷，鄭州：河南人民出版社，2001 年 1 月版，第 288 頁。

樂及可能對中國傳統學術方面有興趣之外,對西方現代高深學問興趣不大。民國初期,在國人大多已經開始普遍趨向「新學」及「舊學」明顯失勢之際,這樣的學生群體在當時的社會是難以大有作為的。因而,無論是在現代西方學術還是在社會活動方面,從民國初期國立大學中湧現出來的傑出領袖人物不是很多,其社會表現與實際影響力似乎也不如同一時期的其他類型大學,例如,在「五四運動」之前,甚至直到20世紀二三十年代,在不少社會領域,國立大學畢業生中的領袖人才數量都比不上教會大學的畢業生。〔註49〕

當然,後來隨著國外大學制度的影響日益深入,及在公立、私立及教會高校的競爭氛圍下,特別是在蔡元培等人為代表的民國教育家提出現代大學理念及相應的現代高校學生觀念之後,漸漸出現了以現代學術作為衡量標準的「以才取人」、不看出身而重學術的招生新理念,〔註50〕從而逐漸改變了當時高校新生在年齡、經濟地位、學術興趣及思想信仰方面的結構組成。

綜上所述,民國初期,由於深受傳統和慣例的影響,高校的招生活動實際上仍由政府機構和學務官員主導,各高校大多必須依賴政府才能招收新生,因而難以獲得真正的自主招生權,這就導致民初高校招生大多比較注重傳統的出身和資格,實際上所招收的新生也以官紳紈綺子弟為主。直到蔡元培在北京大學實踐其現代大學辦學和招生理念並改革招生制度之後,這種局面才得以發生根本性的變化。

〔註49〕 以20世紀二三十年代的教會高校代表聖約翰大學為例,曾在滬江大學社會學系任教的藍姆蓀(Herbert D. Lamson)專門就《密勒氏評論報》1933年版的英文《中國名人錄》(第四版)作過統計分析,發現在其所收錄的960人中,有620人有過在本國學校就讀的經歷,其中201人曾在教會學校接受過教育,這一比例為32.5%,而這當中,曾就讀於聖約翰大學的就有61人,居所有教會與非教會學校之冠。相比之下,有所謂留美預備學校之稱的清華大學只有44人入選,位列次席。其他國立大學的入選人數排名更加靠後。熊月之等:《聖約翰大學史》,上海:上海人民出版社,2007年5月版,第17~18頁。

〔註50〕 必須指出的是,雖然這樣的標準未必完全合理,因為「才」的內涵和標準往往因人而異,「學術」的概念也值得討論,但這樣的理念似乎遠比以出身和資格取人的理念更加可取。

第二節　觀念的突破

　　民國元年，曾任教育部總長的蔡元培及范源濂（先任次長，7 月 26 日繼任總長）等教育革新派人物主持制定並頒佈了具有現代意義的教育宗旨和教育法令，但不久蔡、范二人先後去職（時間分別爲 1912 年 7 月 14 日及 1913 年 1 月 28 日），其現代教育理念大多未及施行，而袁世凱隨後任命的教育總長多奉行比較保守的教育理念，以致蔡氏等人的先進教育理念大多爲保守派所抛棄，在袁世凱於 1915 年初頒佈《特定教育綱要》及《頒定教育要旨》之後，民國教育更趨保守。1916 年 6 月，袁世凱去世。7 月 12 日，總統黎元洪任命范源濂爲教育總長，范表示要「切實實行元年發表的教育方針」，參照英美兩國教育制度，提倡「軍國民教育」，並於 9 月 1 日致電蔡元培，請其出任北京大學校長，蔡於 1917 年 1 月 4 日就職，從此以蔡元培爲代表的革新派重新主導民國教育的發展。〔註 51〕由此，自 1917 年起，蔡元培開始在北京大學實踐其現代大學教育理念，他在對北大的各項制度進行大刀闊斧改革的同時，也悄悄地將其對於高校招生的新理念付諸實踐。〔註 52〕本節主要研究蔡元培在北大改革中推行的大學招生新理念及其歷史影響。

一、招生新理念

　　蔡元培的現代大學招生理念是由其現代大學教育理念及其學生觀念自然發展延伸而來的。1912 年 5 月 16 日，北京大學舉行開學典禮，時爲教育總長的蔡元培前往演說，他就曾強調：「大學爲研究高尚學問之地也。」〔註 53〕1917 年初，蔡元培出長北大之後，開始重新實施其現代大學理念，大學開始眞正成爲「研究高深學術」的機構。他在就任北京大學校長的演說中明確指出：

〔註 51〕陳學恂：《中國近代教育大事記》，上海：上海教育出版社，1981 年 10 月版，第 228，264～265，279～281 頁；高平叔：《蔡元培年譜》，北京：中華書局，1980 年版，第 27～29，35 頁。

〔註 52〕之所以說蔡元培當時是「悄悄地」將對北京大學的招生新理念付諸實踐，是因爲與其他制度改革相比，蔡氏對當時北京大學招生制度的改革並沒有進行專門的宣講與說明，而是做得多但說得不多。而在當時的力量博弈中，對於蔡元培這位深受中國傳統謀略思想影響的大家來說，其做事與鬥爭的策略似乎更值得引起人們的重視。參見後文對蔡氏改革北京大學招生組織人事制度具體措施的有關論述。

〔註 53〕《教育雜誌》第 4 卷第 3 號，1912 年 6 月。

> 諸君來此求學，必有一定宗旨，欲知宗旨之正大與否，必先知
> 大學之性質。今人肄業專門學校，學成任事，此固勢所必然。而在
> 大學則不然，大學者，研究高深學問者也。〔註54〕

因此，蔡元培要求學生：「諸君須抱定宗旨，爲求學而來。入法科者。非爲做官；入商科者，非爲致富。宗旨既定，自趨正軌」，「大學學生，當以研究學術爲天職，不當以大學爲陞官發財之階梯」。〔註55〕

　　新的高校學生觀念必然導致高校招生理念的變化。毫無疑問，學術興趣與創新精神是研究高深學術的前提條件和必然要求，因此，如果說通過學術研究培養創新人才是民國高校最重要的辦學目標，那麼，發現與錄取具有優秀學術潛質與創新精神的人才就是民國高校最重要的招生目標。因此，1918年 9 月 20 日，蔡元培在北京大學開學式上發表演說時指出：「大學爲純粹研究學問之機關，不可視爲養成資格之所，亦不可視爲販賣知識之所。學者當有研究學問之興趣，尤當養成學問家之人格」；次年 9 月 20 日，在北京大學開學典禮上，蔡元培又強調：「大學並不是販賣畢業證書的機關，也不是灌輸固定知識的機關，而是研究學理的機關。所以，大學的學生，……是在教員指導之下自動的研究學問」；後來，他在回顧自己在北大的經歷時總結說：「我們第一要改革的，是學生的觀念」。〔註56〕這些重要論述顯然包含著對學生必須具有學問興趣、學術精神及知識創新意識等方面素質的要求。

　　後來蔡元培在回憶當初任職北大情形時說：「其時北京大學學生，頗爲社會所菲薄。孑民推求其故，以爲由學生之入大學，仍抱科舉時代思想，以大學爲取得官吏資格之機關」。〔註57〕可見，蔡元培在就任北大校長時就已經開始考慮北京大學的招生改革問題。

〔註54〕 蔡元培：《就任北京大學校長之演說》（1917 年 1 月 9 日），中國蔡元培研究會：《蔡元培全集》第三卷，杭州：浙江教育出版社，1997 年版，第 8 頁。

〔註55〕 蔡元培：《就任北京大學校長之演說》（1917 年 1 月 9 日），《我在北京大學的經歷》（1934 年 1 月 1 日），中國蔡元培研究會：《蔡元培全集》，杭州：浙江教育出版社，1997 年版，第三卷第 8～9 頁，第七卷第 501 頁。

〔註56〕 此三處引文分別出自蔡元培：《北京大學一九一八年開學式演說詞》（1918 年 9 月 20 日），蔡元培：《北大第二十二年開學式演說詞》（1919 年 9 月 20 日），《我在北京大學的經歷》（1934 年 1 月 1 日），中國蔡元培研究會：《蔡元培全集》，杭州：浙江教育出版社，1997 年版，第三卷第 382，700 頁，第七卷第 500 頁。

〔註57〕 黃世暉：《蔡元培口述傳略》（上），蔡建國：《蔡元培先生紀念集》，北京：中華書局，1984 年 7 月版，第 260～261 頁。

　　由此，蔡元培雖然沒有專門提出招生或招生的有關理論，〔註58〕但從他對現代大學及學生觀念的相關論述中，人們不難窺見當時北京大學的招生新理念，其中的要義就是：一是所招收的新生必須具有學術興趣和創新精神，並以研究學問爲宗旨；二是招考新生必須以學業成績和學術潛力爲最主要的標準，而不以出身和資格爲限制。當然，這種以才取人，重學術而輕資格的新招生理念不一定能夠立即完全貫徹落實，但是，在蔡元培的領導下，北京大學顯然已經開始往這個方向不斷地努力。

二、思想的力量

　　1917 年 2 月 5 日，天津《大公報》發表了蔡元培與該報記者的一篇談話，其中，在談到大學計劃時，蔡元培說：「惟恐學生入大學者，其學力不能銜接，故預科改爲一年或兩年，尚待斟酌。……茲後預科收取學生，擬概從嚴格」。〔註59〕這表明蔡元培將在北大採取比以往更加嚴格的招生政策，當然，嚴格的標準是學力水平的高低。

　　在蔡元培的主持下，北京大學對招生制度進行了改革並取得了顯著的成效，北大招生以紈綺子弟爲主的現象漸漸改變，大量沒有出身和資格的普通平民子弟和清寒子弟也能夠憑考試成績進入北大學習。

　　例如，後來成爲北大教授的楊晦就是當時蔡元培實施新招生理念的典型受益者之一。他出生在東北一個貧苦農民的家庭，全靠親友和同學的資助，才讀完中學。1917 年夏，有同學告訴他：「北大已經第三次擴大招生了，你的學習成績好，應該去報考」。於是他壯大膽子去了，結果考取了北大哲學系。事後他才知道：

　　　　蔡先生任職前的北京大學，沿襲著晚清京師大學堂的封建傳
　　　　統，不僅教學內容充斥著陳腐反動的封建說教和帝國主義的奴化思
　　　　想，就是所招的學生也多是一些紈綺子弟，不少人以前清的「舉人」、
　　　　「進士」自況，但並無眞才實學。而蔡先生則提倡平民教育，堅持

〔註58〕當然，蔡元培沒有專門撰文對大學招生進行專門系統的理論論述或宣講，其重要原因很可能是出於推行招生制度改革的策略需要，因爲縱觀其一生的作爲不難發現，蔡元培是一個有豐富實際鬥爭經驗的人，他多數時期行事都比較講究策略，並往往具有深謀遠慮。

〔註59〕《北京大學校長蔡孑民先生與本報記者之談話》，天津《大公報》，1917 年 2 月 5 日。

不看資格、出身，注重以成績優劣作爲錄取學生的標準。

因此，後來，楊晦深情地回憶道，如果不是蔡先生任北京大學校長，改革了招生制度，他是不可能進入北大的。他認爲，「這在今天看來，就是擇優錄取的原則」，「由於蔡先生堅持這一原則，才使許多有志青年考取了北京大學，在很大程度上改變了北大學生的組成」。〔註60〕

顯然，正是北大的新生力量與新教員的互動才使北大乃至整個教育學術界的局面爲之改觀，從而開啓了中國現代史上新的一頁。例如，「五四運動」中的學生領袖之一及後來在民國教育界叱吒風雲的羅家倫，就是 1917 年考入北大的，而北大當年能夠錄取羅家倫這樣的人物，正是「以才取人」的結果，因爲據說當年羅家倫在入學考試中數學考零分，但因其作文優秀被胡適和蔡元培看重，才被「破格錄取」的。〔註61〕而羅家倫後來在「五四運動」及後來的歷史舞臺上扮演了重要的角色，其在民國教育史上乃至在整個中國現代歷史上都有一定的影響。

又如，在北京大學「破格錄取」羅家倫的同一年（1917 年），另外一位風雲人物——康白情，也被北大「破格錄取」。當年康白情考北大時，國文和英語都是第一名，數學卻吃了鴨蛋，學校一開始不準備錄取，後來也是在胡適的堅持下，北大才錄取他的，據說胡適爲了錄取這位有文學才華的青年，甚至不惜以辭職相威脅。康白情後來成爲「新文化運動」和「五四運動」時期的著名白話詩人和重要的學生運動領袖，而且，他後來成爲李大釗的親密戰友和毛澤東加入少年中國學會的介紹人，也是陳毅留學法國時最佩服的人物，郭沫若當年就是讀到康白情的新詩才鼓起勇氣寫作《女神》的。〔註62〕可見，事實證明胡適當時堅持破格錄取康白情的眼光是不錯的。

而且，不巧的是，在「五四運動」爆發的前一天，即 1919 年 5 月 3 日，在獲知北京政府錢能訓內閣已經密電中國代表團在巴黎和會有關條約上簽字的消息後，蔡元培立即召集北京大學《國民》、《新潮》雜誌社的學生骨幹開會，將政府將在《凡爾賽和約》上簽字的消息告訴了這些學生代表，而在這幾位學生代表中，除了許德珩、傅斯年和段錫朋之外，還包括兩年

〔註60〕 楊晦等：《憶我們的老校長蔡元培》，蔡建國：《蔡元培先生紀念集》，北京：中華書局，1984 年 7 月版，第 157 頁。

〔註61〕 齊全勝：《復旦逸事》，瀋陽：遼海出版社，1998 年 9 月版，228～229 頁。

〔註62〕 張雲江：《弄潮詩人康白情》，《文史天地》，2006 年第 9 期，第 30～33 頁。

前被北京大學「破格錄取」的羅家倫和康白情，而蔡元培正是當時北京大學入學試驗委員會的會長。〔註63〕

當然，對於注重招生錄取結果的人來說，不管是不是破格，過程似乎不太重要，最重要的是羅家倫和康白情等人憑藉其國文方面的才華考進了北大，並從此在某種程度上參與改寫了歷史。但試想一下，如果沒有蔡元培的招生新理念，如果北大的行政機構對這樣的新理念視而不見或者陽奉陰違，以羅家倫和康白情等人爲代表的大批人才當初就不可能憑藉學業成績進入北大。同理，有些偏科現象非常嚴重但後來成爲學術專家的民國先賢們當初也不大可能憑考試成績進入其他高校。

同時，蔡元培主持北京大學招生改革還產生了另一個幾乎出人意料的成果，那就是北大學生的成份和年齡結構也隨之發生了重要的變化。以1917年12月北京大學法預科爲例，據統計，由北大自主招考的新生人數共計202人，平均年齡不到21歲，其中20歲以下有38人，約占19%。〔註64〕雖然這樣的新生平均年齡與今天的大學入學新生相比也不算小，但在當時來說，卻比以往由各地官府選送的新生年齡（約爲24歲）要小得多了。可見，自蔡元培主持改革招生制度後，北京大學的學生成分與年齡結構開始發生顯著變化，北大的新生開始變得更加年輕，新進的「大學生」們顯然要比以往的「老學生」們更加富有活力，對現代學術更加感興趣，也開始變得更加容易組織起來。

顯然，這種學生成份的變化對後來的「新文化運動」和「五四運動」是有一定影響的，並進而對當時的社會變革產生不可忽視的影響。從許德珩後來的回憶和總結，人們也不難看到這種由招生改革帶來的影響，他說：

〔註63〕蔡元培召集學生代表開會一事詳見葉景莘：《五四運動何以爆發於民八之五月四日》，天津《大公報》，1948年5月4日；葉景莘：《巴黎和會期間我國拒簽和約運動見聞》，中國社會科學院近代史研究室：《五四運動回憶錄》（續），北京：中國社會科學出版社，1979年版，第110頁；田炯錦：《五四的回憶與平議》，臺灣《傳記文學》第15卷第3期；高平叔：《蔡元培與五四運動》（上），《民國檔案》1986年第2期；蕭超然：《北京大學與五四運動》，北京：北京大學出版社，1995年12月第2版，第172～173頁。蔡元培任北京大學入學試驗委員會會長一事參見王學珍：《北京大學紀事（1898～1997）》（上冊），北京：北京大學出版社，1998年版，第78頁。
〔註64〕《法預科學生一覽表》（六年十二月造，民國六年八月受入學考試試驗合格），北京大學檔案，全宗號一，案卷號MC191701；《法本科及預科學生人數表》，《北京大學日刊》第14號，1917年12月1日。

　　　　蔡先生提倡的思想自由的對象是大多數的新青年。青年學生大
　　都是追求新思想新事物的，蔡先生提倡之後，新思想興起，而舊思
　　想漸趨沒落，青年學生復由新思想而出於新行動，也就勢所必至的
　　了。〔註65〕

設想一下，如果蔡元培沒有改革招生制度，如果北大在招生時仍然依賴各地
官府選送，那麼，面對許多年齡偏大且已結婚生子的「大學生」和「老學生」，
面對那些讀過不少古書且人生觀、世界觀和思維模式早已定型的「舊青年」，
蔡元培、陳獨秀和胡適們的新思想要想贏得多數學生的認同，恐怕會困難得
多。而雖有新文化領袖們對新思想的努力傳播，但如果沒有年輕一代大學「新
青年」的積極配合，「新文化運動」恐怕也難以在短期內產生巨大的影響力。
因此，從這個角度來看，北京大學所招新生成份和年齡結構的變化對蔡元培、
陳獨秀和胡適等「新文化運動」健將們提倡新思想和發動「中國的文藝復興」
及文化革新運動無疑是大有幫助的。

　　因而，正是從這個意義上說，蔡元培的現代大學教育思想，特別是他的
現代大學招生新理念導致了當時北京大學新生的力量發生重大變化，並進而
在一定程度上改變了中國的歷史。

　　由此可見，蔡元培的招生新理念及北大當局對其新理念的貫徹落實對民
國教育學術界的影響實不可小視，甚至對新文化運動及「五四運動」的貢獻
也可以說是功不可沒的。

　　鑒於蔡元培與北京大學在民國時期的實際影響力，在這種以高深學術為
準則的現代大學教育觀念指導下，民國時期高校在招生中逐漸形成了以學業
成績、學術潛質及創新精神作為最主要的錄取標準，從而在一定程度上改變
了晚清以來新式學堂招生注重出身和資格並深受人情關係中負面因素嚴重困
擾的不良傳統。例如，1931 年，吳晗曾寫信懇求胡適幫忙，以便「不經考試
直接轉入北大」，胡適沒有答應他，而當吳晗再次當面請求胡適幫助他免考進
入北京大學時，胡適立馬回絕說：「北大考試以成績為定，不許徇私。你考取
後無錢入學，我一定想辦法」。吳晗只好像其他考生一樣按照正常程序報考了
北大史學系。但因素學考零分，最終沒有被北大錄取。〔註66〕從中可以看出，

〔註65〕許德珩：《回憶蔡元培先生》，《人民日報》，1980 年 3 月 4 日。
〔註66〕引文中的胡適話語原文出自羅爾綱先生的回憶。見蘇又碧、王宏志：《吳晗
　　　　傳》，北京：北京出版社，1984 年 8 月版，第 18 頁。

胡適雖然非常賞識吳晗，但鑒於北大的招生錄取制度，對於得意弟子的請求也愛莫能助。這固然表現出胡適對招生程序和制度的遵守，同時也反映出北京大學這樣的招生理念：招生以考試學業成績和學術潛質為標準，既不受出身和資格限制，也盡量避免人情關係的困擾。

雖然民國時期有人戲稱一些不太正規的高校為「野雞大學」或「學店」，但從總的情況看來，由於民國時期的政治家和學者們比較尊重和認同蔡元培等教育家提出的現代大學辦學理念及相應的招生觀念，再加上各類不同性質高校之間的良性競爭，民國各大學一般總是盡可能地「唯才是舉」，從而招收到一些優秀的人才。於是，與民初情況不同的是，在歷經變革之後的民國高校招生甚至一度出現了這樣的局面：一些貧寒但學業成績優秀的學子往往能夠考進當時的知名大學，而許多學業成績不夠好的紈綺子弟則往往考不上好大學，只好進當時的「野雞大學」。

以 1920 年代中期的上海為例，據統計，「當時（1925 年間）上海高校多是教會大學，以及私人營業性質雜亂無章的「野雞大學」，租界當局隨你阿貓阿狗掛起某某大學的招牌，欺騙內地到上海投考大學不取的青年學子。這種「野雞大學」，「不僅收費很貴，而且教學有名無實。」〔註 67〕可見，在當時的上海，若無真才實學，考生大多只能進這類收費昂貴的「野雞大學」了。

一些優秀的清寒學生能夠憑學業成績考進知名的大學，而許多不夠優秀的紈綺子弟只能考進當時「野雞大學」，這種情況的出現顯然與蔡元培等教育家的現代大學觀念與招生理念被廣泛認同有密切關係。因為，如果進入優質高校主要看出身或資格，或主要依靠關係或金錢的力量才能進入，那麼，收費昂貴的「野雞大學」似乎不大可能那樣生意興隆，有錢的紈綺子弟們或許大多早就設法進教學質量較高的大學了。

綜上所述，在新思潮與新觀念的激勵下，同時也出於與其他類型高校（如教會大學）競爭的需要，民國高校大多能夠貫徹落實新時期的招生理念，面向廣大平民子弟入學開放，其最終導致的結果就是：有才者往往能夠憑藉優異的學業成績考上好大學，大學新生的力量進而在一定程度上改變了中國現代的歷史發展進程。

〔註67〕復旦大學的陳於德在 1926、1927 年間曾統計上海有 30 所大學（包括什麼「弄堂大學」、「一樓一底大學」等野雞學店在內）。朱仲華、陳於德：《復旦大學雜憶》，全國政協文史資料委員會：《文史資料存稿選編》精選，《昔年文教追憶》，北京：中國文史出版社，2006 年 5 月第 1 版，第 231 頁。

第三節　關鍵的轉折

　　招生理念的變化往往帶來招考制度方面的變革，而有關的招考制度也正是在落實招生新理念的過程逐步建立和完善的。民國初期的高校招生新理念首先是通過突破和改革傳統的招考制度才得以逐步貫徹落實的。本節研究民初大學招生新理念的貫徹落實情況與民國高校招生制度的重大變革和轉折，並探討這種變革在參與改變中國現代歷史發展進程中發揮的重要作用。

一、變革的玄機

　　民國時期，在逐漸打破以往以出身和資格取人的傳統之後，有些高校開始設法「破格錄取」某些偏科現象嚴重的考生，以致一些名人被「破格錄取」的故事在當時便成為佳話，至今為人們所傳頌。雖然有關當事人不一定是被「破格錄取」的，但是，無論是否「破格」，一個無法改變的基本史實就是：在民國多數時期，各知名高校一般都能夠儘量減輕「以出身和資格取人」陳舊觀念的危害，且不僅僅「以分取人」，同時努力實踐按現代學術標準「以才取人」的現代大學招生理念，一些後來被稱為大師的文化名人有不少當年都曾被民國的大學所錄取獲得接受高等教育的機會。而這正是當今人們更願意關注的問題。而從眾多的事例完全可以推斷，除了具有先進的辦學理念和合理的招生理念指導並制定有比較合理的招生制度之外，民國高校在貫徹落實方面的組織與執行能力也必定有過人之處，否則也就不可能將先進的理念落到實處，也就不可能發現和錄取那麼多的優秀人才。以北京大學為例，蔡元培之前的幾任校長也曾對現代大學辦學與招生理念有一些比較合理的認識，但在貫徹落實新的招生理念方面卻建樹不大。〔註68〕

〔註68〕例如，1912 年 7 月，嚴復曾在一份呈文中提出，以後舊生結業，招考新生，一律不論其文憑資格，而通過嚴格考試，應當「以學問程度為歸」（嚴復《分科大學改良辦法說帖》，北京大學檔案，轉引自張寄謙：《嚴復與北京大學》，《近代史研究》1993 年第 5 期，第 160 頁）；1912 年 10 月 21 日，北大新任代理校長馬良在就任演說中也要求學生：「諸君在此校肄業，須尊重道德，專心學業，庶不辜負大學生三字」。（王學珍等：《北京大學紀事：1898～1997》，北京：北京大學出版社，2008 年 4 月版，第 51 頁）；在 1913 年 11 月至 1916 年 12 月期間曾任北京大學校長的胡仁源也指出：「大學設立之目的，除造就碩學通才以備世用而外，尤在養成專門學者，」「我國創立大學垂十餘年，前後教員無慮百數，而其能以專門學業表見於天下者，殆無人焉，不可謂非國家之恥矣」（見胡仁源《北京大學計劃書》，北京大學檔案室藏，轉引自蕭超

1.「道術相濟」

那麼，爲何後來的民國高校能夠突破以往陳舊觀念的束縛並做到不拘一格降人才呢？爲何它們就能夠發現並招收到不少雖然嚴重偏科但確有優秀潛質的人才呢？當然，原因可能有很多，但是，如果將民國高校辦學及招生的新理念比作「道」，而將貫徹落實新理念的方式方法及組織執行能力比作「術」的話，則毫無疑問的是，民國時期以蔡元培等人爲代表的教育家們不僅能夠深諳現代大學辦學及招生之「道」，必定還具備相當高明的招生人才之「術」。顯然，這個「術」的重要載體之一就是改革後的招生制度。在南京國民政府對高校內部的組織機構設置進行統一規範之前，民國高校一般都會根據實際情況不斷地改進其內部的招生組織機構，例如，北京大學當局就高度重視本校的內部組織機構設置與改革，認爲「組織完善與否，與學術滯達人才之盛衰均極有關係」，故因事勢之需要，而「隨時變通以求適應」。〔註 69〕

2. 制度革命

那麼，民國高校又是如何改革招生制度的呢？下面以蔡元培主持北京大學期間的改革爲例簡要說明民國高校招生組織人事制度改革的主要措施。

對於蔡元培在北大的改革措施，當時在北大就學的馮友蘭回憶道：

> 他到校後，沒有開會發表演說，也沒有發表什麼文告，宣傳辦學宗旨和方針。只發了一個布告，發表陳獨秀爲文科學長。就這幾個字，學生們全明白了，什麼話也用不著說了。〔註 70〕

幾乎與此同時，蔡元培實施的另一項改革舉措更沒有引起人們的關注，那就是悄悄設立入學試驗委員會，蔡元培自任會長，而陳獨秀則任副會長，胡適等人任委員。〔註 71〕

然等：《北京大學校史（1898～1949）》（增訂本），北京：北京大學出版社，1988 年 4 月版，第 47 頁）。但是，由於種種原因，特別是受官僚體制的束縛，蔡元培之前的各任校長均未能較好地貫徹落實各自比較合理的招生理念。

〔註 69〕引自北京大學給教育部的呈文，《教育公報》第七年，第十二期，指令第一千九百號，附原呈，1920 年 12 月 20 日。

〔註 70〕馮友蘭：《三松堂自序》，《三松堂全集》第一卷，鄭州：河南人民出版社，2001年 1 月版，第 270 頁。

〔註 71〕王學珍等：《北京大學紀事（1898～1997）》（上冊），北京：北京大學出版社，1998 年版，第 78 頁。

具體地說，在校長蔡元培的主持下，北京大學對學校內部招生組織人事進行改革的措施包括以下幾個方面：〔註72〕

首先是設置專門的組織委員會，其職責為「協助校長調查及策劃大學內部之組織，以利事務之進行」。1919年12月2日公佈的組織委員會委員長是蔣夢麟，委員有胡適、馬敘倫、沈士遠、陶履恭等8人。

其次，在校長與組織委員會的主持下，北京大學在校內設置了專門的招生組織機構：一是在總務處下面設置註冊部，專門負責與招生及註冊有關的日常事務性工作；二是設置專門的入學考試委員會，其職責為「協助校長辦理入學試驗事務」，負責對招生業務機構提供專業的指導，並直接參與某些關鍵招生環節的工作。

最後，北大當局根據新的招生組織機構，調整了招生機構的人事構成。

經過以蔡元培為首的北京大學當局對校內有關機構的改革，北京大學內部在招生活動方面的主要人員包括：

校長：對招生事務工作負總責。

入學考試委員會：由校長任會長，文科學長任副會長，其餘會員由各科系〔註73〕主任組成。同時由於各科系主任均由教授兼任，因此，入學考試委員會的成員均為本校最權威的教授。

總務處及其下屬註冊部的主任各一名：也由校長聘任，且由教授兼任。

以上是北京大學對本校內部招生組織機構框架與人事制度的改革。

那麼，對於原先校外直接參與招生活動的組織機構與人事制度安排如何改革呢？

通過仔細考察後不難發現，北京大學當時的做法不外兩途：一是儘量避免讓政府官僚機構直接參與招生錄取活動中各個關鍵環節的工作，而一般只是讓各省教育機關負責向本地有關學校發布招生通告及協助本地考生報名事宜，而

〔註72〕以下北京大學當局對本校招生組織人事制度改革的有關措施主要體現在1919年12月3日由評議會通過的《國立北京大學內部組織試行章程》及由教育部公佈的《國立北京大學章程》（其中有關招生組織機構的設置與人事安排規定），原載《北京大學日刊》（第505號，1919年12月6日；第562號，1920年3月15日；）及《教育公報》（第七年第十二期，1920年12月20日）；轉引自王學珍等：《北京大學史料第二卷（1912～1937）》（上冊），北京：北京大學出版社，2000年12月版，第77～85頁。

〔註73〕當時的北京大學在各科下面設「門」，後來改為「系」，本文按後來的習慣統一稱為「系」。

自行組織新生招生錄取等關鍵環節的活動；二是儘量減少由各省推薦選送新生的名額比例，同時不斷增加本校在北京及上海等地自行招生的名額比例。

因此，通過上述對有關招生組織人事制度的改革，北京大學在招生中就盡可能地減輕了對政府官僚機構的依賴，同時也減少了政府官員染指高校招生事務的機會，從而大大增強了自主招考優秀新生的能力。值得注意的是，可能是出於實際需要，與北京大學其他制度的改革相比，蔡元培在改革當時的北京大學招生制度時並沒有大肆宣傳，而是採取了「只做不說」、「先做後說」或「做得多但說得少」的有效策略，北京大學當時對招生制度的改革並沒有引起社會輿論的廣泛關注，因而有關的改革得以順利進行。

由此可知，在新理念、新思潮與新精神的指引下，以北京大學爲代表的民國高校紛紛摒棄以往依靠各地方政府推薦選送招生方式，從此擺脫了對政府機關等組織的依賴，同時採用新的招生制度。招生制度的革命爲民國高校招生制度翻開了新一的頁，並爲民國的教育學術帶來了新的活力。

二、大膽的自主

民初時期，高校自主招生是完全合理合法的，但由於深受傳統慣例的影響，各高校仍然習慣於依賴政府機構和學務官員。由於蔡元培等新派教育家的大膽改革和努力，高校招生得以依法實現眞正的獨立自主。從此，自主招生制度漸漸成爲主流。

1. 突破陳規

除了改革不合理的招生制度以外，能否充分利用法律賦予的權利開展招生活動，是否具有突破以往陳規陋習的膽識和勇氣，對於高校實現眞正的自主招生也很重要。

按照民初的有關法令規定，高校完全可以單獨自主地招考新生，自主招生本來就是民初高校的合法權利，可是有些辦學者往往因循守舊，不思進取，習慣於依賴傳統的老辦法招生。因此，由於受傳統和慣例的影響，各高校在招考新生的活動中，大凡遇到與慣例不同的事情時，往往習慣於事先請示教育部，這就導致民初的高校大多比較謹慎，習慣於依賴政府機構和學務官員開展招生活動，而不敢充分利用合法的自主招生權力獨立自主地招考新生。而蔡元培在主持北京大學改革時則能夠比較充分地利用合法的權利大膽地開展自主招生活動。

　　例如，1920 年，女生馮沅君報考北京大學時，北大是第一次遇到女生報考，教務部門不敢作主，建議蔡元培校長向教育部寫個報告，請示一下，免得日後受批評。因為當時招收女生在北大沒有先例，在當時的國立大學中也尚無先例。但據與馮沅君在北大同學的羅庸回憶，蔡元培當時回答道：「教育男女平等為時代潮流，北大招生章程報名條件中沒有說女生不能報名。只要符合報考條件，即可報名。考試後，只要符合錄取標準即可錄取。這是北大職責範圍內的事，用不著請示教育部」。〔註74〕對於北大開始招生女生一事，蔡元培自己也曾回憶說：

　　我是素來主張男女平等的。九年，有女學生要求進校，以考期已過，姑錄為旁聽生。及暑假招考，就正式招收女生。有人問我：「兼收女生是新法，為什麼不先請教育部核准？」我說：「教育部的大學令，並沒有專收男生的規定；從前女生不來要求，所以沒有女生；現在女生來要求，而程度又夠得上，大學就沒有拒絕的理」。〔註75〕

　　雖然北京大學不是民國時期第一所開始招收女生的高校，但這件事情也在一定程度上體現了蔡元培能夠充分利用合法職權開展自主招生的膽識和魄力。

2. 依法自主

　　為了逐漸儘量減少由各省區公署選送考生的名額比例，北京大學充分利用自主招生的合法權利，在北京和上海等地公開招生時，不斷擴大招生名額，同時不斷增加招生次數與招生人數。後來成為北大教授的楊晦回憶說：「在一九一七年的暑假裏，北京大學連續地招生三次，及格的就錄取，不受名額的限制，這樣，也集中了一批優秀的學生，也使有些學生意外地得到了投考的機會。我就是因為有第三次的招生，才趕上了報名，考入了哲學系」。〔註76〕北京大學當時的這幾次招生活動顯然沒有很好地遵循以往主要通過各省考選諮送高校新生的慣例。

〔註74〕任繼愈：《有關蔡元培校長幾則軼事》，《北京大學學報》（哲學社會科學版），1998 年第 2 期，第 117 頁。

〔註75〕蔡元培：《我在北京大學的經歷》（1934 年 1 月 1 日），中國蔡元培研究會：《蔡元培全集》，杭州：浙江教育出版社，1997 年版，第七卷第 506 頁。

〔註76〕楊晦：《五四運動與北京大學》，吳泰昌：《楊晦選集》，上海：上海文藝出版社 1987 年 4 月版，第 452 頁。

　　同時，爲了儘量繞開各省官僚機構染指北大的招生，蔡元培甚至想方設法爲直接報考北大的考生著想，爲他們開辦「先修班」。1916 年考入北大的陳顧遠回憶說：「當時有許多人考北大沒考上，他就辦一個先修班，先修班能考試及格就可以入學。此外北大開始招收女生，開中國大學教育之先河，他的著眼點也正是有教無類以求普及」。〔註77〕這種先修班在當時的北大稱爲補習班，按照有關規定，補習班學生平時約每月考試一次，夏假考試若平均分滿六十分，即可升入預科；如果夏假試驗平均分數不滿 50 分，但平時試驗之總平均分數在 70 分以上，也可升入預科。〔註78〕據統計，在北大 1917 年度的新生招考中，專門報考補習班的人數就有 21 人。〔註79〕顯然，通過開辦先修班或補習班來「培育」和招考合格新生的做法在以往也是沒有的，但卻是合理合法的。可見，蔡元培主持北大時充分利用了合法的權利來爲本校招考新生服務。

　　另外，蔡元培長北大之前，北大雖然也有旁聽生，但數量非常少，以致 1914 年考入北京大學預科的孫九錄當時甚至不知道北大校內還有旁聽生，但自蔡元培主持北大及聘任陳獨秀和胡適等人之後，由於上課不點名，北大的旁聽生漸漸增多。孫九錄在回憶瞿秋白在北京的一些情況時說：

> 　　據我所知，秋白並未投考北京大學，當時北京大學也無旁聽生。蔡元培主持北京大學後，……當時，上課不點名，如有和上課的學生友好者，可以隨同聽課。我只知秋白曾隨同張壽昆（常州府中學堂老同學）到沙灘北大文學院聽過陳獨秀、胡適等人的課。〔註80〕

在改革北大的過程中，蔡元培不僅允許校外的人員自由進入北大旁聽，同時還不斷增加招收正式旁聽生的人數和比例。〔註81〕

〔註77〕陳顧遠：《蔡校長對北大的改革與影響》，臺灣《傳記文學》第 31 卷第 2 期，1977 年 8 月。中國蔡元培研究會：《蔡元培紀念集》，杭州：浙江教育出版社，1998 年 4 月版，第 219 頁。

〔註78〕夏元瑮：《補習班教員會報告》，《北京大學日刊》第 8 號，1917 年 12 月 6 日。王學珍等：《北京大學史料第二卷（1912～1937）》（中冊），北京：北京大學出版社，2000 年 12 月版，第 993 頁。

〔註79〕《兩年新生報名人數之比較》，《北京大學日刊》第 184 號，1918 年 7 月 23 日。

〔註80〕孫九錄：《瞿秋白在常州府中學堂和北京的一些情況》，《黨史資料》叢刊 1980 年第 3 輯（總第 4 輯），上海：上海人民出版社，1980 年 11 月第 1 版，第 75 頁。

〔註81〕許多回憶者都曾提到當時校外人員到北京大學旁聽的自由狀況，請參見本文第五章。

據統計，1917 年 11 月，北大的本科學生共有 264 人，其中旁聽生就佔了 20 人，約占本科學生總數的 8%。其中，哲學門有本科生 62 人，尚無旁聽生；國文門有本科生 109 人，其旁聽生為 13 人，約占 12%；英文門有本科生 50 人，其旁聽生為 4 人，占 8%。而到了 1920 年，北大哲學系本科生共 186 人，其中旁聽生為 45 人，占 24%以上；國文系共有本科生 75 人，其中旁聽生為 12 人，占 16%；英文系本科生共有 91 人，其中旁聽生為 14 人，占 15%以上。〔註82〕

可見，允許自由聽課並從旁聽生中招收新生也是蔡元培改革北京大學招生制度以擴大生源的有效辦法之一。

因此，通過充分利用合法的自主招生權利，不斷開闢新的自主招生方式，從而逐漸在無形之中將原來對政府官僚機構和教育官員的過度依賴減少到了最低限度，同時最大限度地實現了真正意義上的自主招生。鑒於當時北京大學在全國高校中的重要地位和影響，其招生制度的改革對民國時期高校招生制度變革的影響是非常深遠的，也是非常關鍵的，它標誌著政府主導和控制高校招生的傳統向現代大學自主招生制度的轉變。蔡元培在北大主持的招生制度改革體現出了一位新時代教育家敢於突破陳規陋習的膽略和智慧。

3. 新的傳統

在民初高校擺脫「官主」的束縛並基本實現自主招生之後，只有少數公立大學在一定程度上保留了由地方政府為高校諮送新生的做法。例如，公立的東北大學是由奉天、吉林、黑龍江及所轄蒙旗合力於組建的，1923 年 7 月 15 日，東北大學舉行第一次新生入學考試，共取文、法、理三預科各二級，工預科三級，共計 310 餘人，雖然多數新生是學校自主招考錄取的，但也有一小部份是由黑龍江選送的。〔註83〕另外，為了培養師資，各地方教育機關仍然向一些師範類高校考送一定數量的新生。例如，後來成為歷史學者的鄧子琴就是在 1923 年經由雲南省教育廳考送至成都國立高等師範國文部學習的。〔註84〕

〔註82〕《本科學生名數表》，《北京大學日刊》第 7 號，1917 年 11 月 23 日；《現時學生統計表》，《北京大學日刊》第 771 號，1920 年 12 月 17 日。

〔註83〕楊佩禎等：《東北大學八十年》，瀋陽：東北大學出版社出版，2003 年 8 月版，第 1～2，41 頁。

〔註84〕鄧子琴（1902～1984），雲南省永善縣人，曾任雲南省教育廳督學，先後執教於雲南、四川等地的中學，後又任教於齊魯大學等高等院校，1949 年以後任

　　但是，顯然，在各校改革招生制度之後，高校招生主要依賴官僚機構與政府官員的現象已經不再是主流。而且，在高校內部的招生組織機構主導本校招考活動之後，高校外部的政府機構及中等學校就逐漸成為高校招生的輔助機構，同時，在不危害高校主體地位的前提下，校外有關機構還有可能在高校招生活動中扮演有益的角色並提供適當的服務，例如，有些高校經常委託地方教育機關或中等學校代為辦理一些比較簡單的報名投考手續，從而降低招生活動的成本。

　　由此可見，蔡元培在北京大學推行的大學招生新理念及相應的高校招生制度改革，實際上為民國時期的高校招生奠定了重要的組織人事制度基礎，從而使各校自主的新式招生制度逐漸成為民國高校招生制度的主流，並為民國高校的自主招生奠定了堅實的基礎，其歷史功績與影響值得引起高度重視。顯然，當時的改革實際上就是一場新的制度革命，而蔡元培等新派人物順應民主的時代潮流，在袁世凱逝世後能夠敏銳地抓住難得的歷史機遇，銳意進取，大膽改革，充分利用法律賦予的權力開展自主招生，同時改革有關的招生制度，從而逐漸形成了一種高校自主招生的新傳統，並在相當一定程度上參與改寫了中國的歷史，其中的歷史智慧值得學習和借鑒。

第四節　黨化的影響

　　民國時期，自蔡元培改革北京大學之後，政府除了依法監管和調控之外，一般沒有直接干預和參與高校內部的招生事務，由此，各高校基本上實現了自主招生，政府在招生中不再起主導作用。然而，在南京國民政府成立後，特別是隨著「訓政」的展開，由於受「黨化教育」的影響，教育部開始將「黨化」教育思想貫徹到高校招生活動中，這就使民國高校招生明顯打上了政黨和政治的烙印，從而使民國高校招生制度發生了一些顯著的變化。當然，由於國民政府沒有直接干預和參與各高校內部的招生活動，教授治校原則沒有遭到嚴重的破壞，此前建立的自主招生制度仍然運作良好，因此，各高校在招生活動中仍據主導地位。本節主要探討南京國民政府時期高校招生制度的「黨化」色彩及其實際效應。

教於四川西南師範學院，著有《中國風俗史》、《隋唐佛教史》等。政協永善縣文史資料委員會：《永善縣文史資料》第一輯，出版地：雲南省永善縣，1994年 10 月版，第 75 頁；鄭青、劉平齋：《四川省社會科學手冊》，成都：四川省社會科學院出版社，1989 年 8 月第 1 版，第 453 頁。

一、黨化的措施

南京國民政府時期，受「黨化教育」的影響，高校招生呈現出一定的「黨化」色彩，主要表現在招考內容及招生組織人事制度方面。

1. 黨化招考的科目與內容

在高校招生考試的內容方面，根據國民政府的規定，1929 年 4 月 26 日，國民政府公佈《中華民國教育宗旨及其實施方針》，其中規定：「中華民國之教育，根據三民主義，以充實人民生活，扶植社會生活，發展國民生計，延續民族生命為目的，務期民族獨立，民權普遍，民生發展，以促進世界大同。……大學及專門教育，必須注重實用科學，充實學科內容，養成專門知識技能，並切實陶融為國家社會服務之健全品格（原注：此款係經四全代表大會修正者。男女教育機會平等）」。〔註 85〕各高校招生當然也不能違背這個教育宗旨。因此，在以「三民主義」為指導的教育宗旨指引之下，高校招生的一個重要特點就是高校在招生入學考試中加試國民黨黨義（即三民主義理論），以此來考察招生對象的思想傾向。從此，為了獲取進入高等學校學習的資格，全國的廣大學子不得不服從由官方壟斷的某種主義或思想學說，廣大考生在複習備考時又多了一項任務，就是努力學習有關的政治理論——三民主義。

當然，高校招考科目與內容的黨化與國民黨在各級學校中推行的黨化教育有關。袁徵的研究表明，「黨化教育」教育起源於 1920 年代國民革命的策源地——廣東，並隨著國民革命軍北伐的勝利而逐漸推向全國。1928 年 5 月，全國教育會議決定放棄「黨化教育」的提法，並將教育宗旨確定為「三民主義的教育」，但其實質內容是相同的。原來的「孫文主義」或「三民主義」等課程後來統一稱為「黨義」。不久，國民黨中央常務會議就為「黨義」課制定了統一的教學標準。1929 年 8 月，教育部頒發了一系列課程安排，規定「黨義」為全國所有初等、中等和高等學校的必修課。〔註 86〕

〔註 85〕宋恩榮、章咸：《中華民國教育法規選編》，南京：江蘇教育出版社，2005 年版，第 35～36 頁。

〔註 86〕《中華民國教育宗旨說明書》，中華民國大學院：《全國教育會議報告》乙編，第 2 頁。《上海民國日報》，1928 年 7 月 31 日，第 1 張；《各級學校增加黨義課程暫行通則》，中國國民黨廣州特別市黨務指導委員會訓練部：《訓練工作叢刊》，廣州，1929 年版；教育部：《第一次中國教育年鑒》，上海：開明書店，1934 年版，乙編，第 62 頁，丙編，第 142、191、422 頁。請參見袁徵：《孔

在這樣的「黨化教育」背景下，各高校的招生活動也明顯受到影響，各校先後將「三民主義」或「黨義」列爲招考必考內容之一。

最早將黨義等政治理論列爲高等學校入學考試內容的做法可能是在廣東大學改爲中山大學的過程中出現的。1926 年 8 月 17 日，國民政府發布命令，正式宣佈將國立廣東大學改名爲國立中山大學。10 月 22 日，由戴季陶、朱家驊等人主持的中山大學公佈了新的六條治校辦法，其中包括對原來廣東大學學生舉行重新入學考試的規定，「全體學生一律復試，分別去取」，「此次新考入的學生，無論其學級若何，皆須一律重新施以本、預科入學試驗」；「本科預科的考試科目爲國文、數學、外國語，強調政治素養」。這次考試當時也稱爲復試甄別。同時，中山大學專門成立復試委員會。10 月 28 日，該委員會制定了《大學各本科師範部及各科專門部復試之標準》，其中規定：「本科及各科專門部，復試國文、數學、外國語三科，皆決定最高最低標準。其最高標準，視舊制大學預科，或新制高級中學畢業程度；最低標準，國文則以瞭解國民革命之意義，且文理通順爲度」。預科學生復試標準仍照往常考試程度，科目限於國、英、數三科。11 月，復試甄別結束以後，不及格者有 800 多人，後來雖放寬錄取標準，本科與預科不及格者加在一起仍有 276 人。〔註 87〕可見，新成立的中山大學將三民主義等黨義內容融入了入學考試的國文科之中。

1927 年 9 月，由東南大學等 9 所高校合併組建的國立第四中山大學也將三民主義列爲入學考試的必考科目之一，在其發布的一份入學考試通告中，「三民主義」被列爲考試科目中的「通試」科目（注：即必考科目）之首。〔註 88〕

子·蔡元培·西南聯大：中國教育的發展和轉折》，北京：人民日報出版社，2007 年 1 月第 1 版，第 222～224 頁。

〔註 87〕《中大委員會議決之規劃》，《中大委員會宣佈復試辦法》，《中山大學復試已放榜》，《廣州民國日報》，1926 年 10 月 22 日，10 月 30 日，11 月 24 日。參見吳定宇：《中山大學校史（1924～2004）》，廣州：中山大學出版社，2006 年 5 月，第 53～57 頁。

〔註 88〕1927 年 4 月，國民黨定都南京。6 月，將東大與河海工程學校、江蘇政法大學、江蘇醫科大學、南京工業專門學校、蘇州工業專門學校、上海商業專門學校、南京農業學校、上海商科大學等合併，改建爲第四中山大學；《校本部關於補行特別轉學入學試驗通告》，參見南京大學校慶辦公室校史資料編輯組、學報編輯部：《南京大學校史資料選輯》（內部資料），南京：南京大學出版社，1982 年 4 月版，前言第 1 頁及第 213～214 頁。

　　從 1930 年開始，北京大學開始在招考中加試黨義科，根據 1930 年新修訂的《國立北京大學入學考試規則》規定，在報考所有各系的必考科目中，第一科都是黨義。〔註 89〕同年，私立廈門大學在招生中也開始將黨義列爲必考科目。〔註 90〕

　　1931 年 11 月 20 日，國民黨第四次全國代表大會審議通過了《關於黨義教育案》，其中要求將黨義滲透到其他諸如地理、歷史、國文等各科教材當中，並改進黨義教育的實施方法。會議議決，該案提交國民政府教育部「妥擬辦法」負責實施。〔註 91〕

　　此後，各高校進一步在招生簡章中強調黨義科目的重要性。例如，1932 年 5 月，在該年度新修訂的《國立北京大學入學考試簡章》中，黨義不僅是報考各學院的必考科目之一，而且還特別規定新生在該科入學考試中「必須及格」。〔註 92〕同年，嶺南大學出臺的《學則》也將三民主義列爲招考一年級新生的必考科目之首，並規定其程度爲：「曾讀過孫總理演講之三民主義及建國大綱」。〔註 93〕

　　可見，各高校在招考新生時對黨義一科是比較重視的。這也是「黨化教育」在民國高校招考中的直接反映。

　　1932 年 12 月 24 日，教育部發布《規定各校招考新生之考試科目及各科程度》的訓令，明確要求「嗣後各校招考新生，其考試科目及各科程度，應遵照下列規定辦理：一、專科以上學校，自二十二年度起，仍照高中課程暫行標準；自二十五年起，應照新頒標準」。〔註 94〕據此，專科以上學校招考的科目和程度必須與高中的科目和程度相銜接。這種要求表面上看起來似乎合情合理。然而，根據教育部 1929 年頒佈的高中暫行課程標準，高中課程中設有黨義、歷史等科，1932 年之後，黨義科雖然改爲公民科，但其核心內容仍

〔註 89〕　《北京大學日刊》第 2423 號，1930 年 5 月 30 日。

〔註 90〕　《申報》，1930 年 7 月 17 日。

〔註 91〕　《關於黨義教育案》，榮孟源等：《中國國民黨歷次代表大會及中央全會資料》（下冊），北京：光明日報出版社，1985 年 10 月第 1 版，第 49～51 頁。

〔註 92〕　當時，北京大學對於其他入學考試科目則沒有「必須及格」規定。《北京大學日刊》第 2841 號，1932 年 5 月 25 日。

〔註 93〕　《私立嶺南大學一覽》，廣州：私立嶺南大學印行，1932 年 3 月出版，第 83 頁。

〔註 94〕　《規定各校招考新生之考試科目及各科程度》，教育部：《教育法令彙編》第一輯，上海：商務印書館，1936 年 1 月，第 99 頁。

舊是國民黨中央黨部欽定的教義。〔註95〕由於當時的黨義（或公民）、歷史等科目包含了許多有關於三民主義與國民黨之歷史、政綱與政策等內容，這就意味著高校的招考科目中也應當包含這些科目及相關內容。由此，廣大考生在報考高校時必須認眞學習、領會和接受國民黨的有關教義和思想觀點。顯然，當時國民政府的這種做法與學術自由與思想自由的公理是不相容的。同時，根據現代大學學術自由的四項標準，政府不應規定考試科目，學校自己完全有權決定招考科目和內容，因而國民政府在高校招考中增加黨義科並在其他科目中滲透黨義的做法顯然是不合理的。〔註96〕

綜上，與北京民國政府時期相比，隨著「黨化教育」的深入開展，特別是南京國民政府在開始實施「訓政」之後，各高校招生考試的科目與內容發生了重要的變化，這就是，各高校必須按規定在入學考試科目中必須加試國民黨的黨義。從此，爲了獲取高等教育學習機會，全國廣大學子不得不認眞學習並熟記國民黨一黨的黨義及在國民黨黨義指導下編寫的歷史和地理等教科書。

2. 操控招生的組織與人事

除了上述招考科目帶有鮮明的「黨化」色彩之外，高校的招生組織人事制度也受到一定程度的「黨化」。

王奇生的研究表明，與「黨化」學校課程相似，「黨化」學校組織人事的做法也起源於國民革命時期的廣東。1924 年 8 月，廣州市教育廳下發文件，要求全市教育行政人員和教職人員全部入黨，並宣布實行「黨化教育」。〔註97〕1926 年 7 月，國民黨在廣州召開中央教育行政大會，會議議決學校教職員

〔註95〕黨義課程標準由國民黨中央規定。1932 年頒佈的正式課程標準將黨義科的名稱雖改爲公民科，但其核心內容還是國民黨的教義。1929 年頒佈的高中暫行課程標準內容參見教育部：《現行教育法令大全》第四部份普通教育，上海：世界書局 1931 年 5 月版，第 3～4 頁。關於黨義課程的演變歷史請參見呂達：《中國近代課程史論》附錄一，北京：人民教育出版社 1994 年版，第 430～444 頁。

〔註96〕1978 年美國最高法院的判決指出：大學的學術自由就是它可以「根據學術理由自己決定誰可以講授、什麼可以講授、如何進行講授和誰可以被錄取入學」。Regents of the Univ. of California v. Bakke, 438 U.S. 265（1978）。請參見袁徵：《中國教育問題的哲學思考》，深圳：海天出版社，2009 年版，第 180～181 頁。

〔註97〕《廣州民國日報》，1924 年 8 月 11 日第八版。

和教育機關人員必須全體加入國民黨。北伐勝利後，國民黨轉變爲執政黨，除在各級學校配置專任的黨義教師外，並未在高校教師中大力發展黨員。直到抗戰前夕，各高校仍未普遍建立國民黨的基層組織，廣大高校師生中的國民黨黨員人數也不多，只有中央政治學校、中山大學、四川大學等少數幾所高校的教師黨員人數稍多。在抗戰期間，南京國民政府進一步強化了對大學的管理和控制。1938 年，原來掌管國民黨黨務的陳立夫出任教育部長後，不斷在高校中擴張勢力，到該年年底，國民黨中央組織部已經著手在中央大學等 8 所高校籌設黨部。〔註98〕

　　1939 年 3 月 1 日到 9 日，第三次全國教育會議在重慶舉行，教育部長陳立夫主持會議。蔣介石到會致訓詞並強調：「今天我們再不能附和過去誤解了許久的教育獨立的口號」，「應該使教育和軍事、政治、社會、經濟一切事業相貫通」，並要求教育界要「齊一趨向，集中目標，確確實實爲實現三民主義而努力」，同時反對「各逞所見，各行其是」。〔註99〕會議結束後第五天，即 3 月 14 日，蔣介石電令陳立夫，要求加強對各級學校教職員中國民黨員的管理，「全國各級學校有黨籍之教職員，應設法管理，以考察並指導其行動與生活」，同時要求教育部和各省教育廳指定專人負責。〔註100〕

　　以西南聯大爲例，1939 年 7 月，陳立夫指示蔣夢麟在國立西南聯合大學中建立國民黨直屬區黨部。〔註101〕隨後，蔣夢麟擬定了有關計劃，並於該月 23 日召集北大、清華、南開三校院處長以上教授舉行茶會。他在會上宣佈：「凡在聯大及三校負責人，其未加入國民黨者，均先行加入」。會後不久，馮友蘭等十餘位擔任行政職務的教授即首先加入。〔註102〕對此，有關當事人也回憶

〔註98〕 王奇生：《革命與反革命：社會文化視野下的民國政治》，北京：社會科學文獻出版社，2010 年 1 月版，第 229〜233，238〜240 頁。

〔註99〕 教育部：《第二次中國教育年鑒》（第二編教育行政，第四章教育會議），上海：商務印書館，1948 年 12 月版，總第 82〜83 頁。

〔註100〕 《關於各校區黨部之籌設》，臺北：中國國民黨黨史館藏檔案，卷號：特 3－26.1。

〔註101〕 《蔣夢麟覆陳立夫、張厲生函》（1939 年 7 月 15 日），臺北：中研院近代史研究所檔案館藏《朱家驊檔·學校黨務卷》：95－（1）。

〔註102〕 《蔣夢麟、梅貽琦致三校院長以上負責人函》，西南聯合大學檔案卷 45（其他卷）。清華大學校史編寫組：《清華大學史稿》，北京：中華書局，1981 年 2 月版，第 296〜297 頁；蔡仲德：《馮友蘭先生年譜初編》，《三松堂全集附錄》，鄭州：河南人民出版社，1994 年 11 月第 1 版，第 221 頁。

道，1939 年，教育部專門頒令，要求出席聯大常委會議的都必須是國民黨員，並且要求院長以上的教職員都必須加入國民黨。〔註 103〕據統計，到 1944 年初，在西南聯大，大約有 40%的教師加入了國民黨，有接近 50%的教授是國民黨員。〔註 104〕

1941 年 3 月 14 日，根據國民黨中央組織部的有關規定，教育部發布訓令規定：「爲使各校直屬區黨部協助推行政令起見，特規定學校區黨部書記得列席校務會議」。〔註 105〕

而根據 1929 年 8 月發布的《大學規程》及《專科學校規程》，高校的招生委員會或聯合招生委員會必須由校務會議組織。〔註 106〕由此，高校招生的組織人事與有關招生工作動的決策必然也在一定程度上受到國民黨在高校所設黨部的影響或控制。

可見，國民黨在高校教師中大力發展黨員的同時，也使政府在招生組織人事與議事決策方面對高校招生加強了控制，從而使高校招生體現出一定的「黨化」色彩，因爲當時的高校教師（包括有關負責人、教授和其他教職員工）大多也是各校招生活動的領導決策者或有關招生制度的具體實施者。顯然，這種做法對當時的高校自主招生制度必然會產生一定的負面影響。

綜上可知，由於國民黨爲了實現其政治目的而將「黨化教育」理念貫徹到高校招生中，民國的高校招生制度明顯地帶上了相當濃厚的政黨和政治色彩。

二、實際的效應

南京國民政府時期，由於國民黨在招考科目和內容及組織人事方面進行

〔註 103〕 方靳等：《陳岱孫教授談西南聯大》，雲南省政協文史資料研究委員會、西南聯合大學北京、昆明校友會、雲南師範大學等：《雲南文史資料選輯》第三十四輯（西南聯合大學建校五十週年紀念專輯），昆明：雲南人民出版社，1988年 10 月版，第 6 頁。

〔註 104〕 王奇生：《革命與反革命：社會文化視野下的民國政治》，北京：社會科學文獻出版社，2010 年 1 月版，第 233，238～240 頁。

〔註 105〕 雖然後來教育部因「查是項規定在教育法規上無所依據」而改爲「如討論與學校黨務有關事項時」列席，但由於區黨部書記也是教授，因而他們也往往以教授代表的正式身份參加各種校務會議。清華大學校史編寫組：《清華大學史稿》，北京：中華書局，1981 年 2 月版，第 296 頁。

〔註 106〕 教育部：《現行重要教育法令彙編》，南京：國民政府教育部印行，1930 年 4月版，學校教育部份第 8，26 頁。

「黨化」控制，從而使的高校招生制度在一定程度上被政治化，這種做法必然會對當時的高校招生活動產生重要的影響。

一方面，「黨化」招生不僅給高校和廣大考生增加了實際負擔，使高校和廣大考生不得不增加時間、精力和財力來應付黨義科目的招考，還有可能使不贊同國民黨黨義的考生在入學考試中要麼違心說謊，要麼勇敢地說真話而面臨競爭的劣勢甚至落榜的危險，當然，這同時也使贊同且熟記國民黨黨義的考生在考試中佔有一定的優勢。

另一方面，黨化高校的組織人事也使得國民政府對高校招生活動乃至所有內部行政事務的控制力度都得到一定程度的加強。由此，在政府的控制下，這個時期的有些大學教育界人士開始懷念北洋軍閥政府時期大學的寬鬆和自由。例如，1946 年 1 月，周鯁生在給胡適的信中曾憶及蔡元培時代北京大學的獨立與自由，他說：「我們在北大的時候，儘管在軍閥政府之肘腋之下，可是學校內部行政及教育工作完全是獨立的，自由的；大學有學府的尊嚴，學術有不可以物質標準計度之價值，教授先生們在社會有不可侵犯之無形的權威，更有自尊心」。〔註107〕這種說法不僅表達了當時部份高校教授對北京民國政府時期比較寬鬆的政治環境和學術自由的懷念，也體現了部份教授對南京國民政府嚴密控制高校做法的不滿。由於招生也屬於學校內部的重要行政事務，國民黨在加強對高校控制的同時，當然不會遺漏招生這個重要的環節。由此可知，南京國民政府時期，由於教育部對高校招生進行管理和控制的力度要遠遠超過北京民國政府時期，高校的招生自主權也肯定會受到一定的威脅。

但是，「黨化」對民國高校招生的實際效應似乎也不宜估計過高。究其原因，至少有以下幾個方面：

首先，當時高校招生的主要負責人大多能夠較好地遵守現代大學招生的國際慣例。

由於各高校招生的主要負責人大多是當時具有較高學術水準的學者，他們應當知曉現代大學學術自由與思想自由的理念，再加上此前的自主招生實踐，更應當明白現代大學招生應當主要依據考生學業成績而不應該以政治思想為錄取標準的國際通行做法。因此，即使成為國民黨黨員，各高校招生的

〔註107〕中國社會科學近代史研究所中華民國史研究室：《胡適來往書信選》（下），北京：中華書局，1983 年版，第88 頁。

負責人一般也都能夠按照現代大學招生的國際慣例行事，基本上能夠做到以
學術標準錄取本校新生。再加上各高校對專業人員與教授專家比較尊重，有
些教授也敢於大膽地反對和抵制某些不合理的做法。而且，更重要的是，由
於教授治校的原則沒有遭到嚴重的破壞，因而國民政府對全國高校招生制度
進行「黨化」控制的實際效果還是比較有限的。

　　以西南聯大為例，雖然教育部專門頒令要求出席聯大常委會議的都必須
是國民黨員，同時要求院長以上的教職員都必須加入國民黨。但是，國民黨
當局的這種做法也遭到一些院長和教授的公開反對和抵制。聯大法商學院院
長陳序經當時曾破口罵道：「什麼東西！我才不加入國民黨！」而當時的西南
聯大常委亦無可奈何，最後不了了之。〔註108〕

　　另據馮友蘭回憶：

> 國民黨對於高等院校的直接控制空前地加強了。1939年就要求
> 院長以上的教職員都必須加入國民黨，並在聯大公開設立國民黨黨
> 部，稱為區黨部，在各學院設立區分部。這種公開地以黨治校，在
> 中國教育史上還是第一次。……出席聯大常委會的人都是國民黨黨
> 員，而且還要受區黨部的「協助」。……從表面上看來，聯大成為國
> 民黨完全統治的學校了。其實並不盡然。據我所知，聯大還是照三
> 校原有的傳統辦事，聯大沒有因政治的原因聘請或解聘教授；沒有
> 因政治的原因錄取或開除學生；沒有因政治的原因干涉學術工作。
> 〔註109〕

其次，對招考科目和內容的「黨化」做法可能會引起考生和某些高校教師的
牴觸。

　　國民政府對招考科目和內容的「黨化」雖然是很不合理的，也使得廣大
學子不得不認真學習國民黨的黨義，但是，這種做法並不一定能夠取得當局
預想的實際效果。道理很簡單，因為當一種思想學說成為大家不得不學習和
背誦的時候，實際上往往引起人們的反感和牴觸情緒，即便這種學說是放之

〔註108〕方靳等：《陳岱孫教授談西南聯大》，雲南省政協文史資料研究委員會、西南
　　　　聯合大學北京、昆明校友會、雲南師範大學等：《雲南文史資料選輯》第三十
　　　　四輯（西南聯合大學建校五十週年紀念專輯），昆明：雲南人民出版社，1988
　　　　年10月版，第6頁。

〔註109〕馮友蘭：《三松堂自序》，《三松堂全集》第一卷，鄭州：河南人民出版社，2001
　　　　年1月版，第295頁。

四海而皆準的真理。因此，廣大學子在複習備考時，往往只是死記硬背一些官方的欽定說法，以應付考試，等到考試結束之後，很快就遺忘了。另外，由於要求廣大考生學習的黨義和歷史科目往往不僅包含對有關理論正確性和對國民黨及其領袖人物功績的頌揚，同時也可能包含對理論學習者的高度期望，但是，一旦現實生活或自身的努力與理論相距甚遠的時候，人們反而更容易對有關的理論和學說產生懷疑甚至牴觸和反感。國民黨第四次全國代表大會曾對此前的黨化教育效果進行檢討說：「中央年來屬行黨義教育，國內大中小學均有黨義教育課程之設置，惟綜其結果，不但成效難收，反使一般學生感覺三民主義之空虛枯燥與毫無意義」。〔註110〕同樣的道理，試圖在高校招生中讓考生加試黨義，除了增加高校和考生的負擔，恐怕也難以達到預期的效果。

再次，教授治校原則與高校自主招生的做法沒有發生根本改變。

南京國民政府時期，雖然高校的評議會制度被校務會議制度所取代，但由於國民政府對高校教授仍然比較尊重，教授會制度仍然得以保留，教授治校原則也發揮了良好的作用，同時，自蔡元培改革北大招生制度之後形成的新傳統——高校自主招生制度，仍在起著主導作用，因此，當時的高校招生仍然在各校教授的主導下開展的。上述馮友蘭的說法可以作證。

最後，最關鍵的原因可能在於，除了在抗戰期間曾統一組織公立高校實行聯考統招制度外，南京國民政府一般沒有直接干預和參與各高校內部的招考錄取事務，高校的自主招生權仍得以保留，從而使各高校能夠比較自主地決定本校內部的招考事務。

實際上，國民政府對高校招生的管理主要還是依賴有關的教育法令和教育行政手段。例如，根據教育部的要求，各公私立大學開展的包括招生在內的幾乎所有教育教學活動，都必須按規定向教育主管部門請示和彙報。〔註111〕因此，「黨化」措施對高校招生的影響似乎也不宜過份誇大。

〔註110〕 黃季陸、羅家倫等：《革命文獻》第76輯，臺北：中國國民黨中央黨史會編印，1978年，第166～167頁；另見《關於黨義教育案》，榮孟源等：《中國國民黨歷次代表大會及中央全會資料》（下冊），北京：光明日報出版社，1985年10月第1版，第49～51頁。

〔註111〕 《專科以上學校應行呈報事項及日期》，教育部：《教育法令彙編》第一輯，上海：商務印書館，1936年7月版，第116～117頁。關於南京國民政府對高校招生的管理和控制情況及相關制度，請參見本文第三章。

　　綜上，受國民黨推行「黨化教育」的影響，南京國民政府時期的高校招生制度帶有鮮明的「黨化」色彩，「黨化」雖然對當時高校招考活動產生了一定的負面影響，但由於政府一般沒有直接參與和干預高校內部的具體招生事務，教授治校原則也沒有遭到嚴重破壞，各高校在招生中形成自主招生新傳統仍在發揮著主導作用。總之，當時的「黨化教育」雖然使廣大考生和招考人員不得不帶上政黨和政治的色彩，但國民黨對高校招生的「黨化」效應還是相當有限的，對當時的高校自主招生制度並沒有產生根本性的破壞，因而，招考和錄取的實際權力還是掌握在高校手中，各校的教授在招生活動中依然發揮著重要的主導作用。

第二章　自主與民主

　　1930 年夏天，在國立青島大學入學考試中，臧克家寫的命題作文《雜感》雖然只有三句話，但聞一多卻給他的國文成績打了 98 分。臧克家因此憑藉其國文成績的高分優勢被青島大學錄取。如果聞一多被僵化的招生制度所束縛而無法僅憑三句話的作文就「獨裁專斷」地給考生打高分，以臧克家數學考零分的成績，恐怕難以進入青島大學深造，詩人臧克家當然很可能就難以取得後來的文學成就。〔註 1〕因此，那些偏科現象嚴重被民國知名高校「破格錄取」的傳聞即使是真的，其原因恐怕不僅僅在於表層的「破格錄取」規則上，更主要的原因可能還在於：第一，當時的高校招生組織人事制度使得具有專業學術水準和較高洞察力的教授能夠參與甚至負責主持招生工作；第二，當時的高校招生人員沒有受到過度僵化的招考制度束縛，在閱卷與評分及錄取環節享有一定的「獨裁專斷」權；第三，由於沒有校內外其他非學術機構的直接干預和控制，招生人員得以能夠以專業的學術精神開展工作。因此，除了研究當時的高校招生自主權及「破格錄取」的有關規則之外，更有必要對民國高校招生的組織人事制度進行認真的研究，特別是要認真探討自主招生的組織機構、人事安排及具體實施規則，以弄清民國時期的高校自主招生權是如何落到實處的。

〔註 1〕1930 年暑假，臧克家以數學零分、國文 98 分的成績考入國立青島大學，先入英文系，後轉入聞一多主持的中文系。但顯然，臧克家並不是被「破格錄取」的，而是憑總成績較高才被錄取的，因為據當時給他報到的註冊科職員說，聞一多當年「看卷子極嚴格，五分十分很多，得個六十分就不容易了」，因此，臧克家的數學雖然考零分，但其總分在當時的考生當中肯定不低，而且數學考零分在當時的大學入學考試中也是很常見的現象。臧克家：《詩與生活・回憶錄》，成都：四川人民出版社，1981 年 10 月版，第 95～96 頁。

在民主、科學與法治的時代洪流中，由於政府能夠做到依法管理，且比較寬鬆，在蔡元培等教育家和廣大高校教師的努力下，民初高校的招生在突破傳統由官方主導和控制的局面並初步實現自主招生的同時，還逐步建立了自主與民主的招生組織人事制度。其主要做法是：首先建立高校內部獨立自主的招生組織機構，然後根據「教授治校」的原則來安排有關機構的人事，同時還採用合議制與分任制相結合的民主議事決策規則。這樣，民國高校就不僅在民主議事決策的同時發揮了專業人員和學術專家在招生中的重要作用，還逐步建立了「教授治校」原則指導下的、獨立自主與民主法治並重的招生組織人事制度。由此，在這種自主招生組織人事制度的運作下，民國高校招生進一步實現了民主與法治的結合，〔註2〕從而在「官主」招生向自主招生轉變的過程中，也幾乎同步實現了從獨立自主到依法自治的重要轉變。這種高校自主與民主的招生組織人事制度不僅兼具民主與效能的雙重優點，也體現了高校內部管理中自治與法治並重的理性精神，從而成為民國高校自主招生制度中的重要關鍵和基石。這種新式制度也自然而然地成為民國高校實現各自招生目標及辦學理念的重要制度。因此，為更好地總結民國高校招生制度的經驗和教訓，本章對民國時期占主流地位的高校自主和民主的招生組織人事制度進行系統和深入的研究和討論，內容包括招生活動的組織架構、機構設置、人事安排及議事決策規則等方面。〔註3〕

第一節　組織架構

民國時期高校招生活動的組織架構是怎樣的？在其組織架構中，高校內外有關機構的職權劃分與主次關係如何？以往的研究論著極少涉及到此類招生組織機構設置方面的問題，因此有必要首先弄清這些比較基本的問題。

由於高校招生並不僅僅是高校內部的事情，也往往涉及到其他有關機構，例如，中央政府與各地各級教育行政機關及中等學校等機構，也有可能直接或間接參與高校招生某些環節中的活動，或管理、或調控，或協助，職

〔註2〕當然，這裡的「法」不僅指依法制定並具有法律效力的民國高校章程和規則，也指民主的議事決策規則，本文的「法治」主要是指高校依法辦事並按照受法律保護的民主議事規則行事，從而實現依法自治。

〔註3〕為行文方便，下文所稱的民國高校招生組織人事制度一般是指民國時期經蔡元培改革北大之後形成的、占主流地位的新式高校招生組織人事制度。

能各異，可見，與高校招生有關的機構當然也不僅僅包括高校內部的招生機構，還可能涉及到高校外部的有關機構。而只有在弄清民國高校各類招生機構的基礎上才便於分別探討其組織體系的框架設置、各類機構的職權劃分及機構成員組織規則與招生活動的一般組織人事規則。

因此，弄清高校內外各有關機構的設置及其組織體系架構，並確定各類機構在高校招生活動中的實際地位和作用，分析各機構的職權劃分與主次關係，就顯得非常有必要，同時對於當今高校招生活動的組織體系架構問題也有相當的借鑒意義。

一、機構設置

這裡主要考察高校內部各招生機構的設置情況。民國時期，在各高校內部，負責招生活動的主要機構包括招生課或註冊課、招生委員會、入學試驗委員會及入學資格審查委員會等。〔註4〕

（一）招生課與註冊課

一般來說，招生課或註冊課是民國高校內部負責辦理各類微觀具體招生事務的執行機構。在民國高校的組織系統中，招生課或註冊課屬於教務部門，一般隸屬於教務處，〔註5〕也有招生規模較大的高校也可能獨立設置，從而與教務處並列。由於招生課或註冊課是民國高校招生錄取活動中

〔註4〕招生與註冊本來是高校招生活動中的不同流程，招生是錄取之前的工作，註冊是接受被錄取新生入學的工作，但因二者關係密切且互相銜接，在許多民國高校中往往由同一機構負責，並多由相同的教職員負責。由於此類機構在民國各校的名稱不一，其他稱呼包括招生股（組、處）或招生處及註冊部（組、處）等，本文統一稱作招生課或註冊課，因爲這是民國時期最常用的稱呼。有的高校稱招生委員會爲招考委員會，有的高校稱入學試驗委員會爲入學審查委員會、新生入學審查委員會或新生入學資格審查委員會等。

〔註5〕在南京政府教育部於抗戰期間統一各校內部機構組織及其稱呼之前，民國各校組織不一，稱呼各異，有的高校招生課或註冊課隸屬於總務處或課業處等部門，有的高校甚至沒有教務處的專門設置，就由註冊部辦理各種教務，而由其下屬的註冊股辦理招考新生事宜，也有高校教務處不管其他普通事項，只專門負責本校教育學術方面的事。因此，對民國高校內部的機構，不僅要看名稱，還要看其實際職能。由於當時有些高校的總務處、學務處、課業處或註冊部等機構都大致負責類似後來稱爲教務的工作，故本文按民國後期通行的做法統稱爲教務處。

的主要執行機構，是民國高校招生機構的主體，因此有必要對其基本情況進行認真研究。下面從其基本設置、主要職能、重要地位及設置原則等幾個方面進行探討。

1. 設置情況

民國初期，初創或辦學規模較小的高校一般由沒有專門設置招生課或註冊課，而由教務部門直接負責招生工作。例如，1913 年成立的甘肅公立法政專門學校在初創時期，連校長在內只有 4 名職員，教務由校長蔡大愚兼任，庶務由學監兼任，招考新生的工作當然也只能由這幾名教職員一起開展，因此沒有設立專門的招生機構。〔註6〕後來，辦學規模稍大一些或剛開始辦學就比較正規的民國高校一般設有教務處，其下專設招生課或註冊課，或稱招生組（股）或註冊組（股），專門負責本校的招生錄取與學生註冊工作。

例如，蔡元培出長北京大學之後，曾不斷對校內的行政管理體制進行改革，專門設置了註冊部，其下設註冊課，專門辦理招生註冊有關事宜。〔註7〕

又如，1933 年度的金陵大學教務處下面就設有註冊股與招生股等四個部門。〔註8〕又如，1945 年抗戰勝利後，燕京大學得以在北京復校，當時燕大的教務處主管兩方面的工作，一是圖書館，二是註冊課。後來學生多了，又從註冊課分出一個招生課。〔註9〕

在一些規模較大的民國大學裏，規模較大或相對獨立的學院（或學系）也可能設有本學院的招生課（組）或註冊課（組），專門負責本學院的招生與註冊事宜。例如，1946～1947 年間，聖約翰大學農業經濟系設有專門的註冊課，主任為徐安仁；1945～1949 年聖約翰大學醫學院也設有註冊處，主任為龔寶珍（P. T. Kyong）。〔註10〕

〔註 6〕 張克非：《蘭州大學校史・上編》，蘭州：蘭州大學出版社，2009 年版，第 22 頁。

〔註 7〕 《北京大學日刊》第 562 號，1920 年 3 月 15 日。

〔註 8〕 金陵大學秘書處：《私立金陵大學一覽》，出版地：南京金陵大學，1933 年 6 月版，第 295 頁。

〔註 9〕 張瑋瑛等、燕京大學校友校史編寫委員會：《燕京大學史稿》，北京：人民中國出版社，1999 年 12 月第 1 版，第 671 頁。

〔註10〕 徐以驊、上海聖約翰大學校史編輯委員會：《上海聖約翰大學（1879～1952）》，上海：上海人民出版社，2009 版，第 432，438，443 頁。

2. 主要職能

招生課或註冊課的基本職能主要包括兩個大的方面：即招生錄取新生與新生入學註冊工作，當然有時也包括選課及學籍管理等教務工作。〔註11〕為了履行招生錄取新生的基本職能，此類機構的工作內容相當繁雜。以燕京大學為例，燕京大學的教務處同時設有招生、註冊與校友三課，其中的招生課與註冊課都與招考新生有關，但燕京大學招考新生的機構以招生課為主。具體地說，燕大招生課的工作職責主要有：編印入學簡章及表格，參觀及調查承認中學（指燕大為保證考生質量，曾挑選一批中學為承認學校，這些學校在教學中注意適當符合燕大要求，學生畢業招生或保送燕大時，有一定優待）和其他中學狀況，接洽外埠代考單位，審核各類報告手續及文件，辦理入學試驗，調查及研究新生前校入學試驗及本校修業之成績，編印發行入學試驗題目，辦理其他有關招生事宜。〔註12〕

與燕大招生課的職責類似，根據 1933 年的有關規定，私立金陵大學招生股的工作職責包括：

甲、辦理招生手續中應辦之各項事宜；

乙、核給轉學生學分；

丙、審查新生證明文件呈部備案；

丁、考核各中學學生入本校之成績以察奪認可中學；

戊、答覆詢問函件；

己、其他關於本股事項。〔註13〕

而在另一些招生規模較大的高校或對招生機構的地位和作用特別重視的高校中，原來屬於教務處下屬機構的招生課或註冊課就有可能從教務處獨立出來，成為專門的招生處或註冊部（或稱註冊處，下同）。例如，在林文慶任廈門大學校長後，原來隸屬於事務處的註冊課就升級為註冊部，與原來的事務處並列，從此，就由註冊部專門辦理招生與註冊相關事宜，其在組織系統中

〔註11〕 這裡暫時只探討其招生錄取方面的職能，其在新生入學註冊方面的職能將在後面有關章節介紹。

〔註12〕 張瑋瑛等、燕京大學校友校史編寫委員會：《燕京大學史稿》，北京：人民中國出版社，1999 年 12 月第 1 版，第 380 頁。

〔註13〕 金陵大學秘書處：《私立金陵大學一覽》，出版地：南京金陵大學，1933 年 6 月版，第 297 頁。

的地位列於圖書館之前。〔註14〕又如，1930 年代的嶺南大學就設有註冊處，其地位與各學院院長相當，直接對校長負責。〔註15〕註冊處的具體職責有許多，與招生（包括新生入學）有關的工作內容主要有四項：

　　（一）指導學生選擇學科及將來之職業；

　　（二）辦理各學院招生廣告及投考報名事項；

　　（三）辦理各學院入學考試及轉學插班事項；

　　（四）登記各學院入學、轉學、休學、停學、退學、復學，以及績
　　　　　點之賞罰增減。〔註16〕

3. 責權地位

　　下面探討民國高校招生課或註冊課在校內教務組織系統中的責權與地位問題。

　　從上述燕京大學招生課、金陵大學的招生股及嶺南大學的註冊處的工作職責中不難發現，招生課（或招生股、註冊處，下同）負責辦理的招生事務雖然相當繁雜，但其權力卻也不小，如可以辦理入學試驗、可以調查承認學校等，幾乎可以相當獨立地承辦招生考試、錄取及入學等各個環節中的所有事項。當然，招生課所擔負的責任也不小，因為招考新生是民國時期高校最重要的教務工作之一，招生課能否招收到優秀的新生直接關係到本校的教學質量和聲譽問題，甚至進而關係到本校的生死存亡。

　　因此，招生課或註冊課的重要作用自然不言而喻，再加上這類招生機構與其他教務也密切相關，民國時期，各高校負責招生事務的招生課或註冊課往往列於教務機構組織系統的首要甚至核心地位。例如，在蔡元培主持的北大行政管理改革中，北京大學也將與招生有關的註冊事務置於學校總務之首，註冊部及其下屬的註冊課當然也是總務處最重要的部門之一。〔註17〕而根據清華大學的組織系統表，在羅家倫任校長期間，清華大學的註冊部就列

〔註14〕廈門大學：《廈門大學一覽》（1931 至 1932 年度），廈門：廈門大學印刷所印，1931 年，第 14 頁，

〔註15〕嶺南大學：《私立嶺南大學一覽》，廣州：私立嶺南大學印行，1932 年 3 月出版，第 3 頁。

〔註16〕嶺南大學：《私立嶺南大學一覽》，廣州：私立嶺南大學印行，1932 年 3 月出版，第 34～35 頁。

〔註17〕王學珍等：《北京大學史料第二卷（1912～1937）》（上冊），北京：北京大學出版社，2000 年 12 月版，第 81 頁。

於教務處各機構之首。〔註18〕又如，根據 1921 年 3 月廈門大學籌備委員會公佈的《廈門大學大綱》規定，負責招生的註冊課就列於教務處其他四課之前。〔註19〕

　　當然，一般而言，民國高校的招生課或註冊課主要還是事務性機構，主要是負責辦理微觀的具體招生事務，而其背後比較宏觀的招生錄取活動的計劃、組織及相關規則的制定工作則主要由招生委員會負責。因此，招生課或註冊課除了受教務處的直接領導之外，一般還必須接受本校招生委員會的指導和監督，其招生工作有時可能還要接受入學審查委員會的審查，當然，除此之外，則無需受校外勢力的干擾和控制。

　　下面探討民國高校招生課或註冊課的設置原則。

4. 設置原則

　　從上面的情況可以看出，民國高校內部負責辦理招生事宜的招生課或註冊課的主要設置原則大致有三條：

　　第一，招生課或註冊課應當圍繞本校辦學目標並結合招生活動的實際需要和招生規模而設；

　　第二，多數民國高校將招生課或註冊課置於教務組織系統的重要甚至核心地位；

　　第三，招生課或註冊課雖然必須接受本校教務處和招生委員會等機構的指導和監督，但一般無須受校外的政府教育行政機關的直接干預或管理。

　　綜上可知，民國高校中的招生課或註冊課在招生工作中具有相當重要的地位，在擔負相應責任的同時，也有相當的自主權，當然也必須接受本校招生委員會等機構的指導和監督。這就與當今中國大陸高校招生處的設置情況有較大的差異。當前大陸高校的招生處（或稱招生辦）雖然一般獨立於教務部門，但其的地位和作用一般只限於配合各級政府教育行政機構（如各級招生辦等）進行招生錄取新生的工作，並接受上級或同級政府招生部門的統一管理和控制，其工作當然一般只需要按照政府制定的統一標準和規則及本校以往的傳統與慣例開展，而無需服從校內其他學術機構的專業指導和監督。〔註

〔註18〕清華大學：《國立清華大學一覽》，北京：清華大學，1930 年版，第 20 頁。
〔註19〕黃宗實、鄭文貞：《廈門大學校史資料》（第一輯）（1921～1937），廈門：廈門大學校史編委會，1987 版，第 54 頁。
〔註20〕顯然，這種學術機構的專業指導與監督有別於本校行政機構的指導和監督。

20〕這就往往導致這樣的局面，即高校內部的招生機構在招生錄取活動中的實際責任相對比較小，自主權也不大，大多在按部就班照既定規則行事的同時，也幾乎完全脫離了本校學術機構的專業指導與監督，從而有可能導致高校難以招收到與本校實際的辦學特色與專業及教師個性要求相符的新生。

（二）招生委員會

一般來說，招生規模較大或辦學比較規範的民國高校均設有招生委員會或招生委員會。〔註21〕例如，據 1921 年 3 月公佈的《廈門大學大綱》規定，招生委員會是常設的委員會之一。〔註 22〕從燕京大學的組織系統圖也可以看出，大學常設的委員會也包括招生委員會。〔註 23〕又如，在前文提到的例子中，南高師在首次招生女生之前，還特意專門成立了招收女生委員會，1920年 4 月 7 日，南高師第十次校務會議專門討論通過了「兼收女生」的提案，決定當年暑期正式招收女學生，並議決由招收女生委員會負責草擬下學年兼收女生的詳細辦法，同時開展女生被錄取入學後的生活設施及日常管理等方面的籌劃工作。〔註 24〕可見，民國高校設置招生委員會的情況是非常普遍的，招生委員會或招生委員會是民國多數高校常設的招生機構之一，也是民國大學校內重要的常設委員會之一。

招生委員會主要專門負責籌劃和組織招生錄取新生的工作，具體工作內容比較廣泛，可能包括制定招生計劃及相關規則和錄取標準、組織命題、閱卷和評分等有關事宜。同時，民國高校的招生委員會一般還擔負對辦理具體招生事務的招生課或註冊課進行指導、監督或審查的工作，有時還直接參與或配合其他招生機構的招生錄取活動。例如，1930 年代初，嶺南大學招生委員會的職責如下：計劃試驗取錄新生，討論入學之標準，評定各學校學程，審查轉學新生之資格。〔註25〕

〔註21〕在沒有設立招生委員會的民國高校，一般也設有入學試驗委員會或入學考試委員會，或將入學試驗工作納入考試委員會的職權範圍，詳見後文介紹。

〔註22〕黃宗實、鄭文貞：《廈門大學校史資料》（第一輯）（1921～1937），廈門：廈門大學校史編委會，1987 版，第 23 頁。

〔註23〕張瑋瑛等、燕京大學校友校史編寫委員會：《燕京大學史稿》，北京：人民中國出版社，1999 年 12 月第 1 版，第 1390 頁。

〔註24〕本書編輯組：《南大百年實錄》，南京：南京大學出版社，2002 年版，第 86～87 頁。

〔註25〕嶺南大學：《私立嶺南大學一覽》，廣州：私立嶺南大學印行，1932 年 3 月出版，第 36～37 頁。

以上情況表明，招生工作對於民國高校是非常重要的，需要設置專門的專業委員會來研究和討論，民國各高校對此非常重視。畢竟，招生與錄取新生並不是普通的教育行政事務性工作，必須具備一定的專業知識、比較豐富的經驗、廉潔自律的操守及較強的責任心，普通的教務工作辦事人員如果沒有專家的指導，恐怕難以勝任專業要求較高的招生工作，難以招收到符合本校專業及個性特色的新生。

（三）其他與招生有關的校內機構

除了上述兩類主要的校內招生機構之外，有的民國高校還專門設置入學試驗委員會及入學資格審查委員會，負責指導或協同其他機構開展招考新生的工作。下面分別作簡單介紹。

1. 入學試驗委員會

入學試驗委員會，或稱入學考試委員會，在民國高校招生活動中，這是專門負責招生考試（或稱入學考試）有關的命題、考試、閱卷及評分等組織工作的機構。入學試驗委員會的職能與上述招生委員會有相似之處，有的民國高校可能不設招生委員會，而代之以入學試驗委員會。比較而言，招生委員會的職能範圍可能包含整個招生工作，而入學試驗委員會則一般更專注於命題與閱卷環節的工作。當然，在沒有專門設立入學試驗委員會的民國高校中，這部份工作一般由招生委員會（或考試委員會）與招生課或註冊課共同負責辦理。

以「五四運動」前後的北京大學為例，1918 年 6 月中旬，北京大學成立入學試驗委員會後，校長蔡元培親自擔任入學試驗委員會的主任，陳獨秀為副主任，同時，「各科命題與閱卷事務各人員亦已確定」。〔註26〕1919 年 12 月的評議會常委會又修正通過該委員會的職責為「協助校長辦理入學試驗事務」。〔註27〕1919 年 7 月，該委員會下面還專設出題委員會和閱卷委員會等，並將各委員會成員名單公佈於眾。同年 12 月 9 日，北京大學評議會修正通過了本校入學試驗委員會名單。這份名單于次年 3 月 6 日正式公佈。〔註28〕在

〔註26〕王學珍等：《北京大學紀事（1898～1997）》（上冊），北京：北京大學出版社，1998 年版，第 78 頁。

〔註27〕王學珍等：《北京大學史料第二卷（1912～1937）》（上冊），北京：北京大學出版社，2000 年 12 月版，第 158 頁。

〔註28〕王學珍等：《北京大學紀事（1898～1997）》（上冊），北京：北京大學出版社，2000 年 12 月版，第 65，69，73 頁。

1919 年 7 月 24 日召開的評議會上,蔣夢麟曾代表蔡元培向會議提議,要求「招考新生應定嚴格的標準」。〔註29〕由此可見,當時的北京大學及校長蔡元培也相當重視新生招生工作。1920 年,北大的入學試驗委員會改稱爲入學考試委員會,其職責爲「定入學考試之標準」。〔註30〕

2. 入學審查委員會

入學審查委員會,在有的民國高校中也稱爲入學資格審查委員會或新生入學(資格)審查委員會,這是民國高校中負責組織對被錄取新生進行入學審查工作的機構。在有的民國高校,通過招生考試並被錄取者還必須通過入學審查這一關才能算是基本獲得正式的大學入學資格。以廈門大學爲例,林文慶校長到任後公佈的《廈門大學組織大綱》則規定,入學審查委員會也是學校常設的委員會之一。〔註31〕這表明,由於具體的招生事務已經交有註冊部負責辦理,廈門大學因此將原來的招生委員會改爲入學審查委員會,以加強對錄取新生資格的審查及對招生事務的監督。當然,在那些沒有專門設立入學審查委員會的民國高校裏,這部份工作可能就由招生委員會負責,〔註32〕或由招生課等教務機構負責。

(四)高校內部招生機構的重要地位

在現有論著中,民國各類高校招生機構本身很少被列爲制度研究的內容,但是,實際上,它們卻是民國高校招生錄取制度的制定者與執行者或實施者,也是高校在招生活動中進行博弈的參與者和有關規則的制定者。同時,由於掌控著當時中國社會非常稀缺的高等教育資源,校外有關機構又難以對其進行直接干預和控制,民國高校內部的各類招生機構可以說具有舉足輕重的地位,並由此成爲各方利益博弈的重要陣地。

這裡有一個比較極端的例子或許可以說明民國時期招生機構的重要地位。在抗日戰爭時期,南京國民政府在各地組織了不少政治或軍事訓練班,其目的當然主要抗日與防共,但可能令當局預想不到的或預想到也無法阻止的

〔註29〕王學珍等:《北京大學史料第二卷(1912~1937)》(上冊),北京:北京大學出版社,2000 年 12 月版,第 154 頁。

〔註30〕《北京大學日刊》,第 562 號,1920 年 3 月 15 日。

〔註31〕廈門大學:《廈門大學一覽》(1931 至 1932 年度),廈門:廈門大學,第 15~16 頁。

〔註32〕有的高校設考試委員會,其工作範圍包括入學考試在內。

是，據史料記載，各地的共產黨組織為壯大自己的力量，也往往動員積極分子去投考報名，同時打通各訓練班招生委員會的關係，以便被順利錄取。例如，1939 年的中共浙江省委甚至專門制訂了這方面的工作計劃，該計劃寫道：

> 在地方營、青年營、縣自衛隊、糾察隊、社訓隊、個別武裝自衛組織中，應根據 XX 的指示，確定其計劃，單獨建立部門去進行工作，委託金屬（注：原文如此，可能是人名）選定專人去調查瞭解各軍事政治學校訓練班的招生情形，打通招生委員會的關係，及時通知動員各地失業失學同志和先進分子去投考受訓。〔註33〕

這個事例雖然不是民國高校的招生中出現的，但是，當時的高校招生機構也完全有可能成為各方政治勢力角逐和博弈的重要陣地。例如，私立中國大學在 1936 年度的招考中，國文系主任吳承仕在主持閱卷和評分時，特別留意具有進步思想傾向的學生，甚至特別照顧曾被清華大學開除的學生黃誠，外加北師大和中國大學開除的學生如孫楷第、王重民等七人，給他們評高分，以便他們獲得「特別錄取生」的資格。這些人後來都成為中國共產黨的優秀幹部或知名學者。〔註34〕在這個事例中，黃誠等八名進步分子雖然被清華大學等高校開除，但稍後又報考中國大學並皆被錄取，如果不是共產黨的政治組織和勢力控制或影響有關的招生機構，恐怕是難以做到的。事實上，吳承仕在 1936 年初便被北平的中共黨組織吸收為特別黨員。〔註35〕

　　由此可見，對於招生錄取活動來說，民國高校內部各招生機構的地位和作用是非常關鍵的，當然也是有關各方利益博弈的要害部門和關節。

　　當然，如前所述，在高校外部，也有一些協助高校辦理招生活動的機構，如中央政府教育部及其下屬的全國統一招生委員會與各地教育行政機關等。但由於全國統一招生委員會存在的時間只有三年，而各地教育行政機關的作用相當有限，主要負責各高校委託辦理的招生報名等事宜，這裡暫時不作詳細介紹。

〔註33〕《中共浙江省委關於七八兩月工作的計劃》（1939 年 6 月 11 日），浙江省檔案館：《浙江革命歷史檔案選編‧抗日戰爭時期上》，杭州：浙江人民出版社，1987 年版，第 95～96 頁。

〔註34〕莊華峰：《吳承仕研究資料集》，合肥：黃山書社，1990 年 6 月版，第 24，80 頁；另見王淑芳等：《北師大逸事》（上），瀋陽：遼海出版社，2009 年版，第 32 頁。

〔註35〕莊華峰：《吳承仕研究資料集》，合肥：黃山書社，1990 年 6 月版，第 81 頁。

二、組織框架

下面敘述民國時期高校招生活動的組織框架問題。

高校招生是一項社會活動，除了高校內部招生機構之外，高校外部有關機構也起著重要的作用，因此高校內部與外部的有關招生機構一起構成了高校招生活動的組織體系。當然，在不同的國家，或同一個國家在不同的時期，其高校招生機構組織體系的框架設置是有所不同的。如前所述，民國時期，各高校內部負責招生活動有關事項的機構主要是教務處下屬的招生課或註冊課〔註 36〕或獨立的招生處或註冊部等機構，此外，多數高校還設立專門的招生委員會、入學試驗委員會、入學資格審查委員會負責籌劃、組織和指導本校有關部門開展具體的招生工作。另外，中央政府教育機關對各高校招生活動負有指導、管理、調控和監督的職責，各地政府教育行政機關一般也會接受有關高校委託辦理有關招生報名等事宜。所有這些與招生直接有關的機構一起構成了民國高校招生活動組織體系的基本框架。在聯招時期，有關各校一般會依法自行組織聯合招生委員會；在公立高校統招時期，則由教育部組織成立了全國統一招生委員會及各考區招生委員會。

從表面上看來，民國高校招生機構的設置似乎沒有什麼特別之處，但如果將其與今天的高校招生機構設置對比一下，就不難發現，除了機構名稱不同，二者之間的差異還是非常明顯的。

在組織體系與框架設置方面，最重要的差異可能就在於：民國時期的高校招生機構雖然也有內外之別，但是高校內部機構一般都處於招生活動的中心地位，而高校外部與招生有關的機構如民國政府的教育機關（包括中央政府教育部和地方政府教育行政機關）等在高校招生活動中則往往處於次要甚至附屬或邊緣的地位。

因為，民國時期多數時期一般只有高校各自獨立的招生機構，即使在實行聯合招生與統一招生的年代，也只有由實行聯合招生各校自行組織的聯合招生委員會或由教育部組織的統一招生委員會，而沒有在中央及各地各級政府的教育行政機關內另外設置專門負責高校招生的招生委員會之類的招生機構，有關的招生錄取工作仍然由各高校自己主導和負責。同時，由於聯招與統招的時間與範圍都非常有限，但即使在聯招或統招時期，高校內部招生機

〔註36〕也有的民國高校稱為招生股（組）或註冊股（組），本文一般稱招生課或註冊課。

構也很少受外部有關機構的直接干預和控制，外部機構對招生活動的影響非常有限，因此，實際上，民國高校招生機構的組織體系與基本框架在整個民國時期都是以各高校內部的招生機構爲骨乾和主體的。也就是說，只要有人願意上大學接受高等教育，即使沒有高校外部各機構的協作甚至存在，民國各高校仍然能夠獨立地進行招生活動，仍然能夠設法招收到符合本校要求的合格新生。

相比之下，在目前中國的大陸，除了各高校內部設有招生處或招生辦之類的專職機構，還有中央及各地各級政府專門設立的招生考試機構，如國家考試中心、各省考試院和各地各級招生辦等。在此情形之下，高校內部的招生機構雖然表面上也處於聯繫上級招生考試機構和下面各級招生辦的中間位置，但實際上可能只處於比較邊緣的地位，因爲如果沒有國內各高校的參與，政府各級招生考試機構也照樣能將考試成績合格的考生選拔出來，並將其送到國外高校去讀書也一樣的，假如國外高校願意接受的話，或者說，也可以將合格考生送往火星去接受高等教育，假如火星上有大學並願意接受中國考生的話。

三、職權劃分

這裡主要討論民國時期校內招生機構與校外有關機構在高校招生活動中的職責和權限問題。

（一）高校內部招生機構的職權劃分

先來看民國高校內部招生機構的情況。

首先，從整體來看，民國高校的招生機構在招生活動中居於主導地位。眾所周知，民國時期，由於絕大多數年份都沒有政府組織的聯招或統招，高校招生活動當然只能以各高校各自爲政，單獨自行組織招生活動，即使在聯招或統招時期，中央政府對各高校招生機構的直接干預和管理也不多，因此，各校內部的招生機構，包括招生委員會或入學考試委員會等專業委員會，幾乎承擔了大部份招生錄取的工作，高校內部有關機構在招生活動中自然居於主導地位。

其次，從內部份工來看，招生委員會主要負責各科的專業指導與標準制訂，而招生課或註冊課則必須接受本校招生委員會的專業指導主要按本校標

準負責辦理具體招生有關事宜，二者的職責分工明確，各自的權限劃分也界線分明。也就是說，在民國高校的招生活動中，有關的專業委員會主要負責高端部份的腦力勞動，是制定規則、確立標準與把握方向的，而教務處及其下屬的招生課或註冊課則主要負責中端部份的腦力及低端部份的體力勞動的，也就是負責具體辦理各項事務的。因此，各自的職責與權限的劃分是相當清晰的。

最後，從內部機構的合作情況來看，招生委員會等專業委員會與教務處及其下屬的招生課或註冊課也不是完全割裂的，而是相互聯繫且相互合作的。因為，民國高校的教務處或其下屬招生課或註冊課的主要負責人一般都是招生委員會或入學試驗委員會的當然成員。一方面，專業委員會制訂的計劃、標準及有關規則與是通過其兼任委員會成員的教務長等基層招生機構負責人具體組織實施的；另一方面，基層招生機構負責人也往往是將事先擬定的計劃、標準、有關規則或招生活動實際中遇到的有關問題提交專業委員會進行討論或表決，通過後再付諸實施的。可見，有關的專業委員會與基層招生機構的關係是非常密切的。

實際上，在多數民國高校，招生委員會或入學考試委員會也往往直接參與教務處及其下屬招生課或註冊課組織的招生活動，同時，基層招生機構也往往聘請專業委員會的委員參加有關的招生活動，如命題、閱卷與評分及錄取等工作。

因此，在高校內部，專業委員會與基層招生機構既分工明確，職權劃分清楚，又密切合作，甚至不分彼此，融為一體，共同辦理本校的招生活動，為本校招收優秀的新生而齊心協力。

（二）高校外部相關機構的職權劃分

下面，再來簡單探討一下民國高校外部有關機構在高校招生活動中的職責和權限問題。

1. 中央政府在高校招生中的職權

從中央政府方面來看，民國多數時期，在招生環節，中央教育機關（包括統招時期的全國統一招生委員會）一般沒有直接干預和控制各高校的具體招生錄取活動，而只負責宏觀指導和調控（如調控文科與實科的招生比例和各專業的招生名額），同時制定最低的招生錄取標準（如規定入學的學歷資

格），對各高校招生情況進行事後的審核與考察，並提出改進意見和要求。中央政府教育部與各高校在招生錄取方面的職權劃分也是比較明確的，當然，教育部並不是放任不管，而是只進行宏觀管理和調控，如對高校開展招生活動前後的審核和審查。〔註37〕

2. 地方政府在高校招生中的職權

而從地方政府方面來看，一般情況下，地方教育行政機關對民國各高校招生是沒有權力干預和控制的，地方教育行政機關一般也不參與高校的招生活動，除非有高校委託其代辦有關招生報名及提供考生的有關情況等事宜或選送某些身份特殊的考生。因此，在此情形下，地方政府就成了協助高校招生或為其辦理具體事務的代辦機構，有點類似於高校在各地方設置的招生點或招生處，因為具體的辦事要求或工作標準是由高校提供的，地方教育機關只是參照執行而已。

3. 各地中等學校在高校招生中的職權

此外，民國時期的中等學校在高校招生中也扮演一定的角色，但其地位和作用也與地方教育機關大致相同，主要是接受高校委託後協助或代辦有關招生錄取事宜。當然，地方教育行政機關或中學一般會反饋招生活動的實際情況並提出相關的意見，但實際上基本上沒有什麼發言權。當然，有時民國時期的中學也向中央政府反映高校招生錄取活動對中學教學的影響，並試圖通過中央政府來影響高校招生錄取活動。但這種情況較少見，效果也不明顯。當然，主要的關鍵在於，由於民國各高校可以直接從中學或社會上招生選拔錄取新生，地方政府教育機關和中學並不是廣大學子報考高校必須通過的關節，因此，無論是地方教育行政機關，還是各地的中等學校，在民國高校招生錄取活動中（特別是在錄取環節）基本上沒有什麼權力，因而在民國高校招生活動中的地位都不高，其實際的影響力非常小，幾乎可以忽略不計。

綜上可知，在民國高校招生活動中，各類機構的職權劃分是比較清楚的，由各高校內部招生機構主導並負責辦理從制訂本校招生計劃及錄取新生各個

〔註37〕政府對高校招生管理和調控的具體情況和相關制度將在後面的章節進行論述。另外，實際上，除對各高校招生進行宏觀管理和調控之外，民國教育部還比較注重加強對其他環節的教學管理，如開展全國高校的學業競試比賽，並對所有大學畢業生進行畢業考試或考核等，而不只是專注於對入學考試結果的審查。

流程和環節中的絕大多數事項，而中央政府則主要負責宏觀的指導和調控，地方政府教育行政機關與有關中學則協助高校辦理一些具體的事務性工作。從整體上看，各類機構在高校招生活動中基本上責任明確，權限清楚，主次分明。因此，在大多數時期，民國高校內部的招生機構一般都同時具有組織考試和選拔錄取的職責和權力，完全可以自主地直接從中學或社會上招生錄取新生，一般不需要通過政府有關部門事先的行政審批。〔註 38〕畢竟，各校招生機構爲了招收到具有「碩學宏材」培養潛力的優秀考生，要做的工作不僅相當繁瑣複雜的，更需要高深的專業技術知識、深刻的洞察力和豐富的招生經驗，這不是一般的政府機關行政人員能夠勝任的，如果沒有相應的自主權也是不可能做好的。

4. 民國高校招生機構職權劃分的啟示

而在如今的高校招生活動中，名義上是高校招生，但實際上是以各級考試機構和招生辦爲主導的，是政府代替高校在招生，政府主導了招生工作的大多數關鍵環節。〔註 39〕一般情況下，各高校，特別是本科院校，既不能直接面向全體報考者出題招生，也不能從中學或社會上直接選拔錄取新生，其招收每一名新生都必須以考生參加政府考試機構出題考試的結果爲主要依據，並通過招生辦才能調檔（或稱提檔）錄取，如果招生辦不向高校投送考生檔案（此環節一般稱爲投檔），則本科院校即使特別想招收某一名考生，但由於不能自主提檔，也是相當困難的；在此情形之下，如今高校內部的招生機構顯然被邊緣化了，其職能主要就是按照經過政府審批的既定計劃、程序和錄取標準及名額在那些考試分數較高且志願報考本校的考生名單上圈定人數而已。因此，當前中國大陸高校內部的招生機構實際上處於各級政府招生考試機構的附屬地位，只是在協助政府做些具體的招生錄取事務而已。

由此可知，在組織機構體系框架及職權劃分方面，民國時期的高校招生與當今中國大陸的高校招生是截然不同的。

〔註 38〕 當然，事後審核或審查一般是有的。即使是民國後期的高校招生也需要事先審批。請參見第三章關於政府對高校招生的管理部份。

〔註 39〕 從表面上看，高校在錄取合格新生時有一定的自主權，但是，由於高校一般主要以報考學生參加統考的分數爲主要依據，高校在錄取時進行自主選擇的範圍也相當有限。

四、制度效應

下面在發掘民國高校組織機構框架設置突出優點與制度效應的基礎上討論其對於當今高校招生組織體系架構的歷史啓示與借鑒價值。

1. 突出優點

從前面的有關論述可知，民國高校招生機構的組織體系與框架設置有一個比較突出的優點：那就是責、權、利比較一致，並由此能夠逐漸形成選拔優秀人才和培養傑出人才的良好效應。由於各校內部的招生事務性機構一般必須且只需聽從校招生委員會的專業指導意見，而招生委員會是由本校教師組成的，因此，在沒有全國統一考試和錄取標準的前提下，而且也沒有校外勢力干預和控制的情況下，二者自然更容易圍繞本校的辦學目標開展招生工作，二者的密切合作也自然更容易招收到符合本校專業需要及個性特色的新生。

2. 良性效應

這樣就有可能出現一種良性的循環：由於能夠比較自主地招收到真正具有學術潛力的優秀人才，各校教師一般更能夠享受到「得天下英才而教育之」的喜悅，師生之間自然更容易獲得「教學相長」之益，各高校對各自所負責招收的學生自然也更容易全力以赴地努力「培養」，因爲這樣做完全符合高校內部各機構及有關師生各自的利益，從而比較容易培養出優秀的傑出人才，並由此吸引更多優秀學子來報考。這就是權、責、利統一造成的良性循環。在這種良性機制的作用下，民國各高校的招生人員，特別是參與閱卷評分的教師，往往能夠發現考生的特長，並樂意充當「伯樂」，如此各式各樣的「千里馬」往往能夠脫穎而出，而能夠發現並培養優秀的傑出人才，高校當局當然也是求之不得，可謂皆大歡喜。由此，在責、權、利比較一致的情況下，民國各高校就願意也能夠自主地進行招生改革試驗，從而推動整個教育的發展和進步。難能可貴的是，有的高校還不斷借鑒歐美大學的先進招生制度，例如，早在 1922 年，燕京大學就在其招生考試中引進當時比較先進的智力測驗，這在當時的中國高校招生活動中是相當有特色的先進做法。〔註40〕

〔註40〕張瑋瑛等、燕京大學校友校史編寫委員會：《燕京大學史稿》，北京：人民中國出版社，1999 年 12 月第 1 版，第 1167 頁。

3. 歷史鏡鑒

在民國多數時期，由於沒有專門負責招生的政府招生機構，各高校往往各自為政，即使在聯合或統一招考時期，教育部組織的統一招生委員會也主要是負責組織協調和指導工作，具體的各項招生工作仍然是由各高校派員聯合組成的各考區招生委員會負責。

相比之下，在中國大陸現行的高考制度下，在當今的高校招生活動中，最重要的招生機構是中央與各省的考試中心及各地各級招生辦，各個關鍵環節幾乎都是由各級政府機關組織的招生考試機構在主導，各高校一般只是配角。這就難免會人為地造成責、權、利不相統一的情況及相應的後果，主要表現在：

第一，從高校的角度來說，由於其自身難以真正享有自主錄取新生的權利，也就自然不願意擔負相應的責任，即使錄取的新生實際的素質不高，高校也不能擔負主要的責任，即使其培養的學生畢業時沒有真才實學，高校似乎也完全有理由推卸相當部份責任。

第二，從教師的角度來說，由於難以享受「得英才而教育之」的快樂，即使將來學生不成才不成器，有關教師也可以合理地將責任推卸給招生環節，因為學生不是本校招生機構招收進來的。在此情景下，對於不少教師來說，由於「教非願教」，其教學效果自然比不上「教所願教」。

第三，從學生的角度來說，由於多數人難以真正實現自己的第一志願，在報考入學時沒有太多的選擇權，多數人只能被動地接受安排進入相關的學校、專業並且往往不能跟隨自己最樂意受教的教師學習，其學習效果自然會大打折扣，在競爭激烈的情況下，多數人往往難以發揮自己的潛能成為真正的優秀創新人才。如此，不少學子是「學非願學」，其負面影響是不可小視。

第四，在此情形之下，中央政府試圖通過統一高考來達到選拔人才的目標自然也難以實現，〔註41〕並容易造成惡性循環，甚至危及整個教育制度。

〔註41〕雖然「選拔人才」並不是完全合理的高校招生目標，而具有諷刺意味的是，全國各地各級都設有專職的招生考試機構，各高校也有相應的組織機構，再加上各地中等學校等有關教學與考試機構的協作，幾乎全國所有學校教育機構都參與「選拔人才」的遊戲，有關機構團結協作，一齊努力，可惜經過半個多世紀也沒有「選拔」出多少具有世界一流水平的人才。這真是很令人遺憾的事情，也不知後世對這種選拔人才的制度作何評價，估計不可能比中國古代的科舉制度更高。可見，即使是為了「選拔人才」，當前的選拔制度也肯定有必要大力改進。當然，本文只能假定「選拔人才」不只是政客們的託辭或口號，而是其本來的意圖或真正的目的。

這樣就造成了高校、考生及中央政府三方利益都很可能受損的局面。由此可見，不合理的招生制度很可能是敗壞整個教育的罪魁禍首之一。

第五，這種招考組織制度非常容易造成招生機構的官僚化並使其成為實際最大的既得利益者和改革的真正阻力。雖然高校、學生、政府及社會都對現行高考制度不太滿意，實際上都是受害者，但是，各級各類招生機構往往不會遭受沒有什麼直接的損失，相反，由於擁有相當的招生錄取權力，且基本上不用負相應的責任，各級招生機構成為高校招生活動中實際上的最大受益者，各地各級招生機構腐敗現象頻發就是明證。即使是高校內部的招生機構，也可能由於與政府招生機構分享一定的錄取權，且沒有校內各科專家組成的招生委員會監督，也完全可以不理會普通教師的監督，因而容易出現腐敗現象，並可以漠視本校錄取新生的實際質量而置本校利益於不顧，因為它似乎也有理由將責任推卸給其他招生機構。而且，更令人悲哀的是，由於各類高校招生機構實際上已經成為政府官僚機構，是實際最大的既得利益者，因而往往缺乏改進招生錄取制度的動力，反而還可能成為制度改革的阻力，因為任何進步性質的實質改革都有可能觸犯其既得利益。可見，權力最大的招生機構反而可能幾乎不用承擔任何的責任，但卻能夠獲得最大的實際利益。當然，實際上，每一個人都可能是受害者，沒有人能夠真正從中受益。而上述問題正是各有關機構責、權、利不統一導致的惡果。但是，即便是哀鴻遍野怨聲載道，也往往無濟於事，因為沒有人願意主動放棄手中的權力和利益。除非有關招生機構的權力被強行剝奪，否則光靠招生機構內部，無論如何改革，恐怕都難以取得實質性的進步，因而也不可能從根本上解決問題。

對於高校來說，真正的自主招生不僅僅指能夠獨立自主地進行招生決策或自主地辦理招考事務，還包括能夠自覺地承擔相關責任，同時享受招生帶來的利益。因此，如果從責、權、利相對統一的角度來看，民國時期高校招生機構組織體系的框架設置無疑具有相當的合理性，具有重要的歷史啟示意義，非常值得今天的人們學習和借鑒。

第二節　人事安排

在有關制度的制定和實施過程中，有關當事人往往起著決定性的作用。民國高校招生活動是由什麼樣的人組織的？招生人員的素質如何？有關組織

機構的人員構成特點和規則如何？招生機構成員素質結構的搭配情況如何？由於學界在這方面的研究比較薄弱，目前尚沒有論著專門論述這些問題。但是，顯然，對於民國高校招生制度研究的課題來說，對這些問題的研究和討論是非常有必要的，也是非常有意思的。同時，認真總結民國高校招生活動人事制度的經驗得失，對於當今高校招生機構人員配備及有關招生活動組織的改革也有一定的借鑒價值。

　　而要弄清上述問題，就必須認真研究民國高校招生活動中的「人事制度」，因為，招生制度是由有關機構制定或實施的，招生機構及其框架設置在民國高校招生活動中的作用固然重要，但毫無疑問，與招生有關的機構是由人組成的，人事的因素在招生活動中的作用也不可忽視。

　　從前文的有關論述可知，如果蔡元培不是北大入學試驗委員會的負責人，並大膽改革北大的招考組織人事制度，如果不是胡適當初堅持將羅家倫、康白情等「五四運動」的健將們「破格錄取」的話，那麼，後來的有關歷史可能就會是另外一副樣子。

　　因此，在民國高校招生活動中，人的因素如果不是更重要的話，也至少與機構及其設置規則具有同等重要的作用。道理其實很簡單，招考機構的人員構成有可能對其他招生錄取制度的實施產生直接的正面或負面影響，招生決策與執行機構內部成員的素質及各成員素質結構的搭配對機構的辦事效率（即對其他招生制度的制定和實施）顯然有重要甚至關鍵的影響。而且，招生機構的人事安排甚至在整個民國高校招生制度中的作用也是相當重要的。

　　鑒於民國高校內部招生機構在招生活動中的主導地位和作用，本文主要討論高校內部招生機構的人員組成規則，本節整理民國各高校內部招生機構的人員構成情況，並從中總結其人事規則，包括教務處及其下屬招生課或註冊課，以及招生委員會、入學試驗委員會或入學審查委員會等機構的人員構成與組成規則。〔註42〕

〔註42〕本文對於招生機構的成員一般用人員「構成」或「組成」這兩個詞，而不用現行的「聘任」或「用人」等詞，因為這兩個詞都難以直接表述機構成員素質的結構情況，而且，「用人」一詞往往還帶有居高臨下的意味，難以表現平等相待的情況，這與民國時期對學人地位較高的事實不太相符。為此，本文採用「構成」或「組成」這樣既能表現內部結構又比較中性和平等的詞。另外，「構成」主要表達客觀的實際情況，一般沒有刻意人為的痕跡，而「組成」則可能帶有主觀人為的意味，本文根據實際情況選用，有時也通用。

一、辦事職員

民國時期，各高校基層的招生事務執行機構主要包括教務處及其下屬的招生課或註冊課，下面先來討論這些事務機構人員構成的主要特點及其組成原則。〔註43〕

1. 構成特點

無論是招生還是註冊，都與其他教務工作密切相關，再加上民國時期各高校招生課或註冊課工作職責的重要性，因此，一般情況下，民國各高校辦理具體招生錄取事宜的招生課或註冊課都設有專人負責，招生課或註冊課的主任一般也由教務處主任兼任。例如，北京大學1935年度註冊組的主任即由課業處的課業長樊際昌兼任，副主任為薛德成，另有處員趙曾印等 5 人，助理姜懋昌等 7 人，書記唐濤 1 人，同時，註冊組置於課業處之首要地位。〔註44〕在辦學規模較小的專門或專科學校則不一定設專門的招生課或註冊課，招生註冊工作則由教務主任與教務員負責。如在 1933 年度的山西省立工業專科學校，招生活動就是由教務主任趙國佐及教務員崔鳳高負責。〔註45〕

從表面上看來，民國高校基層的招生人員構成似乎沒有什麼令人感到奇怪的地方，但是，如果仔細考察一下的話，還是可以發現一些令人稱道的特別之處。

第一，民國各高校招生課或註冊課人員一般都具有辦理具體招生事務的工作經驗。以 1926 年度的東北大學例，其註冊部隸屬於總務處（其職責範圍包括後來的教務處），主任為夏博泉，畢業於國立瀋陽高等師範學校（注：為

〔註43〕 本文所稱的高校基層招生機構包括教務處及其下屬的招生課或註冊課，並將教務處的主要負責人如教務處主任（有的高校稱為課業長、學務處主任或總務處主任等，本文統一按後來的規定和習慣稱為教務處主任）也列為本校基層招生機構的重要成員之一，因其一般直接領導招生課或註冊課，且往往兼任招生課或註冊課的主任。當然，教務處主任或招生課主任同時也往往是招生委員會的重要成員之一。實事上，民國高校的招生事務執行機構與招生指導決策機構的人員有時是交叉的，本文只是為了敘述的方便才將其大致分為兩類的。另外，為便於行文，下文有時用高校基層招生事務執行機構統一代指教務處及其下屬的招生課或註冊課，各機構單獨出現時除外。

〔註44〕 此期間的北京大學課業處相當於後來的教務處，註冊組即隸屬於課業處。國立北京大學：《國立北京大學一覽》，北京：國立北京大學出版，1935 年版，第 22，243～244 頁。

〔註45〕 山西省立工業專科學校：《山西省立工業專科學校一覽》，太原：山西省立工業專科學校，1933 年 4 月版，總第 102，220 頁。

東北大學前身之一部）數學理化部，曾任奉天省立第三師範學校理化與英文
教員。註冊部下設註冊股，有事務員 2 人。其一為何世鈞，曾任外國語專門
學校及文學專門學校（注：為東北大學前身之一部）教務課事務員；另一事
務員為陳德棠，瀋陽高等師範學校理化專科畢業，曾任中學及縣立與省立女
子師範學校學監及理化教員等職；另有助理員洪永治，畢業於瀋陽縣立師範
學校本科，曾任小學教員。〔註 46〕可見，其註冊部成員均有相當的教務工作
經驗。

　　第二，大多民國知名高校的招生課或註冊課人員往往還具有較高的學歷
與學術水準。招生課人員，特別是主要的負責人，如果沒有較高的學術水準，
是難以發現真正具有學術潛力的考生的。

　　綜合性大學的情況可以北京大學為代表，其 1935 年度註冊組主任樊際昌
當時兼任教育學系教授，而副主任薛德成則兼任經濟學系講師。〔註 47〕兩人
的學歷或學術水準顯然比較高。即使在專科學校，負責招生事務的教務主任
的學歷及學術水準也不低。例如，1933 年度的山西省立工業專科學校教務長
為原山西大學堂西學專齋理化科畢業，教務員為日本熊本高等工業學校採礦
科畢業。〔註 48〕

　　又如，曾任聖約翰大學註冊處主任的潘世茲教授的學歷與學術水準也相
當高，他早年就讀聖約翰中學，以後升入聖約翰大學，1933 年赴英留學，1939
年在劍橋大學獲得碩士學位後回到母校任教，於 1946 年曾出任歷史系主任兼
註冊處主任，後來還擔任過政治系主任。〔註 49〕而在嶺南大學擔任 1932 年度
註冊處處長的李長全，則是美國耶魯大學文學士，芝加哥大學法學博士，曾
任國立中山大學教授。〔註 50〕可見，民國時期教會大學招生機構的負責人一
般都是具有較高學歷和學術水準的學者或專家擔任。

〔註46〕 東北大學：《東北大學一覽》，瀋陽：東北大學，1926 年 12 月版，總第 131，
　　　　134～136 頁。
〔註47〕 國立北京大學：《國立北京大學一覽》，北京：國立北京大學出版，1935 年版，
　　　　第 256，263 頁。
〔註48〕 山西省立工業專科學校：《山西省立工業專科學校一覽》，太原：山西省立工
　　　　業專科學校，1933 年 4 月版，總第 220 頁。
〔註49〕 徐以驊、上海聖約翰大學校史編輯委員會：《上海聖約翰大學（1879～1952）》，
　　　　上海：上海人民出版社，2009 版，第 375 頁。
〔註50〕 嶺南大學：《私立嶺南大學一覽》，廣州：私立嶺南大學印行，1932 年 3 月出
　　　　版，第 6 頁。

　　第三，民國各高校招生課或註冊課的人員一般都對當時中小學教學實際情況及中學畢業生的綜合素質有較深入的瞭解，有的還可能對其他高校的教學質量與學生素質有相當的瞭解。如前述東北大學的註冊部成員多曾在地方中小學工作的經歷，自然瞭解當地中小學的實際教學狀況。顯然，深入瞭解中小學教學實際狀況對於招生錄取時選拔優秀的合格考生是非常有利的。

　　第四，一般來說，民國各高校招生課或註冊課人員的品行與道德操守是比較高的。由於民國時期高校的教務處主任及招生課或註冊課的負責人大多是具有較高學術水平的學者，有關機構成員的素質也不低，再加上當時的學人往往能夠堅守專業學術標準和社會基本道德良知，因而，特別是在正規高校和知名大學裏，大多數基層招生機構的招生人員能夠比較自覺地抵制人情招生的腐敗現象，這方面的例子是不少的。由此可見，多數民國高校招生人員的道德操守是比較高的。

　　再以 1930 年度清華大學教務處及其下屬註冊部人員構成為例，教務處有教務長吳之椿（教授，兼任政治學系主任，美國哈佛大學碩士），另有一名事務員（汪振武，曾任商標局事務員及清華學校註冊部助理員）；註冊部主任為章寅（美國哥倫比亞大學教育學院碩士，兼任本校教員），設事務員兩名（朱蔭章，畢業於燕京大學；高仕圻，畢業於民國大學經濟學系），設助理三名（趙虛吾，曾任北平大學法學院註冊課課員及南紀中學教員；陳隆，畢業於國立北平工業大學；張淼，湖北法政專門學校畢業，曾任小學教員、書記官、秘書等職），還有一名書記（班延志，北平財政商業專門學校畢業）。〔註51〕可見，1930 年清華大學的基層招生人員學歷與學術水準即使在教授博士隨處可見的今天看來也是相當高的，即使沒有高學歷的人員一般也具有豐富的工作經驗，各成員之間的素質結構搭配也是相當合理的。

　　綜合以上情況可知，民國時期，各高校基層招生機構成員（特別是教務處、招生課或註冊課等機構主要負責人）的素質是比較高的，不僅具備豐富的經驗與較強的辦事能力，還有較高的學歷、專業知識和學術水平及良好的道德操守，同時各成員素質結構的搭配也比較合理。這樣的情況在一些知名高校顯得更加明顯。當然，這些既是民國高校招生課或註冊課人員構成的特點，也是民國各校對基層招生人員素質及其結構搭配的要求。

<hr>

〔註51〕清華大學：《國立清華大學一覽》，北京：清華大學，1930 年版，第 194 頁。

2. 組成原則

由此，從民國時期的高校基層招生人員的構成中，不難發現其組成原則有以下幾點：

一是注重經驗和能力的原則，即注重機構成員的實際經驗和辦事能力；

二是注重專業和學歷原則，即注重機構成員的專業素養和學術水準；

三是注重敬業精神與道德品行的原則。

四是注重人員素質結構搭配合理原則，即要求成員中既有較高學歷和學術水平的主要負責人，又有具備實際經驗和較強辦事能力的辦事人員。

因此，經驗與能力並重、學歷與水平並重及人員搭配合理這三項原則就是民國高校基層招生機構成員最主要的組成規則。當然，用今天的話來說，其實就是兩個詞，即高素質與專業化，這兩個詞的含義基本上可以來概括上述各項原則。在上述原則指導之下，一般民國高校基層招生機構的成員數量一般都不多，少則一兩名，多也不過十來個，而且還有不少是兼職，雖然人數較少，但幾乎個個精幹，效率並不低。

3. 原因探析

下面再簡單探討一下民國時期的高校對基層招生人員的要求比較高及上述招生機構成員組成規則（即所謂用人原則）的形成原因問題。

其實，民國高校對基層招生人員要求較高並按照上述原則來選派招生人員是很自然的事。究其原因，大概有以下幾個方面：

首先，從民國高校自身來說，最主要的原因可能在於，招考新生是一項非常重要的工作，直接關係到民國各高校的辦學質量，甚至是關係到高校生死存亡的問題。這也正是不少民國高校在招生是堅持嚴格錄取標準及「寧缺毋濫」原則的原因。由此，招考新生一般被多數民國高校視為最重要的教務工作，各高校當然必須嚴格挑選其招生機構的組成人員，並科學合理地搭配其成員的素質結構，這就必然會要求最基層的招生辦事人員也必須具備較高的學歷與素質，並對各中小學校實際教學人員與教學水準及其學生的綜合素質有深刻的瞭解，必須具備獨特的眼光才能發現真正有學術潛力的考生。高校若要真正招收到具有良好學術潛力的優秀新生，不是一般的普通辦事職員或隨便的教師親屬可以勝任的，更不是一般政府機關的行政官員可以隨意充任的。例如，浙江大學總是派最好的教授參加招生工作，1937 年，中央大學、武漢大學和浙江大學三校聯合招生，浙大派到南京閱卷的教授陣容即有梅光

迪、費鞏、陳建功、貝時璋、蘇步青等 20 餘人，可以說，這些人代表了當時浙大最高的學術水平。〔註 52〕由此可見，爲了招到優秀的合格新生，民國各高校往往派出精兵強將去完成這項直接關係到學校教學質量甚至生死存亡的招生任務。

其次，從民國大學的辦學目標來看，另一個重要的原因可能在於，按照民國時期的有關法令法規，政府不再將高校視爲「培養統治人才」的工具，高校成爲學問家「教授高深學術」及求學者追求「高深學問」的現代教育學術機構。大學是培養具有高深學問的「碩學宏材」之所，〔註 53〕招考新生當然應當嚴格以學術水平爲爲標準，招考新生當然必須嚴格，這也必然要求招生人員必須具備相當高的綜合素質，特別是學術水準，否則，如果招生人員沒有較高的學歷與學術水平，沒有對優秀考生綜合素質、天賦與特長等方面具備足夠的洞察能力，要從廣大考生中選拔出眞正優秀的高素質人才是很難的。因此，爲了實現大學的辦學目標，同時也爲了本校的榮譽，民國大學自然對招生選拔人才的有關人員素質提出較高的要求，並基本上能夠按照上述原則來選聘和配備基層招生機構的成員。

最後，還有一個可能的重要原因就是，在當時來說，一支高素質和專業化的招生隊伍，特別是由較高學術水平的專家學者擔任基層招生機構負責人，〔註 54〕不僅有利於按照本校的專業特色和辦學者的個性色彩來招生錄取新生，同時也有利於減少或防止人情招生等腐敗現象，當然也有利於辦學者控制招考新生的數量和質量。這一點在私立大學特別是教會大學中可能體現得更爲明顯些，因爲教會大學註冊課的負責人多由外國人擔任。以聖約翰大學爲例，其註冊主任多由外國人擔任，中國人一般很難染指該重要職位。如1934 年由新聞學系教授武道（Maurice E. Votaw）擔任；同年的聖約翰大學醫學院另外設有專職的註冊主任，也是由外國人 Miss Anne Lamberton 擔任。直

〔註52〕 楊士林：《竺可楨的教育思想與實踐》，浙江大學校友總會電教新聞中心：《竺可楨誕辰百週年紀念文集》，杭州：浙江大學出版社 1990 年 2 月第 1 版，第127 頁。

〔註53〕 民國初年，教育部《大學令》對教育宗旨的規定（「大學以教授高深學術，養成碩學閎材，應國家需要爲宗旨」）第一次將「國家需要」置於最後，也沒有提出明確的「激發忠愛」與「端正趨向」之類的道德要求，這表明大學的工具性明顯下降。

〔註54〕 當然，值得注意的是，一般來說，民國時期的專家學者無論在知識素養還是在道德操守方面，恐怕都是當今社會某些被稱爲專家學者的人難以比擬的。

至 40 年代中期才開始由中國人擔任該職，1946～1951 年間的聖約翰大學註冊主任是張祖錩，他曾先任教育系講師，後為副教授兼代系主任。〔註 55〕即使在向中國政府註冊立案之後，外國人仍會想方設法延續對其對教學事務及招考新生事務的實際控制，因此，他們雖然不再擔任教會高校的校長，但對其他如教務長、〔註 56〕招生或註冊主任等職，仍然有可能堅持由外國人擔任，直到完全失去控制能力為止。可見，除了增強或延續實際控制能力的考慮之外，由外國人擔任基層招生機構的負責人可能還有其他某些優點，例如他們可能一般要比中國人更能夠堅持原則，有可能更能夠防止人情關係的困擾，從而更有利於貫徹辦學者的招生思想和錄取標準。

4. 歷史啟示

相比之下，不難發現，當今中國大陸高校招生人員的素質及結構恐怕會有不少問題。顯然，無論從招生經驗和辦事能力方面，還是從其對中小學教學實際的切實瞭解方面，現在高校招生辦人員恐怕都有待提高，而在真實的學歷與學術水平方面，現在多數高校招生辦主任與民國時期一般高校招生課或註冊課主任的差距可能就更大了，其他的普通招考人員更不用說。當然，在當今的高校招生制度下，由於各高校招生機構處於實際招生活動的邊緣地帶，一般不需要親自組織命題、考試、閱卷與評分及錄取等主要工作，高校內部招生機構的工作內容實際上也不算太複雜，不需要太高的學歷和學術水平就完全能夠勝任，就算有較高的學歷、學術水平和洞察力也可能往往沒有用武之地，因為絕大多數工作內容只需要按照統一的標準和規則按部就班去實施就行了。但是，這是需要認真反思的，一方面，如果招生人員自己在教育學術方面都很平庸，要選出真正具有優秀潛質的合格新生，恐怕是比較困難的；另一方面，部份具有一定學術水準的招考人員卻往往沒有用武之地，即使發現了一些具有優秀潛質的人才也往往難以將其招進大學，這種現象顯然難以適應當前新時期高校對招收與培養優秀創新人才工作的需要，而招考新生的工作顯然直接關係到高校的教育教學質量。

〔註 55〕徐以驊、上海聖約翰大學校史編輯委員會：《上海聖約翰大學（1879～1952）》，上海：上海人民出版社，2009 版，第 425，428～429，436，440 頁。

〔註 56〕因為教務長是招生課或註冊課的直接上司，可以直接控制招生事務。

二、決策人員

除了本校教務部門的招生課或註冊課等招生事務執行機構，民國高校一般還設有招生指導與決策機構（如招生委員會或入學考試委員會之類的專門委員會）來負責組織、策劃、指導與監督等重要的招考決策工作。下面探討招生決策機構的人員構成情況。

1. 構成特點

無論是在各高校單獨自行招生時期，還是實行聯合招生或統一招生時期，民國各高校的招生決策機構（如招生委員會）的成員一般都由本校領導和專家教授組成。

以清華大學爲例，1930 年度清華大學招生委員會的成員包括校長羅家倫及吳之椿、張廣興、楊振聲、葉企孫、陳總（即陳岱孫）、馮友蘭、蔣廷黻、王文顯、張準、熊慶來、陳楨、翁文灝、盧恩緒等人。其中，校長羅家倫是歷史學系教授，教務長吳之椿是政治學系教授兼主任，楊振聲教授任文學院院長兼中國文學系主任，王文顯教授任外國文學系主任，馮友蘭教授任哲學系主任，蔣廷黻教授任歷史學系主任，熊慶來教授任算學系主任，葉企孫教授任理學院院長兼物理學系主任，陳總教授任經濟學系主任，陳楨教授是生物學系主任，翁文灝教授任地理學系主任，盧恩緒教授任土木工程學系主任，張廣興當時任秘書處的秘書長，雖然沒有擔任教授，但也曾獲美國蘇里礦務大學學士學位，之前曾任河南福中礦務大學校長、河南中山大學教務長、河南建設廳第三科科長（代行廳長職務）等職。〔註57〕在 1932～1933 學年度，清華大學招生委員會的成員也包括教務長、各學院院長、各學系主任及註冊部主任。〔註58〕可見，清華大學的招生委員會成員包括學校有關部門的主要領導及各學院及學系的主要負責人，當然同時也都是本校的學術權威，且大多是全國知名教授學者。

同期的嶺南大學招生委員會也差不多是這種情況。招生委員會的主席由註冊處主任李長全兼任，委員包括梁敬敦、郭萌棠、高魯甫、李權亨、基來度（P.A. Grieder）、楊壽昌、麥丹路（W.E. MacDonald）等 7 人。其中，梁敬

〔註57〕 清華大學：《國立清華大學一覽》，北京：清華大學，1930 年版，第 179～197頁。

〔註58〕 清華大學：《國立清華大學一覽》（1932～1933 學年度），北京：清華大學，1932年 12 月版，第 16 頁。

敦是文學院院長，郭萌棠是商學院院長，高魯甫是農學院院長，李權亨是工學院院長，基來度是西洋語言文學系副教授兼代系主任，5人均為美國知名大學碩士畢業；楊壽昌是中國語言文學系教授兼代系主任，前清舉人，廣雅書院學生；麥丹路是數學系教授兼系主任，美國田納西大學文學士，哈佛大學數學科文學碩士。而註冊處長李長全則是美國耶魯大學文學士，芝加哥大學法學博士，曾任國立中山大學教授。〔註59〕

由此可見，民國高校與招生有關的委員會成員組成具有以下特點：一是具有足夠的權威性，因為委員會具有本校行政領導與學術的雙重權威；二是具有廣泛的代表性，因為各委員所代表的專業領域相當廣泛，基本能夠涵蓋本校各個學科專業；三是具有較強的學術性，各委員顯然以教育學術水準為作為入會的重要條件之一，同時也可代表各校最高的學術水平，同時也算得上是本校最強的教授陣容；四是考試組織的層次高，與各學院或學系的考試機關相比，這顯然是本校最高層次的考試組織學術機構。

2. 組成原則

從上述招生決策機構的人員構成特點中，不難發現，民國高校中與招生有關的委員會成員有以下組成原則：

首先，學校的主要領導可以是當然的委員並擔任委員會主任，有的還由校長親自擔任委員會的主任，如蔡元培、羅家倫等校長都曾任本校入學試驗委員會或招生委員會的主任。

其次，各科學長、各學院院長、各學系主任一般也是當然的委員。例如擔任文科學長的陳獨秀就是當時北京大學入學試驗委員會副主任委員。

最後，教務部門的主要負責人也是不可或缺的重要成員，而且，在校長沒有擔任委員會主任（或稱主席）的情況下，一般由教務長或註冊部主任擔任招生委員會的主任。因為，民國高校的教務長或註冊部主任往往是負責招生活動中的主要關鍵人物，同時，民國各高校的教務長（或教務負責人如校務主任之類）在校內屬於重要的領導職務，其地位一般僅次於校長，並可能享有「獨裁專斷」之權，一般也是由比較知名的教授或教育專家與名人擔任，而民國時期教育家或知名學者曾擔任過大學的教務長之類的重要職務的人幾乎不勝枚舉，茲不贅述。

〔註59〕嶺南大學：《私立嶺南大學一覽》，廣州：私立嶺南大學印行，1932年3月出版，第6～12頁。

3. 原因探析

民國時期各高校招生決策機構人員構成之所以具有上述特點，並呈現上述組成原則，其主要原因至少包括兩個方面：

一是當時的政府教育行政主管機關沒有直接干預、參與或控制各高校招生，民國高校的負責人幾乎完全有自主用人權，從而幾乎完全享有招生工作的決策權。民國的多數時期，私立高校的教職員（當然包括招生人員）大多由校長自主選擇和聘任的，例如，私立燕京大學公佈的組織大綱規定：「本大學所有教職員之聘任與退辭，等級升降，薪金多寡，以及休假等事項，均由校長決定」。〔註60〕國立大學也不例外，如國立北京大學，其教職員也是由聘任委員會協助校長聘任的。〔註61〕即使在國民政府試圖加強對高校控制的20世紀三四十年代，各校負責人仍然能夠享有較大的用人權。例如，知名科學家竺可楨在1936年正式出任校長之前就幾乎已經獲得了完全的用人權，且「不受政黨之干涉」。〔註62〕因此，在幾乎不受政府干涉的先決條件之下，民國高校的負責人當然能夠任用適當的人員來貫徹自己的招生理念。

二是除了國立高校及地方公立高校之外，民國時期還存在不少實力較強並足以與公立高校（包括國立高校）抗衡（甚至在某些方面超過公立學校）的私立高校（包括教會高校），為了適應日趨激烈的競爭形勢，各類高校必然會想方設法吸引全國的優秀學子前來投考，並盡力招收與本校專業特色相適應的合格新生。因此，在比較自主的前提下，高校為了能夠實現各自的辦學理念和辦學目標並招收到具有優秀潛質的新生，也必然會派出最強大的專家教授陣容及最有經驗的教務部門負責人直接參與招生決策工作，各校的主要負責人（包括校長及各院系和專業的負責人）為了實現各自的教育學術理想，必然會十分重視招生工作，往往樂意親自領導或參與組織招考新生的工作。例如，羅家倫任清華大學校長時就曾親自批閱數千

〔註60〕燕京大學：《北平私立燕京大學一覽》，北京：燕京大學，1936～1937年度，第16頁。

〔註61〕《國立北京大學內部組織試行章程》，王學珍等：《北京大學史料第二卷（1912～1937）》（上冊），北京：北京大學出版社，2000年12月版，第80頁。

〔註62〕當時竺可楨接受當局聘任之前提出了三項條件，原文為：財政須源源接濟；用人校長有全權，不受政黨之干涉；而時間則以半年為限。最終，當局除堅持「大學訓育方面，黨部不能不有人在內」之外，幾乎完全同意了竺可楨的要求。竺可楨：《竺可楨日記》第一冊（1936～1942），北京：人民出版社，1984年1月版，第18頁。

份報考者的入學考試試卷。

4. 借鑒意義

上述民國的主流高校招生決策機構人員構成特點及原則對當今高校招生決策人員組成制度的改革有重要的借鑒意義和價值。

在當今的高校招生活動中，往往是政府教育行政機關在扮演「導演」兼「主角」的角色，絕大部份的招生決策工作都是由各級官員負責的，雖然有的官員也可能具有一定的教育學術水準，但由於多數官員缺乏實際的教育教學工作經驗，也不大可能熟知各高校各專業及各地中學畢業生的實際狀況，因而，政府機構及其官員統一作出的招生決策難免脫離各校實際的辦學目標與招生需要，也可能難以滿足各地求學者的入學選擇需要，而這正是當今招生決策機構人員構成制度的重大缺陷。因此，要克服這種缺陷，就必須使各高校自身的教育學術專家教授有權參與甚至主導招生的決策工作，而讓各校內部各院系和專業的學術權威來參與甚至主導本單位的招考決策工作，顯然有助於各校招收到更多與各自院系和專業及教師個性特長相適應優秀新生和傑出人才，並在考生自由選擇的前提下實現教授者與求學者雙方的最佳結合，從而為高校更好地培養傑出人才創造有利的條件，並為各校實現各自的辦學目標，也為高校辦出各自特色打下良好的基礎。

另外，對於各高校的辦學者及各院系專業的專家學者來說，如果能夠親自參與甚至主導本校或本院系各專業招生的有關決策工作，也有利於他們充分發揮各自的辦學與教育教學積極性和創造性，不僅有利於各校招收到與本校或本院系各專業特色與教師個性專業特長相適應的優秀考生，也可以增強他們的辦學與教育教學的責任感和積極性，其原因主要有兩點：一，由於他們親自參與甚至主導了有關的招生決策工作，從道義上來說，各校負責人及有關的專家教授就不能不對其所招收的新生負有更大的教育責任，如果本校培養的學生普遍沒有競爭力的話，各校將不再能夠自己在辦學與教育教學方面的失敗歸咎於招生不自主，並將有關的責任一推了事；二，同時，在充分競爭的環境中及在公私立各高校公平競爭的條件下，為了適應競爭的需要，同時也出於維護各自聲譽的考慮，或者為了實現各自的教育與學術理想，各校的辦學者及教師們也將可能會對各自負責招收的新生採取更適當和更負責任的教育教學方式。

由此可見，自主招生不僅僅是一個抽象的概念和空洞的口號，必須真正

落實到招生決策機構的人事制度上，必須使各院校的負責人及專家教授們眞正享有參與甚至主導招生決策的權利，而儘量吸收各校的專家教授參與招生決策工作，也有利於提高各校招生工作的水平和新生的質量，甚至提高整個高校的教育教學質量。

第三節　議事決策

　　嚴格地說，人事制度（或稱人事規則）應當包括與「人」有關的制度及與「事」有關的制度。〔註63〕因爲人在機構內部從事的活動必須遵循一定的規範或準則，招生機構內部的議事決策規則對招生活動的成敗也有重要的影響，因此，僅僅瞭解招生機構有哪人員組成還不夠，還應當研究一下有關人員是通過什麼制度或規則來議事決策的。

　　那麼，在民國高校招生活動中究竟誰說了算？誰的影響力大？與招生有關的一般活動與組織規則如何？重要的招生決策是如何做出的？民國高校招生機構內部的議事規則如何？以往的研究極少涉及這方面的問題，因此，在探討了民國高校招生中與人有關的規則之後，有必要探討一下與事有關的規則。

　　民國時期，由於政府一般很少直接干預、參與或控制各高校的具體招生事務，各高校擺脫了「官主」的束縛，並在很大程度上緩解了其他因素的不良影響，因而能夠比較自主地開展招生活動，但不合理的自主招生也可能沒有效能，因爲招生機構內部成員的活動組織規則（特別是議事決策規則）對充分發揮機構成員的主動性和積極性也具有不可忽視的重要作用，不同的規則會形成不同的激勵機制，並對機構成員的辦事效率（即對其他制度的實施）產生顯著的影響。因此，民國高校內部的招生決策制度和議事規則對當時的高校招生活動的成敗具有重要的意義。

　　本節主要考察民國高校內部招生決策制度的確立過程及主要的議事決策規則。

〔註63〕考慮到本文所指與當前通行的「人事制度」概念有一定的差異，爲避免誤會，這裡一般用「人事規則」一詞指稱「人」的規則（即人員構成規則）與「事」的規則（即活動組織規則，主要是議事決策規則），只有泛指的時候才使用通行的概念。因此，本文較少稱招生機構的人事制度，而多稱招生活動中的人事規則。也就是說，本文所指的人事制度（或人事規則）包括「人」和「事」兩個方面的規則，具體指的是招生機構的人員組成規則及與招生有關的議事決策規則。

一、決策制度

在民國時期的高校招生活動中，從由少數人把持招生，到後來由各科學長及教授代表參加開會討論與商議決策，逐漸形成了比較民主的招生決策制度。下面以北京大學爲例考察國立大學招生決策民主制度的形成過程。

1. 民國初期的高校招生決策制度

雖然 1912 年 10 月 24 日頒佈的《大學令》有關規定，大學設立評議會，實行教授治校，〔註 64〕但在民國初年，由於蔡元培等新派人物相繼去職，保守勢力控制了北京政府教育部，有關教授治校與民主決策的法令規定大多仍然停留在紙上，並沒有得到很好的落實。以民國初年的北京大學爲例，當時的幾乎一切校務，「都由校長與學監主任庶務主任少數人辦理，並學長也沒有與聞的」。〔註 65〕因此，雖然，根據民國元年頒佈的《大學令》規定，與招生有關的重大事務均須通過評議會審議，而入學考試事項則必須經由教授會審議，〔註 66〕但是，由於民初的北京大學沒有認眞實施評議會制度及教授治校的原則，同時，在只有極少數幾個人辦理招生事宜的情況下，自然不太需要講究什麼開會議事決策的規則，因而，在民初的北大，似乎根本不需要通過開會討論與公開投票的民主方式來決定招考事務，即使開會，也不可能是審議性會議，而往往只是中國傳統的長官傳達指示及聽取反饋意見或職員提出「建設性」建議的會議，只是「統一思想」的思想動員會議。在這樣的非審議性會議上，校長的職權最大，其下屬的幾個主任當然必須服從校長的意見，

〔註 64〕《大學令》第十六條規定：大學設評議會，以各科學長以各科教授互選若干人爲會員，大學校長可以隨時召集評議會，自爲議長；第十八條規定：大學各科各設教授會，以教授爲會員，學長可隨時召集教授會，自爲議長。《教育部公佈大學令》，北洋政府教育部檔案，中國第二歷史檔案館：《中華民國史檔案資料彙編》第三輯（教育），南京：江蘇古籍出版社，1991 年版，第 109，110 頁。

〔註 65〕蔡元培：《回任北大校長在全體學生歡迎會演說詞》（1919 年 9 月 20 日），《北京大學日刊》第 443 號，1919 年 9 月 22 日。

〔註 66〕雖然該法令沒有招生決策方面的專門條款，但是，根據有關規定，評議會審議的事項包括「學科的設置與廢止」、「大學內部規則」，教授會審議的事項包括「學生試驗事項」等，顯然，各學科的設置與廢止必然涉及到招生學科及招考人數的變化，大學內部規則當然也包括招生考試規則，而學生試驗事項則包括入學考試。教育部：《教育部公佈大學令》，北洋政府教育部檔案，中國第二歷史檔案館：《中華民國史檔案資料彙編》第三輯（教育），南京：江蘇古籍出版社，1991 年版，第 109～110 頁。

而其餘的教務人員只需遵照校長等人的指示執行即可，普通教員不僅無權參與決策，可能連參加討論的資格都沒有。在這種情形之下，少數幾個學校負責人可以在招生活動中獨斷專行，幾乎不受任何約束，民初高校招生也因此比較容易受當時社會人情關係因素困擾。從前文所引潘光旦的回憶錄中可以看出，連當時有許多外國教員的清華學校在招生中都深受人情困擾，衙門習氣和官僚味更濃厚的北京大學受人情因素的影響恐怕只會更加嚴重。因此，在民初高校內部，在大多沒有設置專門招生機構的情況下，各校的招生活動自然由校長及有關部門的負責人把持了，多數教員是難以參與招考事務決策過程的。

2. 民主潮流下的招生決策制度改革

下面以北大等主流高校為例，探討民國高校在民主潮流下的招生決策制度改革情況。

（1）教授治校的落實

1916 年 6 月袁世凱逝世後，新派人物重新執掌北京政府教育部，民國初年頒佈的有關法令和規定開始逐步貫徹和落實，評論會制度及教授治校原則也在民國各高校得到較好的貫徹實施。以北京大學為例，1917 年初，蔡元培正式出長北大，重新開始實施現代大學新理念。由於蔡元培反對大學校長獨斷獨行，主張民主辦校，北京大學評議會對各種議案的審核和討論，都是實事求是而不講情面的，「一經決議，蔡先生帶頭服從，絕不以校長權勢凌駕於集體決定之上」。〔註67〕同年 12 月，教育部公佈了《修正大學令》，其中規定，「大學設評議會，以各科學長、正教授及教授互選若干人為會員」，評議會審議的事項包括「各學科之設立、廢止」、「大學內部規則」及「學生試驗」等可能涉及招生的事項。〔註68〕

從此，以北京大學為代表的民國主流高校內部的重要事項必須經由開會討論（如評議會、教務會議等各種會議及各種委員會召開的會議）審議通過後才能交由校長或有關行政機構負責實施，從而使得以往由少數人把

〔註67〕高平叔：《北京大學的蔡元培時代》，《北京大學學報》（哲學社會科學版），1998年第 2 期，第 43 頁。

〔註68〕《教育部公佈修正大學令》（1917 年 9 月 27 日），北洋政府教育部檔案，中國第二歷史檔案館：《中華民國史檔案資料彙編》第三輯（教育），南京：江蘇古籍出版社 1991 年版，第 169 頁。

持招生事務的情況也出現了根本性的變化。例如，1918 年 4 月 26 日，北京大學校長、學長及各教授會主任在校長室開會，討論關於當年夏天招考新生各項事宜，四天之後出版的《北京大學日刊》公佈了該次招生工作會議議決的各有關事項，其中有一項規定：「新生入學試驗程度，由教授會主任商同各教員定之」。〔註69〕由此可見，當時北大教授及各科教員在本校的招生活動中起著相當重要的作用。又如，在 1922 年 3 月 25 日召開的評議會上，北大的評議員們審議通過了《修正華僑學生入學特別辦法》。〔註70〕後來有報紙報導說：「北京大學雖為校長制，但一切設施，實由評議會主持，故該評議會力量極大。每屆改選，各教授靡不極力競爭」，「北京大學雖為校長制，而一切事體之決定，多由會議解決，故該校組織中，在評議會之下，又設有各種委員會」。〔註71〕

由此可見，由於教授治校制度漸漸在民國高校得到初步的貫徹落實，各校教授開始在招生活動中發揮重要的決策作用。

（2）合議制與市政制結合

隨著民主成為時代的潮流，特別是在「五四運動」之後，蔡元培主持下的北京大學繼續深化改革。早在 1919 年 9 月 20 日，在回任北京大學校長發表演說時，蔡元培就曾專門談到北京大學的組織人事制度改革問題：

「第一步組織評議會，給多數教授的代表，議決立法方面的權力；恢復學長的權限，給他們分任行政方面的事。但校長與學長，仍是少數」；

「第二步組織各門教授會，由各教授與所公舉的教授會主任，分任教務」；

第三步，「組織行政會議，把教務以外的事務，均取合議制。並要按事務性質，組織各種委員會，來研討各種事務」。

在蔡元培看來，通過採取「合議」與「分任」相結合的辦法，經過上述改革步驟，就可以建立自主與民主的學校內部組織人事制度。他說：「照此辦法，學校的內部，組織完備，無論任何人來任校長，都不能任意辦事。即使照德國辦法，一年換一個校長，還成問題麼」？〔註72〕

〔註69〕北京大學：《本年招生辦法》，《北京大學日刊》第一二四號，1918 年 4 月 30 日。

〔註70〕北京大學：《評議會第七次會議紀錄》，北京大學檔案‧全宗號（七）‧目錄號 1‧案卷號 109。

〔註71〕《晨報》1926 年 11 月 21 日，12 月 8 日。

〔註72〕以上四處引文出自蔡元培：《回任北大校長在全體學生歡迎會演說詞》（1919 年 9 月 20 日），《北京大學日刊》第 443 號，1919 年 9 月 22 日。

　　由此，在蔡元培的主持下，北京大學設立了評議會作爲校內最高立法機構，會員由「教授互選，額數以五人舉一人爲率」；還設立了行政會議作爲最高行政機構，以各常設委員會委員長組成，「協助校長推行全校大政」；還設立各種委員會，其中的常設委員會就包括負責北大招生的重要決策機構——入學考試委員會，其職責爲「定入學考試之標準」及「協助校長辦理入學試驗事務」。同時，在蔡元培任校長以來招生改革實踐的基礎上，北大還進一步對招生活動中的教授治校與民主決策原則作了比較明確的規定。根據有關規定，入學考試委員會，成員「由校長從教員中指派，並徵求評議會同意，人數爲 5 至 9 人」，「設委員長一人，由校長於委員中推舉，以教授爲限，各委員任期一年；由校長出席時，校長爲當然主席」。而對於其招生執行機構——總務處及其下屬的註冊部，北大的內部組織章程規定：總務處管理全校之事務，設總務長一人，總掌事務；總務委員若干人，分掌各部份事務；總務長由校長從總務委員中委任，以教授爲限；而總務委員若干人，「由校長委任。凡由教授兼任者，任期三年，但得續任」；由校長指定的總務委員執掌負責招生具體事務的註冊部。總務長及各總務委員，「組織總務委員會，共商事務進行之程序」。〔註73〕

　　據此可知，在改革之後的北大招生活動中，其決策程序和制度是：

　　比較重要的招生事務（包括招考計劃及入學標準之類），一般必須先由入學考試委員會開會討論並審議通過後，再交由行政會議或評議會審議，審議採取合議制（即開會討論商議及投票表決的方式）的民主方式，然後交由總務處執行。而對於比較次要的具體招生事務，則由校長委任的總務長與負責招考註冊事務的總務委員（即註冊部主任）等人負責，當然一般也必須組織總務委員會開會討論，共同商定具體招生事宜的執行。

　　在這樣的決策程序和制度下，北大校長、各行政部門負責人、各科學長及教授代表對招生事務都享有一定的議事和決策權力。因此，改革後的北大

〔註73〕有關規定和條款詳見 1919 年 12 月 3 日由北京大學評議會通過的《國立北京大學內部組織試行章程》及 1920 年 10 月由教育部公佈的《國立北京大學章程》（其中有關招生組織機構的設置與人事安排規定），原載《北京大學日刊》（第 505 號，1919 年 12 月 6 日；第 562 號，1920 年 3 月 15 日）；及《教育公報》（第七年第十二期，1920 年 12 月 20 日）。王學珍等：《北京大學史料第二卷（1912～1937）》（上冊），北京：北京大學出版社，2000 年 12 月版，第 77～85 頁。

有關招生決策制度，不僅體現了教授治校的民主精神，也體現了現代行政制度的辦事效能。對此，當時有人在報紙上撰文評論說：「教務會議仿歐洲大學制」；「總務處仿美國市政制」；「評議會、行政會議兩者，爲北大所首倡。評議會與教務會議之會員，由教授互選，取德模克拉西之義也」；「行政會議及各委員會，……半採德模克拉西主義，半採效能主義」；「總務長及總務委員爲校長所委任，純採效能主義」，「蓋學術重德模克拉西，事務則重效能也」。〔註74〕總之，在此新型制度之下，北大的招生決策制度，呈現出既比較注重民主又比較注重效能的特點，用當時報紙評論的話來說，就是既「重德模克拉西」又「重效能」。

（3）「合議制」與「分任制」並重

合理的招生決策制度不僅需要合理的民主決策機制，也需要有高效的執行機構來負責實施。郭秉文時代的南京高等師範學校也同樣採用了類似的既重民主又重效能的制度。在一份報告中，當時任代理校長的郭秉文總結道：

> 本校校內行政之組織，採合議與分任兼重之制。有總務處，以總轄全校之事。有教務處、齋務處、庶務處，各設立主任一人，以分負各部之責。又有不專屬於各處之事務，視其性質另組各部，分屬於以上四處，各處理其屬部之事務。

> 凡事不專屬於教務、齋務、庶務各處者，或專屬於以上三處而事關重大者，須經校務會議，然後分別施行。

> 校務會議由校長、教務、齋務、庶務各主任組織之。有關於附屬中小學者，中小學主任均須列席。此外有各部、各科教員會議，由各主任教員主持之」。〔註75〕

與蔡元培在北大的改革相似，在 20 世紀 20 年代初，郭秉文主持的南京高等師範學校也對有關制度進行了改革。在招生決策制度方面，南大以校務會議作爲招生事務的最高議事決策機關。據《南京高等師範學校校務會議章程》規定：「校務會議爲本校議事機關」；其議事範圍包括：「全部及局部之計劃」、「部科之增減及課程編制之基本更動」及「招考畢業及進退學生」等。另據

〔註74〕《北京大學新組織》，《申報》1920 年 2 月 23 日。

〔註75〕《代理校長郭秉文關於本校概況報告書》（1918 年 10 月），本書編輯組：《南大百年實錄·中央大學史料選（上卷）》，南京：南京大學出版社，2002 年 05 月第 1 版，第 53 頁。

《南京高等師範學校校務會議細則》規定：「本會議因事務重要，酌設各項委員會」，其類別包括學校組織系統委員會，辦事方法研究委員會及招生委員會等。而在這些章程和規則出臺之前，爲了招收女生，南高師就已經特別設立了招收女生研究委員會，對招考女生的準備工作進行的專門研究，該委員會以劉伯明爲主任，陶知行（陶行知）等6人爲委員。〔註76〕

　　顯然，在南京高等師範學校，與招生有關的委員會是進行招生決策的重要機關，它們可以提出本校的招生政策和建議，在通過校務會議審議之後，就可以責令有關的招生執行機構付諸實施了。而根據南高師的組織章程，負責招生事務的執行機構就是教務處。教務處設教務主任一人，事務員若干人，管理包括招考事項在內的教務工作，教務會議由教務主任及各部各科主任教員及教員參加，校長列席。〔註77〕

　　因此，從南高師的有關規章制度可以看出，在南高師，實際上進行招生決策工作的主要就是各有關的委員會，其中，各主任教員（大多爲教授）及有關部門的負責人扮演了重要角色，招生事務執行負責實施有關的決策。這樣的制度安排正好體現了郭秉文所稱的「合議制」與「分任制」兼重的特色，當然這也體現了民主與效能結合的特點。

　　由此可見，以蔡元培時代的北京大學爲代表，民國的主流高校在招生活動中較好地貫徹了教授治校與民主決策的原則，並逐漸形成了比較民主和高效招生決策制度。不僅在當時，即使在現在看來，這種制度也是比較合理的。

　　（4）教授的權威

　　再以清華大學爲例，據馮友蘭回憶：

> 　　所謂「教授治校」，在清華得到了比較完整的形式。在羅家倫到校以前，清華本來有「評議會」，由行政當局和教授會的代表組成。學校的規章制度必須由評議會通過，重要措施必須由評議會審議，才能執行。羅家倫尊重這個組織。當時他和教授會有異議的，是關

〔註76〕《南京高等師範學校各委員會名單》（1919 年），《南京高等師範學校校務會議章程》（1920 年 10 月 20 日），《南京高等師範學校校務會議細則》（1920 年 10 月 20 日）；本書編輯組：《南大百年實錄・中央大學史料選（上卷）》，南京：南京大學出版社，2002 年 05 月第 1 版，第 66～67，71～74 頁。

〔註77〕《南京高等師範學校內部組織試行簡章》（1920 年 6 月 26 日），本書編輯組：《南大百年實錄・中央大學史料選（上卷）》，南京：南京大學出版社，2002 年 5 月第 1 版，第 69～70 頁。

於院長人選問題。清華設文、法、理、工四個學院，每院有一個院長。羅家倫主張，各院院長由校長就教授中聘任；教授會主張，由教授會選舉。這是一個校長和教授會怎樣分權的問題。因為院長不僅負責管理本院的事務，還有出席學校的各種重要會議的權利，照清華後來的實踐，後者尤其重要，因為各院的事情，主要是在各系分辦了。此項異議，經過商量，達成協議：每個院長由教授會在教授中選出二人為候選人，由校長就其中選定一人，加以聘任。任期二年，可以連任。校長、教務長、秘書長和四個院長組成校務會議，處理學校的經常事務。四個院長也出席評議會，為當然評議員。這樣，就有了三級的會議。評議會好像是教授會的常務委員會。校務會議又好像是評議會的常務委員會。因為這三級會議還各有自己的職權，各有自己的名義。校務會議不能用評議會的名義辦事，評議會也不能用教授會的名義辦事。這種教授治校的形式，除了在西南聯大時期沒有評議會之外，一直存到 1948 年底。〔註78〕

但是，即使在西南聯大時期沒有設評議會的情況下，教授們仍然是學校的權威。馮友蘭在談到西南聯大時說：「三校有一個傳統，就是『教授治校』。這個傳統聯大也繼承和發揚了。其表現為教授會的權威。這種權威在學校正常的情況下，不顯得有什麼作用；但是遇到學校有對內或對外的大鬥爭的時候，這種權威就顯出作用了」。〔註79〕

當然，由於種種原因，在某些時期，北京大學等民國高校的教授治校與民主決策制度曾遭到一定程度的破壞，特別是評議會制度曾一度被廢除，其他的會議也在一定程度上由審議性會議開始蛻變為非審議性會議，但在北大等民國主流高校教授們及各界的努力之下，教授治校的原則和民主精神往往能夠得以恢復和延續。例如，1929 年 4 月，經過此前的波折，北大又恢復了教授治校的狀態。當時的報導稱：「北大學院，兩月來校務之進行，一本從前之制度與精神，教授治校，為該校特有之精神。校內教授，根據此原則，而有各項組織。其較高之機關，如評議會，及教務會議，均

〔註78〕 馮友蘭：《三松堂自序》，《三松堂全集》第一卷，鄭州：河南人民出版社，2001年 1 月版，第 287～288 頁。

〔註79〕 馮友蘭：《三松堂自序》，《三松堂全集》第一卷，鄭州：河南人民出版社，2001年 1 月版，第 296 頁。

於上月成立。照舊章並有各項委員會，係從教授中選出委員，解決各該委員會相關問題」。〔註80〕

另外，抗戰勝利後唐紹明等人的入學考試經歷也可以證明當時高校教授會的權威。唐紹明的父親是清華大學圖書館一位有突出貢獻的高級資深職員，其曾叔祖唐國安原為清華學校第一任校長，其叔祖唐孟倫曾長期擔任清華學校的庶務長，他的舅舅在抗戰勝利後曾擔任廣州考區招生辦公室的主任。若以今人的眼光來看，唐紹明在清華大學的「關係」是相當「硬」的。他自己原來在昆明讀高二，可是，當他於1946年「復員」回到北京後，卻因經濟困難而無法進城續讀高中。當時像他這樣的清華教工子女約有一二十人，於是他們想進清華大學的先修班，當時的先修班相當於以前的預科，肄業後可以升入大學本科，可是，當他們向清華大學當局提出申請時，卻遭到教授會的否決，理由很簡單：不能破例。唐紹明後來回憶道：「因為清華素以入學把關嚴格著稱，未經正式考試錄取者不能取得學籍，教工子弟也不例外。一點也不通融」。同時，他還特別指出，當時這批子弟中，「包括有梅校長、吳教務長、褚訓導長、沈秘書長以及好幾位教授的兒女」。而當這位唐紹明後來終於通過正式考試進入清華大學時，他已經是第三次報考這所他父親和舅舅任職的大學了。〔註81〕由此可見，清華大學教授會在招生中的實際權力和影響有多大。

綜上可知，民國時期主流的高校大多都能夠採用民主的教授治校制度，高校教授享有相當大的決策權力，同時各校還設立各種會議，通過開會討論的民主方式對重要的招生事務進行決策，將合議制與分任制（或市政制）相結合，民主與效能並重，為本校順利開展招生活動提供合理有效的決策指導和民主的監督。

二、議事規則

民主制度的實現有賴於民主的開會議事和表決規則，沒有合理的議事規則就不可能在招生活動中體現民主精神，同時，合理的議事規則不僅是實現民主決策的需要，也可以提高議事決策的效率。從這個意義上說，民主的技術細節往往可以決定民主制度的成敗。受民主的時代潮流影響，在民國高校

〔註80〕《北大學院六委員會成立》，《京報》，1929年4月3日。
〔註81〕唐紹明：《三考清華》，《清華校友通訊》復31期，1995年4月。

的辦學者及教授們的努力下，民國高校在實施民主的招生決策制度過程中，往往採用從歐美傳入的「合議制」，並逐漸形成了一套比較民主的招生活動議事規則。

1. 現代民主議事規則的引入

民國成立之後，雖然獨裁專制制度不斷遭到有識之士的批判，並被越來越多的人所厭惡和摒棄，但長期的專制傳統使絕大多數人並不清楚如何通過開會討論與投票表決的方式實現民主並保護個人的合法權利，因此，隨著現代民主共和觀念漸入人心，有識之士開始從西方引進現代會議的議事規則。〔註82〕

（1）民權初步

1917年，孫中山專門撰寫了《民權初步》一書（其內容實即現代會議的議事規則，當時也稱「合議制」），專門向人們介紹如何開會討論公共事務等現代社會民主常識，以幫助國人學習和運用現代民主的議事決策規則來維護民權並凝聚人心。〔註83〕這些體現民主精神的現代議事規則在中國社會也日

〔註82〕 實事上，在近現代的民主決策實踐中，西方社會早已形成了許多體現民主的議事決策規則，影響最大的當屬美國人亨利·馬丁·羅伯特將軍（1837～1923）在總結英國議會、美國國會、市政委員會及民意社團開會議事決策的基礎上寫成的《羅伯特議事規則》（Rules of Order）一書，於1876年出版，後多次修訂再版（作者最後一次修訂是1907年），該書中總結的規則內容非常豐富，有些是針對會議主持人的規則，有些是針對會議秘書的規則，大多是有關普通與會者的規則，如與會者該遵照怎樣的規則提出和表達意見、進行辯論和投票表決等等。「羅伯特議事規則」自問世一百多年來，給無數的組織和會議帶來了效率和秩序。這套規則不僅包含規則意識，還涵蓋了權利保護、權力制衡、程序正義、自由與制約、效率與公平等許多現代民主、自由與法治的價值理念。中國人較早重視並引進西方現代議事規則的人當屬孫中山，他參考《羅伯特議事規則》撰寫了《民權初步》一書，他在自序中寫道：「是集會者，實為民權發達之第一步。然中國人受集會之厲禁，數百年於茲，合群之天性殆失：是以集會之原則，集會之條理，集會之習慣，集會之經驗，皆闕然無有。以一盤散沙之民眾，忽而登彼於民國主人之位，宜乎其手足無措，不知所以！所謂集會則烏合而已！」「夫議事之學，西人童而習之，至中學程度則已成為第二之天性矣，所以西人合群團體之力常超吾人之上也」（孫中山：《建國方略》，牧之等選注，瀋陽：遼寧人民出版社，1994年6月版，第271～272頁）。〔美〕亨利·M·羅伯特：《議事規則》，王宏昌譯，北京：商務印書館，1995年2月版。

〔註83〕 孫中山在撰寫《民權初步》時參考了當時的《羅伯特議事規則》一書。他在《民權初步》序言中寫道：「自合議制度始於英國，而流佈於歐美各國，以至於今，數百年來之經驗習慣，可於此書一朝而得之矣」，「凡欲負國民之責任

益受到重視。而民國高校在內部的校務會議上也開始應用一些比較現代的民主議事規則，正如蔡元培所言：「把教務以外的事務，均取合議制」。〔註84〕

（2）招生民主

在蔡元培改革北京大學之後，在民國主流的高校招生活動中，各校大多實行由委員會（包括提供專業指導及參與決策的委員會與負責執行具體事務的事務性委員會）開會討論商議的決策制度，但真正的民主決策不僅僅需要有關當事人一起開會討論商議，還必須依賴於比較合理的提案、發言、辯論和表決等民主規則，否則會議容易被人操縱或沒有效率。

在「新文化運動」及「五四運動」之後，深受現代民主思潮影響的民國高校（包括私立高校在內）更是開始普遍採用開會討論與投票表決等方式來討論和決定校內重大事項。〔註85〕而招考新生屬於當時各高校內部能夠自主

者，不可不習此書。凡欲固結吾國之人心、糾合吾國之民力者，不可不熟習此書。而遍傳之於國人，使成為一普通常識。家庭也、社會也、學校也、農團也、工黨也、商會也、公司也、國會也、省會也、縣會也、國務會議也、軍事會議也，皆當以此為法則」（孫中山：《建國方略》，牧之等選注，瀋陽：遼寧人民出版社，1994 年 6 月版，第 272～273 頁）。可見孫中山當時對此現代民主議事規則的高度重視。

〔註84〕蔡元培：《回任北大校長在全體學生歡迎會演說詞》（1919 年 9 月 20 日），《北京大學日刊》第 443 號，1919 年 9 月 22 日。

〔註85〕私立高校的情況可以參照當時的教會大學。例如，在被明確定性為「中華聖公會江蘇教區之私立學校」的聖約翰大學，1917 年左右建立了教員董事部，其所管理的事宜就包括與招生有關的「視察例准免試新生之各校」等內容；1918 年，聖約翰大學又成立了各科教授會與大學教授會，各科教授會由各科教授及教員組成，各科教授中推選一人成立大學教授會，由校長召集，每一位教授（或教員）均有一投票權，對本科事宜皆有同等之發言權（聖約翰大學：《聖約翰大學章程匯錄》（1917.9～1918.7），第 26，13 頁）；20 世紀 20 年代末，聖約翰大學又成立了各學院的教務會與全校的校務會兩級教務管理機構，教務會由各學院之教務主任、教授及教員自行組織，每一位教授或教員均享有討論、表決以及就院務發展提出建議之平等權利。校務會由校長、各院教務主任及教授組成，討論並表決校長或各院教務長所交議之事項，以及關於全校教務及行政方針等內容（聖約翰大學：《聖約翰大學組織法》，上海檔案館藏資料 Q234-1-244，第 20 頁）；30 年代，聖約翰還成立了大學評議委員會，下設各種委員會，每位成員均有權投票反對或贊成某項決策，一旦會議根據投票結果作出決策，校長、副校長有不同意見或看法也必須在行動上與集體決議保持一致；另外，聖約翰大學又建立了校務委員會，其中招生委員有 8 名（後來增至 12 名），註冊委員 5 名（後改為 4 名），在招生委員中又成立了保送、插班、入學試驗 3 個分委員會（聖約翰大學：《聖約翰大學一覽》（1934～1935 年度），第 15 頁；聖約翰大學：《聖約翰大學一覽》（1937

決定的校內重大事項之一，因此，各校在討論招生事務時也大多能夠採用開會討論與投票表決等方式，從而逐漸形成了民國高校招生活動的一般性民主議事決策規則，並通過比較民主的實用技術規則減少了以往任由極少數人在招生活動中獨斷專行的局面。

2. 開會議事及投票表決規則

下面對以北京大學為代表的民國主流高校招生活動中的議事決策規則進行探討。

（1）北大的合議制

在蔡元培主持改革後的北京大學，比較重要的招生事務一般在評議會、行政會議、教務會議或專門的招生工作會議上討論審議，會議採用「合議制」。這裡以評議會為例說明當時北京大學召開與招生事務有關會議所採取的議事決策規則。

下面根據 1917 年公佈的北大評議會簡章及有關的會議實踐，對北京大學評議會的議事決策規則進行整理，其內容大致可分為以下幾個方面：

（一）評議會員的組成：

（甲）校長；

（乙）各分科預科學長及預科主任教員；

（丙）各分科及預科中國專任教員，每科二人，由教員中互選，以一年為人任期，任滿可再被選。（商法科暫合選評議員二人）

（二）評議會員的選舉：於每年暑假後第一個月內舉行。

（三）會議主持與紀錄：設議長一人，由校長擔任；書記一人，由會員中推舉。

（四）會議的召集：

（甲）每月開常會一次，由議長指定日期，於三日前通知。遇有特別事件，由議長逕行或過半數會員提議，召集臨時會議；

（乙）非有過半人數以上會員列席，不得議決事件。

（五）會議議決事件的執行與報告。

～1938 年度），第 14～15 頁）。研究者認為，由於各類招生委員會的工作內容涵蓋了招生活動的各個細節，這些組織機構的設立有利於聖約翰在招生中嚴把質量關，體現了聖約翰大學對招生環節的高度重視。熊月之等：《聖約翰大學史》，上海：上海人民出版社，2007 年 5 月版，第 35～41 頁。

議決事件，凡關於校內者，由校長分別交該管職員辦理。辦理情形，會員可隨時請該管職員出席報告。〔註86〕

（六）表決方式：採用公開投票表決的方式，評議會員一人一票；在選舉或審議時如果票數相同或相等，須另行投票決定；會議缺席者可以通過通訊的方式投票。〔註87〕

另外，1919 年 10 月 21 日，北京大學評議會議決：(1) 不分科亦不分系，但綜合全校教授總數互選五分之一；(2) 此外加入教務長、庶務主任、圖書館主任、儀器室主任，但無表決權。〔註88〕

1920 年 4 月 1 日，北京大學評議會通過了《評議會規則修正案》，對上述《評議會簡章》中的有關規則進行了一些修改、補充和完善，主要的變化體現在以下幾個方面：

第一，關於評議會員的組成和選舉，除校長為當然會員之外，其他會員改為全部由「教授互選」產生；此外還明確規定評議員額數以教授全數五分之一為準。第二，關於會議的主持，除規定校長為當然議長之外，還補充規定，「如校長因故不能出席時，得由出席評議員推定臨時主席」；第三，補充規定了評議員的選舉方式，「用記名投票選舉」；第四，增加了關於提案辦法的規定，「評議員均有提案之權，非評議員之教職員，得以五人以上之連署，建議於本會」；第五，加強了評議會及評議員的權力及對校長權力的制約，明確規定：「本會對於校內一切設施如認為不適當時，得議決諮請校長取消之」，「評議員關於校內一切設施，有疑義時，得以書函或口頭向校長提出質問，要求答覆」；第六，修改了法定人數的比例，由原先的「非有過半人數以上會員列席」，改為「以評議員全數三分之一為法定開會人數，得議決事件」，同

〔註86〕以上規則主要根據教育部《指令北京大學該校評議會簡章及會員履歷準備案文》（1917 年 4 月 11 日）附原呈《大學評議會簡章》歸納總結。《教育公報》第四年第八期，1917 年 6 月。

〔註87〕此項規則當時雖未見明文規定，但在實際議事決策中被運用。例如，在 1919 年 10 月 25 日召開的評議會選舉會上，「各教授選舉評議員之單者共六十八紙。由蔡校長及徐寶璜、程振鈞二教授公同開檢」，得票多者當選評議員者為胡適等十五教授。尚有一名額因朱錫齡、沈士遠、康寶忠、馮祖荀四教授得票相同（均為 28 票），「須待各教授通訊決選而定之」，因此北大發出布告，要求各位評議員在規定的時間內通過通訊方式重新投票決定，「請諸君於二十八日以前投函校長室決選」。《北京大學日刊》第 470 號，1919 年 10 月 27 日。

〔註88〕北京大學檔案・全宗號（七）・目錄號 1・案卷號 61。

時補充規定，「遇有緊急事件，臨時會議不足法定人數，又不及召集第二次臨時會議時，得由校長斟酌辦理，但須交最近之常會或臨時會議追認之」及「本規則得以評議員全數三分之一之提議，過半數之可決修正之」；第七，關於決議事項執行情況及其他事項的報告，規定「本會開會時，得隨時請各職員出席報告」。〔註89〕

除上述變化之處，其餘內容如表決方式等，與前述規則大致相同。綜合以上各項規則，後人不難發現蔡元培等人心目中「合議制」的基本內容及其在實踐中的主要變化情況。而且，如前所述，由於在蔡元培的主持下，「教務以外的事務，均取合議制」，〔註90〕因此，在與招生有關的會議（當然包括評議會、行政會議、教務會議、總務會議等）中，北京大學自然也是採用這些比較現代和民主的議事決策規則的。

當然，其中有的具體規則後來也發生過變化，例如，在選舉投票中，往往會出現票數相同者，原來的規定是重新投票，後來，爲提高會議效率，則改爲抽籤決定。〔註91〕但是，從總的情況來看，「合議制」的原則和精神大多能夠得到較好地貫徹和遵守，各項主要的議事決策規則也是比較民主的，同時也是比較講究效率的。

曾任北大物理系教授兼主任的李書華回憶說：「我曾被選作過評議員，目睹開會時對於各種議案的爭辯，有時極爲激烈」。〔註92〕可見，北京大學的評議會並不是虛設的。

另外，需要指出的是，在招生活動中，由於招生程序和環節較多，各項招考事務紛繁複雜，並不是所有事項都需要通過民主討論與公開投票的方式決定，同時，招生活動中的有關決策與決策的執行之間也並不是截然分開的，有關事務的執行之中也往往可能包含著重要的決策，有關事項的重大或重要與否也往往是比較主觀的看法，且有可能會隨著世事的變化而變化，顯然，公開投票表決的方式並不適應於所有的招考事宜，因此，按照蔡元培的制度

〔註89〕《北京大學日刊》第五八二號，1920年4月15日。

〔註90〕蔡元培：《回任北大校長在全體學生歡迎會演說詞》（1919年9月20日），《北京大學日刊》第443號，1919年9月22日。

〔註91〕如在1925年10月27日的評議員選舉中，除17人當選外，另有7人爲候補當選者，其中3人同爲29票，4人同爲28票，最終以「票數同者以次序經抽籤排定」。《北京大學日刊》第一七九二號，1925年10月28日。

〔註92〕李書華：《七年北大》，臺灣《傳記文學》第六卷二期。

設計，只有對於比較重大且需要討論的招生事項才採取上述合議制的民主議
事規則，而對於「教務」以內的事務，則可能並不完全是採用民主討論與表
決的方式。因為，大凡涉及專業與學術方面的招生事務，往往不是一般的非
專業人員（當然包括普通政府機關行政人員）所能勝任的，而有關的招生人
員若沒有豐富的經驗及相應的自主權和創造性，肯定難以招收到符合當時大
學「養成碩學宏材」目標的優秀新生。

（2）北大的分任負責制

根據北京大學當時的有關制度精神和規定，對於「教務」以內及比較次
要的招生事宜，特別是涉及專業與學術方面的招生事宜，當時的做法是：由
有關會議或專業委員會授權指定相關機構或有關人員辦理，經辦機構或人員
在授權的範圍內有「獨斷專行」的權力，在辦理完畢之後應當向委員會或有
關會議報告，再由有關會議進行評估審議。〔註 93〕當然，經辦人員的「獨斷
專行」必須是事先經過民主會議授權的，因此，即使經辦人員在執行過程中
可以「獨裁」，但由於這是經過民主授權的，因而是合理的「獨裁」，這樣的
制度仍然是比較民主的。用時任南高師代理校長的郭秉文於 1918 年 10 月在
一份報告中總結該校行政組織制度的話來說，這就是「合議制」與「分任制」
相結合。〔註 94〕

（3）招生的民主與獨裁

在招生活動中，不僅需要民主，有時也需要獨裁，特別是在涉及專業與
學術問題的環節中，往往需要專業人員或學術專家的獨斷專行才能做出正確
與合理的決策。招考閱卷評分環節中的有關決策中，除了某些試題的評分標
準需要進行一定的民主討論之外，在實際的閱卷評分過程中，閱卷評分人員
一般享有根據專業學術標準進行「獨裁」的決斷權利，而並不需要非得通過
民主討論投票決定才能給考生評出分數。

〔註 93〕例如，根據《北京大學評議會簡章》規定，「議決事件，凡關於校內者，由校
　　　　長分別交該管職員辦理。辦理情形，會員可隨時請該管職員出席報告」。《指
　　　　令北京大學該校評議會簡章及會員履歷準備案文》（1917 年 4 月 11 日）附原
　　　　呈《大學評議會簡章》，《教育公報》第四年第八期，1917 年 6 月。

〔註 94〕原文為：「本校校內行政之組織，採合議與分任兼重之制」。《代理校長郭秉文
　　　　關於本校概況報告書》（1918 年 10 月），本書編輯組：《南大百年實錄・中央
　　　　大學史料選（上卷）》，南京：南京大學出版社，2002 年 05 月第 1 版，第 53
　　　　頁。

以沈從文妻妹張充和當年考北大的經歷爲例，據說，1934 年，張充和參加北大入學考試時，連數學考試的題目都看不懂，結果數學考了零分，但由於她寫的作文《我的中學生活》受到閱卷老師的激賞，試務委員會資深評委（有人指爲時任北大中文系主任的胡適）希望錄取這名優異生，然而，當時北大的錄取制度規定，凡有一科爲零分者不予錄取。於是試務委員會向閱卷老師施壓，希望網開一面（通融一下）給她幾分，但閱卷老師堅持按評分標準給分，絕不通融，復判後仍給予零分。最終試務委員會無可奈何，只得將張充和「破格錄取」爲試讀生。〔註 95〕這個事例表明，民國高校在招生活動中對於專業人員是比較尊重的，也是能夠堅持學術標準的，這樣的做法既體現了民主精神，又表現了對專業與學術的足夠尊重。

（4）「破格錄取」不違規

因此，從總的情況來看，在蔡元培倡導的「合議制」方針指引下，北京大學的招生議事決策制度體現了民主與效能兼備的特點，從而使獲得授權的招生決策執行者具有較大的自由裁量權，這就爲北京大學招收具有特殊才華的考生提供了一定的制度保障。由此，從這個角度看，當年北京大學有關當事人「破格錄取」某些考生的行爲其實也是經過民主授權的，並不算違反原則和有關制度，只是可能在當時或後來顯得有些特別而比較引人注目罷了，至於到底是否「破格」，恐怕還得看人們如何理解「破格」的真實含義，關鍵在於要首先弄清「破格」中的「格」到底所指爲何。因此，與其津津樂道於某些「破格錄取」的個案，不如弄清「破格錄取」背後的制度原因，並努力從事有關的制度建設，使招生制度能夠充分體現和尊重專家的意見，爲高校招收到真正具有優秀潛質的人才提供良好的制度基礎。

（5）北大合議制的效應

經過蔡元培的合理化改革，在比較民主和合理的招生議事決策制度的運作下，北京大學的招生人數大大增加，據當時的統計，1919 年，北京大學學生人數達到 2413 人，而在蔡元培改革前夕（1916 年）北大在校學生僅爲 1503 人，改革三年來，北大在校生人數增加了 910 人，增長率爲 60%。〔註 96〕當

〔註95〕張昌華：《最後的閨秀——張充和先生剪影》，《江淮文史》，2007 年第 5 期，第 54 頁。

〔註96〕公時：《北京大學之成立及其沿革》，靜觀：《國立北京大學之內容》，《東方雜誌》，16 卷 3 號，1919 年 3 月 15 日，第 162，165 頁。

時，聖約翰大學是中國最負盛名的私立大學之一，其在 1918 年的大學在校生僅爲 263 人，1932 年才達 700 餘人。〔註97〕北京大學成爲當時全國招生規模最大的高校，北京大學也成爲全國學子嚮往的「最高學府」，以致直到抗戰前夕，考上北大的學子們仍然如同科舉時代「中了進士」或「點了翰林」，似乎具有無上光榮。〔註98〕

（6）其他高校的合議制

同時，由於其被許多人譽爲「最高學府」的崇高地位，北京大學的改革自然對其他高校有重要的影響和示範作用。例如，在聖約翰大學，學校當局到 1918 年才成立各科教授會與大學教授會，到 20 世紀 20 年代末，聖約翰才成立各學院的教務會與全校的校務會兩級教務管理機構，直到 30 年代，聖約翰才設立大學評議委員會及大學評議會等機構。〔註99〕

在國立清華大學，「民權初步」與現代會議議事規則也受到高度重視，並被廣泛運用於校內各種會議。馮友蘭回憶道：

〔註97〕　《聖約翰大學自編校史稿》，《聖約翰大學大事記》，熊月之等：《聖約翰大學史》，上海：上海人民出版社，2007 年 5 月版，第 428，408 頁。

〔註98〕　張起鈞：《西南聯大紀要》，陳明章：《學府紀聞：國立西南聯合大學》，臺北：南京出版有限公司，1981 年 10 月版，第 20 頁。

〔註99〕　按照規定，聖約翰大學各科教授會由各科教授及教員組成，各科教授中推選一人成立大學教授會，由校長召集，每一位教授（或教員）均有一投票權，對本科事宜皆有同等之發言權（《聖約翰大學章程匯錄》（1917.9～1918.7），第 26，13 頁）；而根據《聖約翰大學組織法》規定，教務會由各學院之教務主任、教授及教員自行組織，每一位教授或教員均享有討論、表決以及就院務發展提出建議之平等權利。校務會由校長、各院教務主任及教授組成，討論並表決校長或各院教務長所交議之事項，以及關於全校教務及行政方針等內容（《聖約翰大學組織法》，上海檔案館藏資料 Q234－1－244，第 20 頁）。另外，聖約翰大學評議會還下設有各種委員會，每位成員均有權投票反對或贊成某項決策，一旦會議根據投票結果作出決策，校長、副校長有不同意見或看法也必須在行動上與集體決議保持一致；另外，在聖約翰大學的校務委員會中，設有招生委員 8 名（後來增至 12 名），註冊委員 5 名（後改爲 4 名），在招生委員中還成立了保送、插班、入學試驗 3 個分委員會（《聖約翰大學一覽》（1934～1935 年度），第 15 頁；及《聖約翰大學一覽》（1937～1938 年度），第 14～15 頁）。有研究者認爲，由於各類招生委員會的工作內容涵蓋了招生活動的各個細節，這些組織機構的設立有利於聖約翰在招生中嚴把質量關，體現了聖約翰大學對招生環節的高度重視。熊月之等：《聖約翰大學史》，上海：上海人民出版社，2007 年 5 月版，第 35～41 頁。

　　我所要談的是行使民主的紀律。民主的主要精神是少數服從多數。在行使民主的過程中，對於某件事情，必然有許多不同的意見，究竟哪一種意見是多數人所贊成的，這就要開會決定。開會必須有一種議事規則。如果沒有這種一定的規則，那就必然要出現發言盈庭，無所適從，會而不議，議而不決的情況。孫中山把議事規則作爲民權初步，這是很有道理的。

　　清華原來的校風，很重視這個民權初步，無論教授和學生，凡是開大一點的會，都要照議事規則進行。我記得在一次教授會議中，有一位教授站起來對某一事作了滔滔不絕的長篇發言，發言以後，主持會場的人問：「你這是個提案嗎？」那位發言的教授，因爲初到清華，還不熟悉會議規則，就謙虛地說：「這不能算什麼提案，我不過是發表我個人的意見。」主持會場的人說：「既然不是提案，現在會場上沒有提案，散會。」原來照議事規則，會場上必須有個提案，然後對這個提案進行表決。凡是參加會議的人，任何人都能提提案。他的提案，可以是他自己的意見，也可以是他集中別人的意見，但是任何人的集中，無論是什麼人，都必須作爲提案向會議提出來讓大家討論、表決，經過多數贊成以後，才能作爲會議的議決案。這樣的議決案才算是代表多數的意見，少數人自然就無計可施的了。這種規則是民權初步。因爲只有照這個規則，人們才可以行使民權。

〔註100〕

如前文所述，在郭秉文任校長時期的南京高等師範學校，在招生活動中，也是採用「合議制」的議事決策制度。該校校務會議細則規定的議事決策規則非常詳盡，甚至明確規定：

　　凡發言必起立，每人一次發言，不得過 5 分鐘；

　　凡報告或討論須簡單明白，並不得涉及議題以外，不得有二人以上同時發言；

　　校長確認發言之人已盡，或經會員二人以上要求，並得到會會員多數贊成者，即宣言討論終局。

〔註100〕馮友蘭：《三松堂自序》，《三松堂全集》第一卷，鄭州：河南人民出版社，2001年 1 月版，第 289 頁。

　　凡表決之際，由校長先將應行取決可否之問題明白布告，已經校長布告以後，無論何人不得再就議題發言。

　　凡表決用舉手表決法，計算舉手之多少宣告可否之結果，惟至少必須得到會數四分之三表決方爲決議。

　　凡表決之際，經校長認爲必要，或有會員五人以上之要求，不得舉手表決法，而用投票表決。〔註101〕

由此，不難發現，當時南高師已經開始在招生活動中運用現代民主的議事決策規則了。可見，自主招生不僅僅是抽象的權利，還需要有民主議事規則來施行，自主招生也需要民主，需要依法自治的合理規則，同時，民主也需要一定的技術才能實現。

　　再以20世紀20年代的上海大學爲例，當時該校也設有行政委員會，其職權爲「會議關於本大學一切重大事項」，還專門制定了《上海大學行政委員會議事細則》，內容共十條，其中規定，「本會議事，須有三分之二以上委員出席，方得開議」；「本會議決案件，以出席人數過半數之可決爲有效」；另有委員的產生和選舉辦法等。同時，該校還制定了《學務處辦事細則》，其中規定：「凡關

────────────

〔註101〕除所引內容之外，其他要點還包括：第一，會議分常會及臨時會議兩種，常會每月二次，定期定時舉行，臨時會遇必要時由校長召集，或會員五人以上之同意請校長召集；第二，凡議事之日，如至開會時間而到會會員尚不滿全體會員三分之二，得由校長酌量延長。惟至多不得過20分鐘，如仍不滿定數時，即由校長宣告散會。第三，凡在開會時間，因會員有中途退席致不滿法定人數者，除仍繼續報告或討論外，所有議案均不得付表決。第四，凡會議應議事件，由會議書記將其次序及開會日時編定議事日程，先期（或一、二日）通知各會員。第五，除議事日程所定之事件外，如有緊急事件，得由校長或經會員五人以上提議，臨時加入議事日程。第六，與招生有關的委員會包括：學校組織系統委員會、辦事方法研究委員會及招生委員會等。各委員會委員均由校長指任。第七，議案提出手續：（一）各處、部、科及中、小學提議之案，於會期前三日，交由書記列入議事日程；（二）個人提議之案，除校長外，凡提議者均須於會議前三日以議案送至校長室內，校長認爲應行提議時，交書記列入議事日程。第八，會議設議事錄，其應載事項如下：關於開會閉會之事項並其日時；每會議會員到會之數及缺席者之姓名；校長或委員會報告事件；應行會議之議題；臨時提議之議題並提議及贊成者姓名；決議之事件；表決可否之數。第九，凡會員因事故不能於會議時到會者，得由該機關臨時推定代表赴會。第十，本會議細則由會員五人以上之提議，經全體會員之三分之二之同意，得修正之。請參見《南京高等師範學校校務會議細則》（1920年10月20日），本書編輯組：《南大百年實錄・中央大學史料選（上卷）》，南京：南京大學出版社，2002年05月第1版，第72～74頁。

於全校學務上重要問題，除由行政委員會議決者外，由學務長召集學務會議決定之」。〔註102〕招生活動當然屬於重要的學務，當然也須開會討論並經過一定的民主議事決策程序才能作出決定。可見，即使在以「養成建國人才」爲宗旨且帶有「左傾」革命特色的上海大學，有關的議事決策規則也體現了一定的民主精神。而在20世紀20年代之後，像這樣通過設立專門的委員會並開會民主討論決定有關招生事宜的做法，在民國各高校是非常普遍的。

由此可見，蔡元培當時在北大推行的招生決策民主化改革走在全國高校的前列，可謂開風氣之先，其影響也相當廣泛和深遠。當然，這也可能應歸功於當時「新文化運動」中民主與科學思潮的影響。

3. 從官主人治到民主法治的轉變

因此，在民國主流高校招生的議事決策過程中，對於比較重要並需要討論的招生事宜，有關組織機構一般採用從西方引入的合議制，實行開會討論與公開投票表決的方式商議決策，即由主要負責人招集相關委員會成員開會討論決定，最終決策時一般採取公開投票表決的方式；當然，對於某些比較次要的招生事務，則由有關會議授權指定有關部門的負責人執行，由其自行裁決辦理，對於涉及學術性與專業性較強的事務，則由學校有關專業委員會授權在本專業領域比較權威的人員負責辦理，在事務辦理完畢之後由經辦人向有關會議報告，再由會議進行評估審議。這種做法在時人的眼中應當屬於美國的市政制（即代表現代比較高效的行政制度）與歐洲大學制的混合，正如當時評論所言，北大的教務會議是仿歐洲大學制，總務處是仿美國的市政制；而評議會與教務會議會員由教授互選的做法是「取德模克拉西之義也」；至於行政會議及各委員會，則是「半採德模克拉西主義，半採效能主義」；總務長及總務委員爲校長所委任，屬「純採效能主義」；「蓋學術重德模克拉西，事務則重效能也」。〔註103〕而高校招生活動具有學術與事務雙重屬性，必然要求既重學術又重效能，同時也要求既能發揚民主又能讓專業人員及學術專家有足夠的自由裁量權，因此，從總的情況來看，民國主流高校的招生議事決策制度既比較民主，又比較講究效率，同時也體現了對專業招考人員與學術標準的尊重，從而爲民國高校招收到與本校學科專業特點相適應的新生提供

〔註102〕黃美真等：《上海大學史料》，上海：復旦大學出版社，1984年2月第1版，第61，67～68頁。

〔註103〕《北京大學新組織》，《申報》，1920年2月23日。

了良好的制度保障。當然，這也爲民國高校招生制度從「官主」向「民主」的關鍵轉折提供了堅實的基礎。

同時，如果從「人治」與「法治」的角度來看，在民國初年的「官主」招生制度下，官僚主導高校招生，而且也沒有健全與合理的規則，民初的高校招生顯然仍處於傳統的官僚主義「人治」階段，政府官員的個人好惡在很大程度上決定著考生能否被錄取。而後來由於實現了從「官主」到「民主」的歷史性轉折，而且，各主流高校不僅制定和實施了有關的招考錄取規則，還採用了合議制的民主招生議事決策規則，因此，各高校在自主的招生活動中，也大多有「法」（即民主的議事決策規則）可依。在這個意義上說，民國主流的高校招生制度可以說也實現了從官僚主義「人治」到民主主義「法治」的歷史性轉變。

4. 自主與民主對招生的意義

綜上可知，民國高校在招生活動中逐漸形成了相應的招生組織機構及其設置辦法，並最終形成了由各校教務處招生課（有的學校是註冊課）、各校招生委員會及入學資格審查委員會（包括民國後期由教育部組織的統一招生委員會及各考區招生委員會）等組成的招生機構組織體系，同時也形成了由學校評議會（或常委會、行政會議）推定或聘請、教授互選及由校長（或教務長）任命或聘請等辦法相結合的機構成員組織規則及比較民主與合理的議事決策規則。〔註104〕

因此，民國的主流高校招生組織人事制度內容不僅包括比較合理的組織架構和機構設置及比較合理的人員構成，還包括比較合理的招生活動議事決策規則。正如蔡元培所言：「隨著一九一二年民國的成立，它把政府的控制權移到了民眾手中──在大學內部也體現了這種精神」，特別是自蔡元培改革北大之後，在沒有政府直接干預、參與或控制的情況下，民國的主流高校爲了實現新的辦學目標──「不僅在於培養人們的實際工作能力，還在於培養人們在各種知識領域中作進一步深入研究的能力」，〔註105〕逐漸形成了比較民主

〔註104〕即使在抗戰前後有關高校的聯考或統考招生中，有關招生機構的人員也大多是高校派員兼任的，沒有出現由專門的中央或地方政府教育行政官員擔任專職招生人員直接干預各校招生活動的情況，各兼職招生人員在招生工作結束後返回各自原來的工作崗位。

〔註105〕蔡元培：《中國現代大學觀念及教育趨向》，中國蔡元培研究會：《蔡元培全集》，杭州：浙江教育出版社，1997 年版，第五卷第 309 頁。

和高效的高校招生組織人事制度。其中的歷史經驗和智慧非常值得當今的高校招生制度改革者學習和借鑒。

　　一般而言，任何制度的實施可能都難以避免人情因素的困擾，如何儘量避免或減少中國社會人情關係中負面因素對高校招生活動的困擾是一個重大課題，因此，除了要制定和遵守合理的程序之外，制定合理的招生組織人事制度也是緩解人情困擾的關鍵之一。例如，潘光旦雖然當年自己在考清華學堂有「走後門」的嫌疑，但當他自己在清華主持招生工作時則能夠堅持比較合理的招生理念和原則，不徇私情，不爲特權人物開「後門」。他說：「我做教務長時，安徽省主席劉振華有兩個兒子要求來清華旁聽，我拒絕了。我說，承劉主席看得起，但清華之被人瞧得上眼，全是因爲它按規章制度辦事，如果把這點給破了，清華不是也不值錢了嗎？在昆明也有人想把自己的子弟，塞進聯大來，我都拒絕了」。〔註106〕甚至在 1949 年中華人民共和國成立之初，當最高人民法院院長沈鈞儒轉託當時教育部的高教會指令清華大學爲其孫安排旁聽事宜時，堅持原則的潘光旦當時雖不負責教務工作，但仍努力說服當事人，從而使清華大學沒有辦理「此強人違例之舉」。〔註107〕顯然，潘光旦在

<hr>

〔註106〕 潘光旦：《談留美生活》（1965 年 6 月），郭道暉整理，中國人民政治協商會議全國委員會文史資料研究委員會：《文史資料選輯》（第七十一輯），北京：中華書局，1980 年 10 月版，第 198 頁。

〔註107〕 潘光旦在 1949 年的日記中寫道：……與沈衡老談其文孫來清華旁聽事；此事衡老徇其孫之請，轉託高教會對清華指令辦理，於法絕對不妥，清華自 20 年前起不收旁聽生，余在教務長任內曾以詞折服軍閥劉鎮華之秘書長不遣劉子二人來校旁聽，今衡老以人民最高法院院長之地位，作此強人違例之舉，不第對清華不利，對己亦有損令名，而高教會肯以指令行之，亦屬太不檢點；余旨在勸衡老收回此種請求，渠似不甚領悟，甚矣權位之移人電（10 月 28 日）。沈衡老指沈鈞儒）午後沈衡老屬其孫 XX 攜書來，仍商來校旁聽事，余就此舉對各方面之不利剴切言之。高教會徇私人之託，隨意指令其附屬機關，終將受人評議，不利一也；清華奉指令行事，破其 20 年來良好之規則，不利二也；衡老爲法界前輩，向以法治領導群倫，今又膺最高人民法院之重寄，今乃視一校之章則與優良習慣爲無足輕重，必招物議，不利三也；沈君而入校旁聽，同學必將指謫曰，此某之文孫始獲此特殊待遇，何外此無它例也？此不利四也。余以此語沈君，請其孰權利害，自動撤回申請，並歸與老人陳之。青年人有理想有熱情，以詞折服，宜若較易，此事看來可以了結，至余或因此而開罪衡老，開罪於當今之大理，則不暇計及矣（11 月 9 日）。此時的潘光旦「並不負學校教務之責，但一如既往堅決維護學校制度，並且積極地說服當事人，沒有推託給別人去處理，也不顧慮開罪於人」。潘乃穆等：《中和位育：潘光旦百年誕辰紀念》，北京：中國人民大學出版社，1999 年 12 月版，第 355 頁。

清華之所以能夠堅持本校的招生原則，除了與其本人的人格氣質有關外，也與當時比較合理的招生組織人事制度有密切的關係。甚至可以說，只有在比較合理的招生組織人事制度下，才能產生大量這樣的「不唯上」與堅持原則「不講人情」的招生人員和招生事例，從而使高校招收到比較優秀的創新人才。這在以傳統的「封建」官僚機構和政府官員為主體的高校招生組織人事制度下是不多見的。

　　綜上所述，民國初年，高校招生活動主要依賴政府行政官僚組織系統，招生人員也以教育行政官員為主，政府機構與官員是當時高校招生組織人事制度的基礎。由於官僚機構及有關人員在招生中自然比較注重出身和資格，同時也難於擺脫傳統社會人情關係負面因素的困擾，其結果必然導致當時高校招收的新生大多是官紳紈綺子弟。後來，在西方思潮及歐美現代大學制度的影響下，再加上當時一些教會高校的示範效應，現代大學教育觀念在中國漸漸深入人心，特別是在蔡元培等教育家提出的現代大學理念及新的學生觀念被廣泛認同以後，民國高校大多不僅號召在校學生摒棄將讀書視為獲取做官資格的傳統觀念，要求學生轉而學習和研究現代「高深學術」以成為高尚的專門學術人才，同時也對投考入學的新生提出了這樣的新要求，即要求投考者應當以追求學問為志向，應當有學習和研究高深或專門學術的興趣並具備一定的學業水準和創新精神。由此，民國高校開始逐步更新各自的招生理念，並逐漸形成了以現代學術為標準的「以才取人」招生制度。但是，無論大學招生的理念與制度設計有多麼先進和合理，都顯然需要一定的組織機構和人員去貫徹落實，招生組織人事制度直接關係到招生理念與具體招生制度貫徹實施的成敗，也是其他有關招生制度的組織基礎和保證，其重要性是顯而易見的。由此，為了落實現代大學招生理念及相應的招生制度，民國各高校開始摒棄原來主要依賴政府衙門推薦選送考生的做法，並在校內設置專門的招生組織機構，以高校為主體的新式高校招生組織人事制度應運而生。這種各校獨立分權式招生組織人事制度在建立之後，隨即成為民國時期高校招生組織人事制度的主流。另外，值得注意的是，新的高校招生組織人事制度顯然迅速打破了當時社會力量博弈中保守勢力佔據絕對優勢的局面，而隨著民國各大學新生力量的興起和壯大，其中湧現的風雲人物更是在一定程度上參與改寫了中國現代的歷史。

　　正是由於以蔡元培爲代表的民國教育家提出了比較合理的大學招生理念，更爲關鍵的是，民國高校還同時通過改革招生組織人事制度來貫徹落實「以才取人」的招生理念，從而得以招收到許多具有眞才實學的優秀人才，並改變當時高校學生的成分結構，同時也使更多的普通平民子弟能夠接受高等教育。因此，民國高校自主與民主的招生組織人事制度，不僅對當時高校貫徹落實現代大學的招生理念和目標具有重要的意義，對於當今高校眞正落實先進合理的招生理念並實現合理的招生目標也有重要的借鑒意義。

　　當前，有關招生組織人事制度的改革似乎仍然沒有提上議事日程，相關的研究機構及研究人員對此也沒有給予足夠的重視，以致當前的所謂招生制度改革似乎根本沒有觸及招生組織人事制度改革方面的問題；而大多數普通社會公眾由於往往只關注入學考試制度及高校招考錄取的結果，更容易忽視高校招生機構的設置與人員組成及招生的議事決策規則等方面的改革，以致高校招生制度的改革者甚至也沒有在這方面進行改革的動力和壓力。如此重要的制度改革內容竟被多數人所忽略或視而不見，這不能不說是一件比較令人遺憾的事情。但如果高校招生改革不在組織人事制度下大力氣，如果高校招生組織機構的設置不合理，或者有關機構的招考人員配置不適當，如果招生議事決策制度既不民主又沒有效能，如果不尊重專業與學術標準，則任何其他招生制度的改革措施都可能存在是否合情合理甚至是否合法的問題，即使是合理的措施也可能難以落到實處，所謂的招生制度改革自然難以取得眞正的突破和進展。相反，在民主與自主的議事決策機制下，高校教師就有可能將各自的專業知識和學術洞察力適當地應用到招生活動中去，使高校招收到與本校學科、專業及教師相適應的優秀新生，甚至「招所願招」，從而更有可能實現教師與學生的最佳結合，並在「教所願教」與「學所願學」的良好氛圍之中，達到最佳的教育教學效果。

第三章　管理和控制

　　在蔡元培改革北京大學招生制度之後，高校在招生活動中的自主地位基本確立，自主招生制度成為民國高校招生制度的主流，政府不再主導和控制高校內部的具體招生事務。但是，無論是北京民國政府時期，還是南京國民政府時期，從中央政府制定頒佈的一些法令法規中可以看出，政府並沒有放棄對高校招生活動的監管，政府仍在依法對高校招生進行統一的管理和調控。由於各個時期中央政府對高校招生的監管內容及調控力度有所不同，其有關規定和措施的性質和用意也有所區別，有的屬於規範和調控的性質，有的具有計劃和統制性質，有的則明確具有強制管理和加強控制的意圖，有的措施則各種性質和意圖兼而有之。事實上，在中國這個具有深厚中央集權傳統的國家中，由於缺乏現代西方民主自治的實踐，政府對高校招生的規範和調控很容易就會演變為集權統一的管理和控制，或者說，一些規範和調控的措施往往會被用作加強控制的手段。因此，從總的**趨勢**來看，在政府的規範、調控、管制、控制、計劃和統制的過程中，〔註1〕民國時期的高校招生呈現出

〔註 1〕 由於民國各個時期政府對高校招生進行管理的制度內容非常分散和零亂，本文根據中央政府對高校招生進行管理、約束和控制力度的強弱，將有關的管理制度和措施大致分為三大類：第一類為「規範」和「調控」制度，主要是指政府為實現教育目標而制定的標準及協調措施，這類制度雖然也有一定的約束力，但強制和控制的力度比較弱，主要起規範、指導和調節的作用；第二類是「管制」和「控制」制度，其中，「管制」主要是指「強制管理」，具有明顯的強制意味，「控制」則是指為了達到某種目的而採取的掌控和操縱措施，這類制度的強制和控制意圖比較明顯；第三類是計劃和統制制度，「計劃」是指政府為了達到某種目標而進行的部署、安排、統籌、規劃和設計，「統制」指是「統一管制」和「統一控制」的意思。政府為了實現既定的計劃，必然

日趨統一的明顯趨勢。當然，在此過程中，各高校的自主招生權也受到了一定程度的削弱。但是，由於民國時期的政府管理大多停留在比較宏觀的層面，教育行政機關一般沒有直接插手高校內部的具體招生事務，再加上此前形成的教授治校原則和自主招生新傳統仍在發揮重要作用，因而各高校實際上仍具有較大的自主招生權。本章研究民國時期政府對高校招生的規範、調控、管制、控制、計劃和統制制度，同時探討民國高校計劃與聯考統招制度的形成和變化情況。

第一節　規範和調控

在管理高等學校教育的過程中，民國各個時期的中央政府都出臺了一些涉及高校招生管理的法令法規。在這些法規，有些內容是對高校招生活動具有規範和調控的功能。雖然這類招生規範和調控性質的制度同時也往往體現出政府對高校招生活動進行統一管理和集權統制的傾向，並產生了一定的實際效應，但是，這類管理制度的功能和作用仍然以規範和調控為主。當然，在以中央集權方式管理的高校招生制度中，某些用於規範和調控高校招生的制度也往往容易演變為強制管理和控制制度。因此，對於這些規範和調控民國高校招生活動的基本制度內容，也有必要進行適當的整理。

一、北京政府時期

北京民國政府時期，教育部出臺一些法令就包含了政府對高校招考活動進行規範和調控的內容。這些法令出臺的本意雖然主要在於為高校招生活動進行規範和調控，但同時也在一定程度上體現出政府對高校招生活動進行集權統一的意圖。

要求對高校招生進行一定程度的統一管理和嚴格控制。從表面上看，有關的計劃和統制制度由於披著統籌規劃和統一管理的外衣，其強制和控制的意味不是非常明顯，但實際上卻仍然具有強制和控制的實質內容，而且，其強制和控制的力度可能比普通的管制和控制措施更大一些。因此，第三類制度對高校及學生的實際約束力最強，第二類次之，第一類最弱。第一類和第二類制度的建立和健全為第三類計劃和統制制度打下了良好的基礎，並有助於第三類制度的形成和發展，雖然這三類制度的具體內容並不是完全按先後順序依次形成的。

1. 對高校招生時間和次數的規範

在民初教育部發布的一些法令條文中，其中有些條款對高校招考時間和次數進行了規範。

爲了便於統一管理並規範各級學校的辦學秩序，1912 年 9 月 3 日，教育部公佈了《學校學年學期及休業日期規程》，其中規定，「各學校以八月一日爲學年之始，以翌年七月三十一日爲學年之終」及「一學年分爲三學期」。〔註2〕這雖然不是直接針對高校招生所作的專門規定，但卻無形之中卻對各高校招生時間和次數產生了實際的影響。同時，該規程還規定，學校「有因特別情事，須另定學生入校始期者」，也就是說，如果高校需更改招收新生的時間，則需「或經部令規定或由本校聲明理由，經教育總長許可，得變通辦理。」由此，教育部在統一規定各學校學年始期爲每年八月一日的同時，也將各高校招收一年級新生的時間統一規定爲每年八月。

隨後，教育部於 1912 年 10 月 29 日公佈的《各學校招生辦法》規定：

> 各學校以八月爲學年始期。業經本部於第六號令公佈在案。以前各學校所招學生，仍按入校時爲學年之始期。毋庸紛更。其有正在規畫開辦或擴充級數之學校，不能待至明年八月者，亦准於明年正月招收新生一次，但以後招生仍應照新章，以每年八月爲期，倘遇有特別情事，必須另定入學始期者，亦須遵照第五號部令第一條第二項所定辦理，以期漸歸劃一。〔註3〕

這是民國時期專門就學校招生問題發布的第一個訓令。按照該辦法的規定，高校可以在每年八月或正月招收新生，一年共招考兩次。正是這種「以期漸歸劃一」的政策意圖，使得各高校招生從此開始走上了「統一」的旅途。

1913 年 12 月，教育部公佈《收受轉學學生規則》，其中第一條就規定高校招收轉學學生只能在每學期開學之前，「須於每學期開始前行之」。〔註4〕可見，高校招收轉學生的時間也被統一規定在每學期開學之前。據此，在當時

〔註 2〕 《教育部公佈學校學年學期及休業日期規程令》，北洋政府教育部檔案，中國第二歷史檔案館：《中華民國史檔案資料彙編》第三輯（教育），南京：江蘇古籍出版社，1991 年版，第 63～64 頁。

〔註 3〕 《各學校招生辦法》（民國元年十月二十九日部令第二十一號），商務印書館編譯所：《中華民國教育新法令》第一冊，上海：商務印書館，1912 年 12 月初版，第 53 頁。

〔註 4〕 《教育部公佈收受轉學學生規則令》，商務印書館：《中華民國教育新法令》第六冊，上海：商務印書館 1914 年 5 月初版，第 32～34 頁。

每學年分三學期的情況下，高校實際上每年可以招收轉學生三次，時間爲每學期開學之前。

因此，民初教育部出臺的這些規定使得各高校在招生時間方面有所遵循，同時也對後來高校招生時間趨向大致統一產生了深遠的影響。

2. 對高校招生考試的規範

除上述對高校招生時間和次數的統一規定之外，在民初教育部頒佈的有關法令中，還可以發現有關對高校招生考試的統一規定，主要包括招生考試及試卷保管等內容。

1912 年 10 月 25 日，教育部公佈了《學生學業成績考查規程》，其中，與高校招生直接有關的規定包括招生考試的種類、評定成績的方法及考試規則制定的權限等內容。〔註 5〕

首先，從招生考試的種類來看，據該規程規定，高校招生的考試分爲兩種，一種是新生入學考試，另一種是轉學生的編級考試，「於招募學生及收受轉學學生時行之」。

其次，從招生考試的成績評定方法來看，據上述規程的有關規定，高校在招生考試評定成績時，應分甲乙丙丁四等，甲等須在八十分以上，乙等須在七十分以上，丙等是指六十分以上，不滿六十分爲丁等；丙等以上爲及格，丁爲不及格。而結合其他有關法規的規定，高校當然只能招收在招生考試中達到及格水平的考生。同時，根據此規程的規定，對於高校已經招收進來就讀的學生，在平時的學期試驗、學年試驗、畢業試驗中，只有達到及格者才能畢業或升級，不及格者應當留級，而留級兩次仍不及格者，則由學校「命其退學」，從而喪失學習資格。當然，由此空缺的學額，則需學校重新招生。

再次，從招生考試規則的制定權限來看，據上述規程的有關規定，高校招考的有關規則，「由各學校定之」。如果在招生考試中有學生違背試驗規則，其試驗成績「作爲無效，或酌減其分數」。據此，各高校可以自主地制定有關的招生考試規則，從而在具體招考制度的制定方面確保了高校的自主招生權。這是民國初年高校在內部招考事務中可以自主的具體法律依據。

〔註 5〕《教育部公佈學生學業成績考查規程令》，北洋政府教育部檔案，中國第二歷史檔案館：《中華民國史檔案資料彙編》第三輯（教育），南京：江蘇古籍出版社，1991 年版，第 67～70 頁。

最後，教育部還對保存招生考試試卷作了明確的規定。教育部專門發布訓令，要求各中等以上學校保存試卷：「所有入學學期學年畢業各種試卷，自應妥為保存，以備檢查」，「中等以上學校各種試卷，應於卷面上加蓋年月日暨某科或某種試卷戳記，保存至各該班畢業後屆滿一年為止」。〔註6〕據此，各高校應當按規定妥善保存招生入學考試的各科試卷。

3. 對高校招考試題難度的調節

為了協調各級學校教學內容互相銜接，北京民國政府教育部曾發布通知，要求各級學校招生時注意招生的程度問題。1919年1月31日，教育部發布《諮各省區專門學校、大學校、中學校應各依相當程度招生》的通知，要求各高校按上年全國中學校校長會議議決案，「變通招考新生辦法並宣佈招生程度」，「嗣後各專門學校及大學預科招生，命題概須依照中學畢業程度，勿使太過不及，致於學校銜接有所妨礙」。該通知還附有全國中學校校長會議議決案提出的變通招考新生辦法，辦法規定各高校在招考新生前「預將招生程度詳細昭示，其一年級生或預科生所讀何書，以若何程度為課程之開始」，並「函達各省教育廳，於每年寒假中通知各校，俾早預備，以便銜接」同時要求各高校在招考新生時，除外國語外，其他各科應以本國文命題，考生也應本國文答題。〔註7〕

據此，高校在招生中應當注意招生考試內容的難度問題，並根據中等學校的實際教學水平調整招生入學考試的試題難度。但是，另一方面，從此以後，高校招生考試也開始成為中小學教育的「指揮棒」。這恐怕是當初的決策者始料未及的。

4. 對高校招生對象的調節

北京民國政府時期，教育部還出臺了一些法令法規對高校招考對象進行統一的管理和調控。

（1）招收同等學力者的規定

雖然民國政府允許高校招收同等學力學生，但是，為了提高收受學生的程度，及防止有的高校「濫收」學生，一般同時都會對同等學力者提出進行

〔註6〕《教育部通行中等以上學校保存學生試卷訓令》，商務印書館：《中華民國教育新法令》第六冊，上海：商務印書館，1914年5月初版，第65～66頁。
〔註7〕《教育部諮各省區專門學校、大學校、中學校應各依相當程度招生》，李桂林等：《中國近代教育史資料彙編·普通教育》，上海：上海教育出版社，1995年版，第801～802頁。

入學試驗的要求。1914 年 7 月 8 日，教育部發布《飭直轄各專門以上學校校長，各該校嗣後招收新生遇有同等學力學生應從嚴錄取文》，要求各校招收新生除於應行升學之畢業生從嚴甄拔外，對同等學力報考者也應嚴行甄錄，「以杜冒濫」。〔註 8〕

而且，教育部還對各高校招收同等學力學生的名額進行嚴格控制。由於「各校招生往往借同等學力一語，多所遷就，致令學生程度不齊，教授困難」，因此，教育部又於 1915 年 6 月 8 日發布了《飭專門學校，招收新生同等學力者不得過畢業生十分之二文》，對各專門學校招收同等學力者進行嚴格限制，「務須一律從嚴」。〔註 9〕

（2）招收轉學生的規定

1912 年 9 月 2 日，教育部公佈《學校管理規程》，其中規定：「本規程爲各學校管理學生之準則」，「學生因犯校規退學者，非實已悛改有正確之確保，不得再入他校」，「本規程適用於各種學校。」〔註 10〕

顯然，這些規定限制了高校招收因犯校規而退學的學生。因而高校在招生時對因犯校規退學者應當特別謹慎。

1913 年 7 月 6 日，教育部規定，要求各學校收受轉學學生，「須先審查該生所持原校之證明書，果係性質相符，班次銜接，復經試驗及格，始得准予編級」，同年 12 月，又公佈了《收受轉學學生規則》，其中第三條就要求各學校收受轉學學生時，「須先審查其原校證明書或在學證書等，果係性質相符，班次銜接，再行編級試驗」。〔註 11〕

（3）對招生對象品行的要求

北京民國政府時期，在有關的法令法規中，尚未發現專門針對高校入學者在入學時進行思想品德考查的明確統一規定，只有教育部於 1913 年公佈的《高等師範學校規程》及於 1919 年公佈的《女子高等師範學校規程》對其招

〔註 8〕 教育部：《飭直轄各專門以上學校校長，各該校嗣後招收新生遇有同等學力學生應從嚴錄取文》，《教育公報》第三冊，1914 年 8 月，公牘第 64 頁。

〔註 9〕 教育部：《飭專門學校，招收新生同等學力者不得過畢業生十分之二文》，《教育公報》第二年第三期，1915 年 7 月，公牘，第 115 頁。

〔註 10〕 《教育部公佈學校管理規程令》，北洋政府教育部檔案，中國第二歷史檔案館：《中華民國史檔案資料彙編》第三輯（教育），南京：江蘇古籍出版社，1991 年版，第 58～59 頁。

〔註 11〕 《教育部公佈收受轉學生規則令》，商務印書館：《中華民國教育新法令》第六冊，上海：商務印書館，1914 年 5 月初版，第 32～34 頁。

生對象的品行有比較明確的規定，要求入學者必須「品行端正」或「品行端潔」。〔註12〕

　　但是，實際上，民國前期高校對招生對象思想品行要求已經體現在求學者報考高校之前的學習階段中。因爲根據教育部於 1912 年 10 月 25 日公佈的《學生操行成績考查規程》的規定，學生升級及畢業時，應「以操行成績與學業成績參酌定之」，考查操行之要點包括「關於心性者，爲氣質、智力、感情、意志等項」和「關於行爲者，爲容儀、動作、言語等項」，而且操行成績顯然要比學業成績更重要，因爲「凡學業成績未及格，其分數相差不及十分之一，而操行成績列乙等以上，得升級或畢業，但如果學業成績僅能及格而操行成績列丁等者，得停止其升級或畢業」。〔註13〕因此，如果學生的思想品行被認爲不合格，即操行成績列丙等以下不及格，則不可能獲得中學校或大學預科的畢業文憑，從而無法繼續升學。

5. 對高校招生學科與專業的調控

　　按照 1912 年《大學令》的規定，大學設評議會，其審議的事項包括各學科之設置及廢止，〔註14〕因此，各大學表面上有設置本校招生學科門類的權力。

　　但實際上，大學的學科設置不僅受教育主管部門的約束和調控，還深受教育界人士思想認識的影響。

　　以北京大學及北洋大學的學科設置爲例，1914 年 2 月，教育部發布《關於並北京大學北洋大學爲國立大學訓令》，其中要求北京大學的工科移並於北洋大學或停止續招新生，同時要求北洋大學的法科移並於北京大學或停止續招新生。〔註15〕但此計劃直到 1919 年才開始正式實施。據曾任北洋工學院院

〔註12〕　《教育部公佈高等師範學校規程》，璩鑫圭、唐良炎：《中國近代教育史資料彙編·學制演變》，上海：上海教育出版社，2007 年版，第 726 頁；《教育部公佈女子高等師範學校規程》，潘懋元、劉海峰：《中國近代教育史資料彙編·高等教育》，上海：上海教育出版社，2007 年版，第 691 頁。

〔註13〕　《教育部公佈學生操行成績考查規程令》，北洋政府教育部檔案，中國第二歷史檔案館：《中華民國史檔案資料彙編》第三輯（教育），南京：江蘇古籍出版社，1991 年版，第 66～67 頁。

〔註14〕　《教育部公佈大學令》，北洋政府教育部檔案，中國第二歷史檔案館：《中華民國史檔案資料彙編》第三輯（教育），南京：江蘇古籍出版社，1991 年版，第 109 頁。

〔註15〕　《教育部關於並北京大學北洋大學爲國立大學訓令》，北洋政府教育部檔案，中國第二歷史檔案館：《中華民國史檔案資料彙編》第三輯（教育），南京：江蘇古籍出版社，1991 年版，第 207 頁。

長的李書田回憶，1917 年，在時任北京大學校長蔡元培的建議下，教育部最
終完成了上述學科調整計劃。對此，李書田回憶道：

> 民國六年，北洋分科，發生變動。時蔡元培任北京大學校長，
> 蔡氏以德法大學編制，凤無工科，而並北京北洋兩大學，近在咫尺，
> 法工兩科相互重複，爰建議教育部自該年起，北京大學工預科畢業
> 生，悉升入北洋大學工科。北洋大學法預科畢業生，悉升入北京大
> 學法科。於是民九以後，北大工科及北洋法科，同時全停。嗣後北
> 洋專辦工科。此一變動，影響北洋非細，論者惜之。〔註16〕

當然，也有人認爲，「歸併法科，停辦北洋」，都是當時教育界人事鬥爭的犧
牲品。〔註17〕

但是，顯然，無論是由於人們的思想認識分歧，還是由於教育界的人事
爭鬥，有關利益各方最終都是利用政府的管理和調控權力來實現各自目標
的，可見，政府的管理與調控實際上已經成爲影響大學招生學科與專業設置
變化的一個重要因素。

由此可知，在中國，中央政府對各高校招生學科與專業設置的干預和調
控的歷史由來已久。當然，各高校的招考學科設置不僅與政府的高等教育政
策和教育當局對大學的管理和調控有關，也與教育界人士的思想觀念有密切
關係。

從上述各項對高校招生活動進行統一管理和調控的制度內容可以看出，
北京民國政府時期，雖然各類高校一般都實行單獨自行招考的方式開展招生
活動，但是，對於高校招生活動的各個流程和環節，中央政府教育當局都採
取了一定的統一管理與調控措施，並通過有關法令法規和規章制度對各高校
的整個招生活動過程實行統一管理和調控，由此形成了初步的高校計劃與統
制招生制度。因此，各高校在招生中雖然享有較大的自主權，表面上可以實
施單獨自行招考，但是，高校在招生活動中的幾乎每個流程和每個環節都處
於中央政府的統一管理和調控之下，這就顯然離完全獨立的自主招生相距甚
遠，因而也可能與以往有些人認爲北京民國政府時期高校是實行完全意義上
的單獨自主招生制度看法有一定的差距。由此也可見，自主招生並不一定排

〔註16〕李書田：《北洋大學之過去五十三年》，左森：《回憶北洋大學》，天津：天津
　　　大學出版社，1989 年版，第 148 頁。
〔註17〕左森：《回憶北洋大學》，天津：天津大學出版社，1989 年版，第 116 頁。

斥政府依法進行管理和調控，因為政府的依法管理和調控不僅為高校招生活動提供良好的秩序，還往往可以使高校招生更加規範和高效，從而提高招生的效率並降低招生的成本。

二、南京政府時期

南京國民政府成立後，為了加強對高校的規範管理，對於高校招生的各個重要方面，如招生的學科、專業及人數比例、招考試題、招考對象、錄取標準、招生名額等，中央政府陸續出臺了一系列法令法規進行統一管理和宏觀調控，其監管與調控力度要遠遠超過北京民國政府時期，並在一定程度上體現出集權統一與計劃統制的重要特徵。

1. 對高校招考機構設置的規範

1929 年 8 月 14 日發布的《大學規程》規定：「入學試驗由校務會議組織招生委員會，於每學年開始以前舉行之，各大學因事實上之便利，得組織聯合招生委員會」。稍後幾天公佈的《專科學校規程》也規定：「入學試驗，由校務會議組織招生委員會，於每學年開始以前舉行之」。〔註18〕

這是對民國時期中央政府對高校招生機構設置的首次統一規範。這些規定固然有便利各高校招生的意圖，但同時也為國民政府組織各高校聯合招考或統一招考並建立聯合招生委員會或統一委員會提供了法律依據。

2. 對招考時間的規範

南京國民政府時期，由於受政府有關規定及中學教學的影響，各大學的招生時間更加趨向統一，直到全國國立與公立大學在統一規定的時間內進行統一的招生考試。

在實行統一招考之前，各大學招生的時間雖然可以自主選擇，但也不是隨意確定的，而是往往在無形中受到其他有關制度的規範和制約。

一方面，由於政府規定了各級學校的假期，各大學招考時間當然不得不在規定的假期中選擇。根據 1930 年教育部發布的《全國各級學校自十九年度起不得再放寒假》的訓令可知，南京國民政府對全國各級學校學年學期及休假日期的規定比較嚴格，甚至要經過國民黨中央執行委員會秘書處

〔註18〕教育部：《現行重要教育法令彙編》，南京：國民政府教育部印行，1930 年 4 月版，學校教育部份第 8，26 頁。

及國民政府行政院核准備案。〔註19〕1930 年 3 月 22 日，教育部公佈《修正學校學年學期及休假日期規程》，其中規定，各級學校以每年八月一日爲學年之始，翌年七月三十一日爲學年之終。一學年分爲二學期，以八月一日至翌年一月三十一日爲第一學期，二月一日至七月三十一日爲第二學期，「各級學校均於第二學期開始後一星期內，以若干日爲學期更始期：於此期內，得暫行休課，以便結束前學期校務，並辦理本學期招生等事宜」，還規定各級學期更始期的天數，其中專科以上學校爲七日。而且，對學生來說，除升學轉學或不得已事故，經學校允准請假外，均應一律到校，違者以曠課論。另外，專科以上學校的暑假以七十日爲限，年假以二十一日爲限。同時，該規程還規定，各專科以上之學校曆，應根據該規程編製，並在學年開始兩個月以內呈報教育部核定。〔註20〕由此，在如此統一的規定和嚴格的要求之下，各學校的招生也自然被限定在若干假期之內，也就是說，各高校只能統一選擇在暑假、年假或學期更始期這三個時期之內進行招生活動。

另一方面，隨著民國時期的高校與中小學學制及教學聯繫越來越密切，各大學招考時間必然受到中學教學與中學畢業考試時間的制約，這就更加使各大學的招考時間趨向統一。因此，在南京國民政府時期，高等學校的招考時間也因各種規定和限制逐漸走向統一。

終於，在南京國民政府對學校教育各個方面的集權管理和統制下，全國高校招考的時間也實行了更高程度的統一。在 1938 年至 1940 年教育部組織部份公立大學實行聯考統招期間，參加聯招各大學必須遵守教育部的統一規定，不僅在統一的若干天時間裏進行招生考試，並且還須在統一規定的期間內完成閱卷評分等工作。以 1938 年度國立各院校統一招生爲例，按照有關規定，招考時間統一定在 9 月 1 日至 4 日，考試完畢後，各招生處應立即組織閱卷工作，「投考新生考試成績須迅速結算，結算完畢後，各招生處應即造具名冊連同報名單二份，成績單一份，以最迅速之方法寄部，至遲應以九月十

〔註19〕教育部：《現行重要教育法令彙編》，南京：國民政府教育部印行，1930 年 4 月版，學校教育部份《全國各級學校自十九年度起不得再放寒假》，第 83～85 頁。

〔註20〕教育部：《現行重要教育法令彙編》，南京：國民政府教育部印行，1930 年 4 月版，第 85～89 頁。

五日以前寄出」。據此，在組織招生考試完畢後，各招生處閱卷和評分的時間只有 10 天左右。〔註21〕

3. 對高校招生學科和專業設置的調控

南京國民政府時期，爲了適用各項建設事業對實用人才的需求，當然也出於加強政治控制的需要，國民政府對高校招生採取了計劃調控的措施，目的在於限制各高校招收文科生的名額，同時鼓勵高校擴大理工類的招生名額。

南京國民政府於 1929 年 4 月 26 日公佈的《中華民國教育宗旨及其實施方針》規定：中華民國之教育，根據三民主義，以充實人民生活，扶植社會生活，發展國民生計，延續民族生命爲目的，務期民族獨立，民權普遍，民生發展，以促進世界大同。……大學及專門教育，必須注重實用科學，充實學科內容，養成專門知識技能，並切實陶融爲國家社會服務之健全品格。（原注）此款係經四全代表大會修正者。男女教育機會平等。〔註22〕在此教育宗旨的影響之下，民國後期的大學招生表現出一個重要的特點，就是特別注重實用學科的招生。當然，這也是中央政府對招生名額在學科之間的分配進行中央計劃調控的結果。

1932 年 5 月，國民黨中央政治會議通過了由陳果夫擬定的《改革教育初步方案》，該方案提出：「全國各大學及專門學院之文法等科，可由教育部派員視察，如有辦理不善者，限令停止招生或取消立案分年結束，嗣後遇有請設文法等科者，除邊遠省分，爲養成法官及教師，准設文法等科外，一律飭令暫不設置。又在大學中有停招文法等科學生者，其餘之費，應移作擴充或改設理、農、工、醫藥等科之用」。〔註23〕此方案中的有關規定後來由行政院訓令教育部執行。1932 年 12 月 9 日，教育部發布《改革大學文法等科設置辦法》訓令，要求各高校嚴格遵照執行陳果夫的方案。〔註24〕

〔註21〕陳立夫：《教育部二十七年度國立各院校統一招生委員會報告》，出版地不詳，1939 年 2 月，第 5 頁。

〔註22〕阮華國：《教育法規》，大東書局印行，轉引自宋恩榮、章咸：《中華民國教育法規選編》，南京：江蘇教育出版社 2005 版，第 35～36 頁。

〔註23〕陳果夫：《改革教育初步方案》，《中央周報》，第 212 期，1932 年 6 月 27 日南京出版。

〔註24〕《改革大學文法等科設置辦法》，教育部：《教育法令彙編》第一輯，上海：商務印書館，1936 年 7 月版，第 142 頁。

　　顯然，國民政府在對各高校學科和專業設置進行干預和調控的同時，實際上就是對高校招生名額的專業分配進行計劃調控，從而改變高校新生中文科與實科人數的比例。而由於中央政府採取抑制各大學文法藝術等非實用學科招生的政策，結果造成了大學文法科招生數量大減的局面，並逐漸形成了重理輕文的風氣。

　　另外，各大學在創設新的學院或學科時，必須獲得中央政府的許可才能開始招生，南京國民政府教育部也經常調整各大學院系的設置。這樣的做法當然會對各大學有關學科的招生造成直接的影響。以北洋大學爲例，當局出於增加訓練技術人才的需要，籌辦數年的北洋大學之西安分院才得於在 1934 年 9 月獲准開辦，同時獲得教育部撥發的經費，並被「允先招考兩班」。但在次年五月底至六月初通過核定後不久，「不意教育部突於六月六日，電令北洋西京分院歸併西北工學院，同時泰順北洋工學院，亦奉令歸併英士大學」。抗戰勝利後，北洋大學在教育復員中試圖恢復以往各學系，但也同樣必須獲得南京國民政府的准許，並受到教育部的干涉。1947 年春，「教育部復令本校停辦化學及地質兩學系」。〔註 25〕

　　由此可知，南京國民政府時期，中央政府爲了達到某種目的，經常對各高校招生的學科和專業進行計劃調控，其調控措施的合理性和歷史影響都值得深入探討。

4. 對高校招生考試科目及其內容和難度的規範

　　南京國民政府時期，教育部進一步對各高校招生考試的科目及其內容和難度進行了規範。1932 年 12 月 24 日，教育部發布《規定各校招考新生之考試科目及各科程度》的訓令，要求「嗣後各校招考新生，其考試科目及各科程度，應遵照下列規定辦理：一、專科以上學校，自二十二年度起，仍照高中課程暫行標準；自二十五年起，應照新頒標準」。〔註 26〕從此，高校招考的科目、內容及難度就應當以政府頒發的高中課程標準爲依據。這種規定表明，南京國民政府利用教育行政管理的力量使高中畢業生升學與高校招生之間進一步取得了某種程度的統一。顯然，這種做法應當是國民政府在實施教育統一併取得進展的重要標誌之一。

〔註 25〕李書田：《北洋大學之過去五十三年》，左森：《回憶北洋大學》，天津：天津大學出版社 1989 年版，第 153～154 頁。

〔註 26〕教育部：《教育法令彙編》第一輯，上海：商務印書館，1936 年 1 月，第 99 頁。

　　爲了加強高校招生與高中教學的銜接，教育部後來又重申了上述規定，以防止各高校在招考新生因報考人數眾多而加大入學試題的難度。1936年2月20日，教育部發布《各級學校入學試題應與其下一級學校畢業程度銜接》的訓令，內稱：「本部前以公私立專科以上學校所出入學試驗，或較寬易，未能達到規定標準，或有超越標準者，曾於上年三月通令各該專科以上學校，令飭務按高中暫行課程標準命題在案。茲查各地各級學校，近因招生時投考人數眾多，爲便於選擇起見，所出入學試驗題，每超過各級學校畢業生依照課程標準中規定之畢業程度，殊屬不合。此後各級學校入學試題內容應依據課程標準與其下一級學校之畢業程度切實銜接，是爲至要。」〔註27〕

　　據此，按照國民政府的有關規定，各高校招考科目的程度必須與高級中學畢業各科程度相銜接，招考試題的內容與難度都應以當時的高中課程標準爲依據。

5. 對高校招考同等學力生比例的調控

　　南京國民政府時期，中央政府不斷根據實際情況對高校招收同等學力學生的比例進行調控。

　　南京國民政府教育部成立後不久即下令禁止各高校招收同等學力學生。教育部於1929年6月25日發布《嚴格規定招考學生入學資格》訓令，要求專科以上學校入學資格，「須在高級中學或同等學校畢業，不得收受同等學力之學生」。〔註28〕

　　隨後，1929年7月26日公佈的《專科學校組織法》與1931年公佈的《專科學校規程》都規定，專科學校可以招收同等學力者，但同等學力者須經過入學試驗及格才能獲得入學資格，但《專科學校規程》還同時規定：「各校取錄同等學力之學生，最多不得超過取錄總額之五分之一」。

　　此後，國民政府還對專科以上學校招收同等學力的比例不斷進行調整。例如，根據1938年度招生辦法的規定，國立各院校招收的同等學力學生不得超過錄取總額的 10%，其餘各校雖各自辦理，但「亦須先呈部核准」。1939

〔註27〕教育部：《教育法令彙編》第一輯，上海：商務印書館，1936年7月，第478～479頁。

〔註28〕《嚴格規定招考學生入學資格》，教育部：《現行重要教育法令彙編》，南京：國民政府教育部印行，1930年4月版，第131頁。

年度公佈的招生辦法進一步規定，公私立專科以上學校，招收同等學力學生，「不得超過錄取新生總額百分之五」，而且還規定，同等學力者報名時必須填具詳細履歷書，以資查核。1940 年度的招生辦法又對招生同等學力學生作了更加嚴格的規定，不僅限制錄取人數（5%以內），還規定高級職業學校及師範學校學生不得以同等學力投考國立專科學校。1942 年度的招生辦法則規定，公私立高等學校（除五年制外）招收同等學力以五分之一為限。〔註 29〕後來，教育部對高等學校招收同等學力的比例又作了調整。教育部於 1947 年 3 月 27 日修正公佈的《專科以上學校學生學籍管理規則》規定，大學及獨立學院招收同等學力學生，以不超過錄取新生總額百分之五為限，專科學校及大學或獨立學院附設之專修科招收同等學力學生，以不超過錄取新生總額百分之十為限。〔註 30〕

從上述對各高校招生同等學力生比例進行頻繁調整的情況可以看出，一方面，這表現出國民政府給予同等學力者以報考入學高校的機會，另一方面，政府又擔心各高校會利用招收同等學力的機會濫招學生，從而有可能會降低高校新生的質量。當然，至於南京國民政府對高校招收同等學力比例進行調控的做法是否合理的問題，則可能需要進一步的討論，至少，這種做法有可能會在一定程度上損害高校招生的自主權。

6. 對高校招考錄取標準的規範

南京國民政府時期，有關的法令法規對高校招考各類學生的錄取標準作了原則性的規定。

據《大學規程》與《專科學校規程》等法規中的規定，高校招考具有同等學力者、專修科生、轉學生等，都要求學生必須達到招考入學試驗及格的標準才予以錄取。這方面的規定與北京民國政府時期大致相同。

同時，按照有關規定，高級中學畢業生也須達到入學考試及格的標準才能被錄取。這是與民國前期不同的地方。民國前期，中等學校畢業生數量較少，因此，按規定，中學畢業生可以直接升入大學預科，大學預科畢業生可以直接升入大學本科，預科招生時也只有在中等學校畢業生超過定額時才進

〔註29〕 教育部：《第二次中國教育年鑑》第五編（高等教育 第一章 概述），上海：商務印書館，1948 年 12 月版，第 43，45～47，51 頁。

〔註30〕 《專科以上學校學生學籍規則》，教育部：《教育法令》，上海：中華書局，1947年 5 月版，第 162～164 頁。

行競爭試驗。〔註31〕而隨著中等學校畢業生人數的增加，想升學的人數也隨之增長，因此，為了擇優錄取，南京政府出臺的法令規定，即使是高級中學的畢業生，也必須達到高校舉行的入學考試及格標準才能被錄取。

另外，南京國民政府為了照顧某些身份比較特殊的學生，對高校招收特別生的錄取標準制定了比較寬鬆的政策。據 1928 年公佈的《大學規程》規定，大學可招收特別生，特別生可以在一年內補受入學試驗，及格者可以改為正式生。教育部於 1941 年 11 月 29 日公佈並於 1947 年 3 月 27 日修正公佈的《專科以上學校學生學籍管理規則》也有類似規定：專科以上學校得「酌收特別生，以邊疆、華僑及外國籍學生為限」，「特別生在第一學年內肄業，成績及格者得呈請教育部改為正式生，不及格者得由校酌准留級肄業一年」。〔註32〕

按照上述規定，民國高校對特別生的錄取標準比較寬鬆，這就為高校招收某些身份特殊的學生提供了法律依據和制度保障。

7. 對高校招收轉學生的規範

南京國民政府時期，有關法規對高校招收轉學生也有明確的規定。

一方面，國民政府允許高校招收轉學學生。

1929 年 8 月 14 日發佈的《大學規程》規定，大學或獨立學院轉學資格，「須學科程度相同，有原校修業證明書，於學年或學期開始以前經試驗及格者」，且規定最後一年級不得收轉學生。

1931 年 3 月 26 日修正公佈的《專科學校規程》也同樣規定，專科學校轉學資格，「須與學校性質相同，學科程度相等，有原校修業證明書，於學年或學期開始以前經試驗及格者」，也同樣規定最後一年級不得收轉學生。

教育部於 1947 年修正公佈的《專科以上學校學生學籍規則》還規定，專科以上學校招收轉學生時，應當對轉學生進行編級試驗。

但是，另一方面，為了敦促未立案的學校盡快向政府立案，教育部於 1930 年 8 月 29 日發佈訓令，重申了《專科學校規程》及《大學規程》等法規中關

〔註31〕《教育部公佈大學規程令》，北洋政府教育部檔案，中國第二歷史檔案館：《中華民國史檔案資料彙編》第三輯（教育），南京：江蘇古籍出版社，1991 年版，第 115，139 頁。

〔註32〕《專科以上學校學生學籍規則》，教育部：《教育法令》，上海：中華書局，1947 年 5 月版，第 162～164 頁。

於未立案之高校學生不得轉學於公立或已立案私立高校的規定，要求各大學自 1930 度起不得再招收未立案之高校轉學生，對已招收者，教育部將「不予認可」。〔註33〕

8. 對招收學生類別的調控

為了規範高校招生，一方面，南京國民政府教育部禁止高校招收某些層次和程度的學生，主要包括預科生和專門速成科學生。例如，1930 年 3 月 4 日，教育部專門發布訓令，要求各高校自十九年度起停止招收預科生。〔註34〕1931 年 7 月 27 日，教育部發布訓令，要求各高校不得再招收專門速成等科部學生，「以杜冒濫」，必要時得附設專修科，但其招生應事先獲得教育的批准，「惟須呈經本部核准，方得招生」。〔註35〕

另一方面，針對學歷特殊學生群體的升學現象，政府也出臺了措施進行規範和調節。例如，由於民國前期的公立大學為了吸引和保證生源，有的也會開辦附屬中學，因而在招收本校附屬高中畢業生時往往有免試入學的規定，這種做法難免會對非本校附屬高中畢業的考生在報考本校時有些不公平，因此，教育部於 1930 年 7 月 5 日發布《大學附中畢業生不得無試驗直接升入各本大學肄業》的訓令，要求各開辦附屬高級中學畢業後，「不得無試驗直接升入各本大學肄業，仍須與其他高中畢業生視同一律，經過入學試驗，分別去取，以昭公允，而杜冒濫」。〔註36〕又如，在學制改革以後，由於修業年限不同，舊制中學畢業生的學業程度一般不如新制中學畢業生程度，但是，由於公立或已立案的私立大學所招學生，「間有錄取舊制師範畢業生之服務二年以上者，以服務時期與修業時期比照折算，殊嫌未合」，於是，教育部於 1930 年 9 月 27 日《舊制中學或師範學校畢業生之插入高中肄業辦法》訓令，對舊制中學或師範學校畢業生之升學作了明確的規定，「舊制中學畢業生，相當於現制高級中學一年級程度，其志願升學者，於高級中學招考插班生時，准其

〔註33〕 教育部：《教育法令彙編》第一輯，上海：商務印書館，1936 年 7 月，第 143〜144 頁。

〔註34〕 《各大學自十九年度起不得再收預科生》，教育部：《教育法令彙編》第一輯，上海：商務印書館，1936 年 7 月，第 143 頁。

〔註35〕 《各大學及學院不得再收專門速成科部學生》，教育部：《教育法令彙編》第一輯，上海：商務印書館，1936 年 7 月，第 144 頁。

〔註36〕 教育部：《教育法令彙編》第一輯，上海：商務印書館，1936 年 7 月，第 194 頁。

應試，錄取後編入二年級肄業；舊制師範畢業生相當於高中二年級，其志願升學者，亦准投考高中插班試驗，錄取後，插入三年級肄業」，並要求「自次通令之後，各大學招收新生自應恪遵定章，不得招收舊制中學或舊制師範畢業生，以免躐等而符法令」。〔註37〕

綜上，無論是北京民國政府時期，還是南京國民政府時期，中央政府都出臺了一些法令法規對高校招生活動進行規範和調控。毫無疑問，這些規範和調控的制度和措施對高校開展正常的招生活動是有益的，可以維護正常的招生秩序並降低高校招生的成本。由此可見，政府雖然不應當直接干預、直接參與和控制高校的正常招生活動，但應該依法進行監管，並在平等地對待所有的高校和學生的基礎上進行適當的宏觀調控，同時對相關活動加強執法監督，並加強對違規違法活動的懲戒，以維護正常的招生秩序。正如哈耶克所言，「在大多數的場合，為了使那些規則得到遵守，我們稱之為政府的那種組織卻是不可或缺的。政府的這一特殊功能有點像工廠維修隊的功能，因為它的目的並不在於提供任何特定的服務項目或公民消費的產品，而毋寧在於確使那個產品生產和服務提供的機制得以正常運轉」。〔註38〕總之，從民國的經驗來看，高校招生離不開政府的合理監管和有效服務。但是，顯然，這些規範和調控制度有的也同時具有一定的集權和統制性質，並為政府的集權和統一控制打下了良好的基礎，這也是值得注意的問題。

第二節　管制與控制

在制定和實施規範和調控制度的同時，民國各個時期的中央政府還出臺了一些對高校招生活動進行管制的法令法規。這些具有管制和控制性質的法令法規大致包含幾個方面的主要內容：一是高校招生資格的許可和審批制度，二是高校招生事項的彙報制度，三是高校新生入學資格的審查制度。此外，還有一些其他為了達到管制目標而採取的干預、整頓、限制和控制措施。

〔註37〕教育部：《教育法令彙編》第一輯，上海：商務印書館，1936 年 7 月，第 194～195 頁。

〔註38〕〔英〕哈耶克：《法律、立法與自由》第 1 卷，北京：中國大百科全書出版社，2000 年版，第 69 頁。

雖然這些制度也有對高校招生進行規範和調控的作用，但是，由於政府對高校招生進行管制和控制意圖往往更加強烈，其加強管制和控制的實際效應也相當明顯，因此，本文將這些內容納入管制與控制制度的範疇。

一、招生許可制度

下面分階段對北京民國政府時期與南京國民政府時期的高校招生資格認可和審批制度進行系統整理。

（一）北京民國政府時期

自民國元年開始，北京民國政府就陸續出臺了一些法令法規，其中有些規定明顯具有對高校合法招生資格進行認可和審批的意圖，有的要求高校在招生之後應當將有關招生情況呈報教育部以獲得認可，有的則要求高校必須事先獲得教育部核准才能開始招生。

一般來說，由於直接受教育部管轄，各國立高校在招生之前一般都會事先請示教育部，其他公立高校在招生之前也會事先請求有關的教育行政主管機關。而對於私立高校來說，根據以往的傳統和貫例，已經開辦的私立高校一般也會在招生之前事先請示教育部，以獲得招生的合法性，同時也可以通過政府的認可來增加社會影響力。但如果嚴格地從明文的法令制度規定來看，在 1924 年之前，私立高校可以不必事先呈報而自由地開展招生活動，只需事後向教育部呈報即可，直到 1924 年頒佈《國立大學校條例》，北京民國政府才要求私立高校必須先獲得教育部的核准才能開始招生。

1. 1924 年之前：先招生，再呈報認可

民國初年，根據北京政府教育部制定和頒佈的有關教育法令，高等學校應當獲得教育總長許可才能具有正式的合法招生資格。

以專門學校為例，根據《公立、私立專門學校規程》（1912 年 11 月）的規定，公立、私立專門學校呈報教育總長認可時，必須將本校的招生目的、招生名額、招生收費、招收對象的入學資格、招生入學試驗、招生類別等各項與招生有關的事項列入呈報內容，而且，各事項如有變更，也應呈報教育總長認可；〔註39〕也就是說，如果專門學校要獲得合法的辦學和招生資格，

〔註39〕根據該法令的規定，專門學校必須呈報的事項非常詳細，幾乎包括與辦學和
　　　　招生有關的任何事項，例如，其中規定，公立、私立專門學校，應備各種表

就必須將各項與招生有關的事項呈報教育部，當然，這是屬於事後確認或追認的審查認可制度，這種制度允許高校可以先招生後呈報。

1913 年 1 月 15 日，教育部發布《公私立各學校報部立案辦法布告》，其中針對有些學校存在「學生已招，而經費正待籌集」及其他弊病，要求各公私立學校將學校章程、開學年月及教職員、所招學生詳細履歷等情況報部，「以憑派員確實考查，果以部令相符，即予認可立案」，但「其未經開學之學校，無庸先行呈報。」〔註 40〕根據此布告規定，公私立專門學校可以先行招生，先行開學，然後再向教育部呈報，但必須將所招收學生的詳細履歷等情況報部，經考查合格後才能獲得教育部的立案認可。該辦法雖然主要是針對高校立案認可作出的規定，但同時也明顯包含了對高校合法招生資格進行認可的制度內容。

又如，教育部於 1913 年 1 月 16 日公佈的《私立大學規程》規定，私立大學在呈請教育總長認可時應具報辦學目的、學則、學生定額及開校年月，而學則應當包括入學資格、入學、退學、升級、畢業及學費等有關事項。〔註 41〕隨後，教育部於 1913 年 1 月 23 日專門發布了《私立大學立案辦法布告》，其中規定：「所有私立大學，前經呈請到部准予暫行立案者，亟應遵照新頒部令規程，切實辦理。自布告之日起，限三月以內，遵照私立大學規程，另行報部備查。俟呈報到部屆滿一年，由部派員視察，如果成績良好，准予正式立案，以昭慎重。」〔註 42〕根據上述有關法規，雖然私立大學向教育部呈報

簿（如學則、學生學籍簿、試驗問題簿、成績表、資產簿、銀錢出納簿、經費之預算、決算簿等），而且學生學籍簿中應記載學生姓名、籍貫、住址、出生年月、入學前之履歷、入學轉學退學之年月日及學年、畢業之年月日、入學時有無試驗、轉學退學之事由、保證人之姓名住址等；同時還規定，公立、私立專門學校之學則，應包括入學資格、修業年限、學科、學科目、學科程度、學年、學期、休業日、入學、退學、升級、畢業、學費、預科、研究科等各事項。顯然，其中的許多這些內容都涉及到招生與入學。《教育部公佈公立、私立專門學校規程》（1912 年 11 月 14 日部令第 24 號），《教育雜誌》第 4 卷第 10 號，1913 年 1 月。

〔註 40〕《教育部公私立各學校報部立案辦法布告》，商務印書館編譯所：《中華民國教育新法令》第四冊，上海：商務印書館，1913 年 5 月初版，第 93～94 頁。

〔註 41〕《教育部公佈私立大學規程令》，北洋政府教育部檔案，中國第二歷史檔案館：《中華民國史檔案資料彙編》第三輯（教育），南京：江蘇古籍出版社，1991 年版，第 141～143 頁。

〔註 42〕《教育部私立大學立案辦法布告》，商務印書館編譯所：《中華民國教育新法令》第四冊，上海：商務印書館，1913 年 5 月初版，第 96 頁。

招生情況且招生符合有關規定是大學獲得正式立案的必備條件之一，但是，另一方面，私立大學在立案之前完全可以先行招生，而且至少有試辦招生一年的期限。

後來，由於北京政府的教育政策趨向保守，教育部開始對高等學校教育進行整頓，整頓的內容也涉及到高校招生。1913 年 6 月 18 日，教育部發布《通行各省查明私立專門學校報部核辦訓令》，要求各省行政長官按照各項部令規程就近對本省開辦已久的各私立學校切實考查，並報部核辦。〔註 43〕顯然，各私立學校的招生情況也應當屬於重要的考查內容。1913 年 10 月 23 日，教育部發布《劃一學校報部表式布告》，其中規定：「至中等以上各校招選新生，及收受轉學生，亦須於入校第一年報部一次」，且「茲並酌定表式，應於授課兩個月內照填具報」，「如不遵報，則將來學生畢業，本部查無案據，即不予認可」。〔註 44〕由此，為了獲得政府的認可，各高校必須在招生後將有關情況呈報教育部。

從以上法令的內容來看，雖然北京民國政府出臺對高校招生合法資格進行認可的制度具有一定的規範作用，但同時也明顯具有加強統一管理和控制的意圖。當然，由於有些高校在北京政府成立之前就已經存在，因此，民國初年的招生資格認可制度具有事後確認或追認的特點，因為高校可以先行招生，再向教育總長呈報。

2. 1924 年之後：先呈報，經核准後才能招生

「五四運動」之後，由於學潮和教潮事件接連不斷，各大學與北京民國政府及其教育部的關係逐漸走向對立，北京民國政府對全國各公私立大學加強控制的願望也更加熱切。特別是到 1924 年前後，由於國內外政治、經濟和社會形勢的急劇變化，大學與政府的關係日趨惡化，甚至發生了一定的衝突和對抗。為了加強對全國大學的管理，北京民國政府於 1924 年 2 月 23 日頒佈了《國立大學校條例》，並規定私立大學也同樣適用，企圖由教育部直接控制各公私立大學。該條例明確規定，國立大學校校長「由教育總長聘任之」，大學得設董事會，「審議學校進行計劃及預算、決算暨其他重要事項」，而且

〔註43〕《教育部通行各省查明私立專門學校報部核辦訓令》，商務印書館編譯所：《中華民國教育新法令》第五冊，上海：商務印書館，1913 年 5 月初版，第 60～61 頁。

〔註44〕《教育部劃一學校報部表式布告》，商務印書館：《中華民國教育新法令》第六冊，商務印書館，1914 年 5 月初版，第 78～80 頁。

規定，在董事會成員中，校長為「例任董事」，由教育總長就部員中指派人員為「部派董事」，其他為「聘任董事」，由董事會推選並須呈請教育總長聘任，「第一屆董事由教育總長直接聘任」；同時還規定，「國立大學校董事會議決事項，應由校長呈請教育總長核准施行」，「私立大學校應參照本條例辦理」。〔註45〕這些規定明確地向全國各公私立大學表明，教育部可以直接參與並操控各大學的內部事務，招生事務當然也包括在內。同樣，根據該條例，各公私立大學的招生計劃也應當在實施前由校長呈請教育總長核准。顯然，這個條例的出臺是北京民國政府教育部企圖加強對各高校進行實際控制的重要標誌。

　　在這樣的歷史背景下，為了加強對各私立高校的管理，民國政府開始建立新的高校立案認可制度，其中也包含了對高校合法招生資格進行認可和審批的制度內容。

　　1925年7月2日，教育部專門頒佈了《私立專門以上學校認可條例》，要求私立專門以上學校必須「於開辦前」將諸如學則、學生定額、入學資格、經費之預算決算等與招生有關的事項呈請教育總長核辦，並於開學三個月內將辦理情況詳具表冊呈報教育總長，然後經其派員視察合格後，才由部批准試辦三年，試辦期滿合格後才由教育總長正式認可，而如果試辦期間被認為不合格，則可能被取消辦學和招生的資格。〔註46〕按照這個條例的規定，教育部將私立高校報部核辦的時間提前到開辦以前，並將私立高校的試辦考察期延長至三年。隨後，北京民國政府教育部訓令各省：「以後創辦私立專門以上學校，應先設籌備處，俟呈經本部派員視察批准試辦後，方得作為正式學校，懸牌招生」。〔註47〕可見，上述認可條例雖然主要是針對高校立案認可而制定的，但如果從高校招生資格的角度來看，這也是政府對高校正式合法招生資格進行審批和認可制定的制度和程序。據此，教育部的正式批准是高校獲得合法招生資格的法律依據。顯然，這種高校招生資格認可制度具有事前審批的性質和特點。根據這種制度的規定，高校必須先呈報，經政府批准後才能獲得合法的招生資格。因此，這種做法明顯比以往的制度更加嚴格。

〔註45〕中國第二歷史檔案館：《中華民國史檔案資料彙編》第三輯（教育），南京：江蘇古籍出版社，1991年版，第173～175頁。

〔註46〕《教育部公佈私立專門以上學校認可條例令》，〔日〕多賀秋五郎：《近代中國教育史資料‧民國編》（中冊），臺北：文海出版社，1976年版，第219頁。

〔註47〕《教育部取締私立大學》，《晨報》，北京，1925年10月31日，第6版。

　　由此可知，根據有關法令法規，北京民國政府對公立、私立專門以上學校招生資格的審查和正式認可都設置了一定的行政許可和審批程序，而對私立高校合法招生資格的正式認可和審批程序則要求越來越嚴格。因此，在 1924 年至 1925 年期間，民國政府對私立大學招生的管理逐漸從事後彙報發展到事前審查，此一時期應當可以視為民國私立大學招生許可制度發展的重要轉折時期。

　　顯然，北京政府教育部試圖在立案和招生資格方面對各大學進行更加嚴格的審查和控制，但是，有學者指出，由於北洋政府權威的衰落，此時的教育部實可謂「政令不出門」，《私立專門以上學校認可條例》幾乎形同具文。〔註48〕

　　因此，在北京民國政府統治的多數時期，按照有關的法令規定，公私立高校都可以事先開展招生活動，然後再向教育部呈報有關招生情況，以獲得政府的認可。當然，有些私立高校如果不需要獲得中央政府的認可，也可以不向教育部呈報，正如當時不少私立性質的教會大學一樣，幾乎完全可以不必理會教育部的招生資格認可制度。

（二）南京國民政府時期

　　南京國民政府時期，隨著全國政治的統一和中央集權制度的加強，中央政府明顯地加強了對全國教育的統一管理和控制，集權和統制的趨勢日益明顯。〔註49〕在此過程中，教育部對全國高校的管理和控制也逐漸加強，並強化了對高校招生的許可和審批，從而建立了更加嚴格的高校招生許可和審批制度。

〔註48〕金以林：《近代中國大學研究》，北京：中央文獻出版社，2000 年版，第 185 〜186 頁。

〔註49〕例如，教育部於 1929 年 1 月 16 日發布經行政院會議議決通過的《統一教育管轄》訓令，要求按照教育部組織法行使「教育部管理全國學術及教育行政事務」的職權，「故凡國內之學術機關與教育機關均應受本部之指導監督」，以實現「教育行政之統一」，申明「凡學校及有關文化之事業，除黨務學校、軍事學校及中央研究院各研究所外，無論任何機關所設立或舉辦，其關於教育一部份之事項，均應呈報教育部，受教育部之監督指導，以一事權而重責任！」「嗣後一切學校應遵守之事件除各部會所辦學校，由本部直接命令外，凡各省、大學區、特別市所有已立案之私立學校及其他機關舉辦之公立學校，既由該主管教育行政機關轉令遵照，以專責任」。教育部：《教育法令彙編》第一輯，上海：商務印書館，1936 年 1 月，第 32 頁。

1. 未立案高校：須先立案才能招生，否則被取締或禁止招生

北京民國政府時期，雖然政府對高校招生資格的審批趨向嚴格，並在 1925 年之後確立了各高校必須遵循「先呈報，後招生」的審批原則，但在大多數時候，按有關規定，高校可以在正式立案之前的試辦期內開始先行招生。而到了南京國民政府時期，中央政府更進一步加強了對高校招生資格的審批，並最終形成了「先立案，後招生」與「不立案，遭禁止」的高校招生許可和審批制度。

1929 年 7 月 26 日，南京國民政府公佈《專科學校組織法》，其中規定，國立專科學校由教育部設立，省立、市立或私立專科學校之設立變更及停辦，須經教育部核准，各類專科學校的校長均由教育部聘任。同時，南京國民政府公佈的《大學組織法》（1929 年 7 月 26 日公佈，1934 年 4 月 28 日修正公佈）規定，省立、市立與私立大學都須經教育部核准才能開辦設立。該大學組織法與教育部於同年 8 月 14 號公佈的《大學規程》還對大學的教育宗旨、學科與專業及設置、校長及教員的聘任、學生的入學資格及校務會議和院務會議等事項均作了比較明確的規定。1929 年 8 月 29 日，教育部公佈《私立學校規程》，其中也規定：「私人或團體設立之學校，為私立學校，外國人設立之學校亦屬之」，「私立學校之開辦變更及停辦，須經主管教育行政機關核准」，「私立專科以上學校，以教育部為主管機關」。根據以上法規，全國專科以上學校的設立、變更及停辦等事項都須經教育部核准才能進行，新開辦的高校自然也必須在核准設立之後才能開始獲得正式的合法招生資格。

與此同時，國民政府還出臺有關法令禁止未立案高校招生。例如，1929 年 5 月 3 日，教育部發出布告，告誡學生「勿投考未經教育部核准設立及立案之私立學校」，否則，「即幸而畢業，亦不能與合法學校之學生，受同等待遇」。〔註50〕1930 年 1 月 27 日，教育部發布訓令，重申私立學校必須依照規程呈請核准設立，而且特別規定，「核准設立後，始得招考學生」，並要求各地教育行政機關對於「凡未按照私立學校規程呈准設立之中等以上學校其開辦在十九年二月一以後者，如遽行招考，應由各該地方教育行政機關，嚴行禁止」，對未按照法定規程呈請設立開辦並獲立案批准就「遽行招考」的私立

〔註50〕《勿投考未經教育部核准設立及立案之私立學校》，教育部：《現行重要教育法令彙編》，南京：國民政府教育部印行，1930 年 4 月版，第 166 頁。

高校要「嚴行取締」。〔註51〕另外，爲了提高教育質量，方便教學和管理，教育部還於 1930 年 2 月 28 日專門發布訓令，規定「凡新開辦的學校只准招收一年級生，以杜冒濫」，〔註52〕這種明確限制新立案開辦的高校只准招收一年級新生的做法在以往是沒有的。

　　而且，爲了整頓高等教育，國民政府往往「以立案爲工具，取締不良學校」。在 1930 年至 1931 年期間，教育部曾派員視察部份公私立大學及專科學校，並根據視察結果，除停閉數所大學外，還勒令湖南建國法政專門學校停止招生，同時發布通令，要求新設之大學及專科學校，應依照規定手續呈請教育部立案後「始得招生」，從而使新設各校「均受本部之監督指導」。〔註53〕

　　因此，根據上述有關法令法規，南京國民政府時期，新開辦的高校如果想獲得正式合法的招生資格，必須先經教育部立案核准，否則就有可能遭到取締或禁止招生的處罰。

2. 已立案高校：須提前三個月報批，經核准後才能招生

　　由於南京國民政府教育當局設置了較高的立案標準和嚴格的審批程序，一所新開辦的高等學校要獲得招生資格並不是一件容易的事。在南京國民政府的嚴格管理下，新開辦的高等學校若要獲得招生資格，即使在教育部核准立案之後，學校還要向教育當局呈請獲取招生試辦的資格。例如，在 1930 年 7 月，已經呈報備案的北平戲曲專科學校爲獲取招生資格，該校校長焦菊隱曾致函有關教育當局，「呈請先行招生試辦」，但仍因需補報有關材料未獲立即批准。〔註54〕

　　可見，對於已經立案並獲得合法招生資格的高校，南京國民政府也專門制定了相應的招生許可和審批制度。

〔註51〕《凡未按照私立學校規程呈准設立之中等以上學校其開辦在十九年二月一日以後者如遽行招考應由各地方教育行政機關嚴行取締》，教育部：《現行重要教育法令彙編・通則》，南京：國民政府教育部印行，1930 年 4 月版，第 165～166 頁。

〔註52〕《處置已停辦或封閉之私立學校辦法》，教育部：《現行重要教育法令彙編・學校教育》，南京：國民政府教育部印行，1930 年 4 月版，第 166～167 頁。

〔註53〕《教育部報告民國十九年度高等教育概況》，中國第二歷史檔案館：《中華民國史檔案資料彙編》第 5 輯第 1 編・教育（一），南京：江蘇古籍出版社，1994 版，第 272～273 頁。

〔註54〕《北平特別市市政公報》，1930 年第 55 期。

　　1941 年 11 月 29 日，教育部公佈的《專科以上學校學生學籍規則》明確規定，各類專科學校在每次招收新生或轉學生之前，都「應於招考前三個月擬定各科系招生名額連同招生簡章」，呈報教育部核准，而且，在「未經核准前不得先行登報招生」。〔註55〕按此規定，高校招生不僅必須事先獲得教育部的核准才能開始招生，而且還須在招生之前提前三個月報批。這表明，南京國民政府已經建立相當完備和嚴格的高等學校招生審批管理制度。

　　綜上可知，為了加強對全國私立大學的管理，南京國民政府繼承了北京民國政府時期的大學招生許可和審批制度，要求未立案高校在招生前必須先獲立案批准或審核，已立案高校在每次招生之前都必須獲得教育部的行政認可和審批，從而健全和完善了對高校招生資格進行提前審查的制度。由此，隨著有關法令法規的出臺和實施，南京國民政府逐步建立了相當嚴密的高校招生資格許可和審批制度。

二、招生彙報制度

　　在民國各個時期，在中央集權的教育行政管理模式下，一方面，出於教育情況統計的需要，教育部出臺了有關的高校情況彙報制度，各高校的招生情況當然也以屬於重要的彙報內容；另一方面，政府也往往利用這種情況統計與彙報制度來加強對各高校招生的統制和控制。下面分階段介紹民國時期的高校招生情況彙報制度。

（一）北京民國政府時期

　　民國初年，北京政府頒佈了《大學令》、《大學規程》、《專門學校令》及《公立、私立專門學校規程》等法令法規，其中都包含有各高校應當將有關招生的情況呈報教育總長認可的要求。此外，教育部還制定了專門的高校辦學有關事項的彙報制度，其中也包含了高校招生情況彙報的制度內容。這方面的規定主要體現在教育部發布的《劃一學校報部表式布告》及《教育部訂定學校週年概況報告程序及說明訓令》等法令中。下面對這些法令中有關高校招生事項彙報的制度內容進行整理。

〔註55〕《專科以上學校學生學籍規則》，《教育通訊旬刊》，1942 年第 9 期。

1. 招收新生事項報告制度

1913 年 1 月 15 日，教育部發布《公私立各學校報部立案辦法布告》，其中要求，各公私立學校須將學校章程、開學年月及教職員、所招學生詳細履歷等情況報部。〔註56〕這是民國政府較早出臺的與高校招生情況彙報有關的規定。

1913 年 10 月 23 日，教育部發布《劃一學校報部表式布告》，其中規定：「至中等以上各校招選新生，及收受轉學生，亦須於入校第一年報部一次」，且「茲並酌定表式，應於授課兩個月內照填具報」，「如不遵報，則將來學生畢業，本部查無案據，即不予認可」，原來未報之舊生也應補報，「在校舊生未經報者，應依第三號表式一律補報」。其中表式中應填報的內容有所招生學生的姓名、年歲、籍貫、入校年月編入何學級或現在何級所學門類等項內容。〔註57〕

此布告的本意原為「以資參考」和進行教育統計，但顯然，政府也可以據此對高校招生進行管理、調節和控制。因此，這個看似普通的布告，雖然不像是一項正式的法令制度，但卻對後來的高校招生產生了一定的影響。

2. 學校招生概況週年彙報制度

1914 年 2 月 5 日，教育部發布《教育部訂定學校週年概況報告程序及說明訓令》，要求中等以上學校（當然包括高校），將學校概況「嗣後每屆一學年終，均應遵照此式報部一次」，其中，應當填報的事項就包括了「某學期招生若干名，插班若干名，畢業若干名，退學及死亡若干名」，及「歲入歲出視原報有無變動，徵收學費之情形」等與招生有關的情況。〔註58〕據此，各高校在招生後應當將有關情況向教育部彙報。

1919 年 3 月 19 日，教育部公佈《修正專門以上學校週年概況報告程序》，要求各高校呈報的內容更加詳盡和全面其中還包括高校招收的各學級人數及轉學學生之人數、招生學科、徵收學生之膳宿費與雜費等事項。〔註59〕因此，根據這項制度規定，各高校每學年都應當將招生概況向中央政府彙報一次。

〔註56〕《教育部公私立各學校報部立案辦法布告》，商務印書館編譯所：《中華民國教育新法令》第四冊，上海：商務印書館，1913 年 5 月初版，第 93～94 頁。

〔註57〕《教育部劃一學校報部表式布告》，商務印書館：《中華民國教育新法令》第六冊，上海：商務印書館，1914 年 5 月初版，第 78～80 頁。

〔註58〕《教育部訂定學校週年概況報告程序及說明訓令》，商務印書館：《中華民國教育新法令》第六冊，上海：商務印書館，1914 年 5 月初版，第 69～71 頁。

〔註59〕《教育部修正專門以上學校週年概況報告程序》，潘懋元、劉海峰：《中國近代教育史資料彙編・高等教育》，上海：上海教育出版社，2007 年版，第 815 頁。

　　後來，教育部還特別重申了對招生後不將有關情況呈報者的懲罰措施。1926 年 1 月，教育部發布訓令重申：「查中等以上各校招選新生，須於入校第一年報部一次，如不遵報，將來學生畢業本部查無案據即不予認可」。〔註 60〕因此，在北京民國政府時期，按照有關規定，各高校必須將招選新生情況呈報教育部，否則，將來學生畢業時將無法獲得教育部的認可。

　　由此可見，早在北京民國政府時期，教育部就已經建立了相當完備的高校招生彙報制度，並對不按規定呈報的高校採取一定的處罰措施。顯然，這種制度除了具有登記統計與備案立案的功能，也對各高校的招生有一定的約束和控制作用。

（二）南京國民政府時期

　　南京國民政府繼承和發展了北京政府時期的有關制度，也同樣要求各高校將有關招生的情況向教育部彙報。中央政府先後頒佈了《大學組織法》、《大學規程》、《專科學校組織法》、《專科學校規程》、《私立學校規程》及《專科學校法》等一系列法規，其中都包含了各高校須將招生情況呈報教育部的要求。此外，教育部還制定了專門的法規制度，要求各高校將招生事項及時呈報教育部。

　　1933 年 8 月 29 日，教育部發布了《專科以上學校應行呈報事項及日期》的規定，要求：「全國國立、省立及已立案之私立專科以上學校校務須一律呈報」，其中第一項內容就是新生、插班生一覽表及其學歷證明文件（畢業證書或修業證書），而且還特別規定了呈報的期限。〔註 61〕

　　另外，教育部於 1941 年 11 月 29 日公佈並於 1947 年 3 月 27 日修正公佈的《專科以上學校學生學籍規則》對專科學校招生情況彙報作了更加嚴格的規定，不僅要求專科學校應於每學期註冊截止後十日內將各院系科組各年級註冊學生人數呈報教育部備案，還特別要求各校將招收之新生、轉學生、研究生、特別生及特別生之改為正式生者於學期開始後兩個月內按照規定表式造具名冊連同學歷證件及學生相片分別呈報教育部備案。〔註 62〕

〔註 60〕王學珍等：《北京大學紀事》（1898～1997），北京：北京大學出版社，2008 年版，第 180 頁。

〔註 61〕《專科以上學校應行呈報事項及日期》，教育部：《教育法令彙編》第一輯，上海：商務印書館，1936 年 7 月，第 116～117 頁。

〔註 62〕《專科以上學校學生學籍規則》，教育部：《教育法令》，上海：中華書局，1947 年 5 月版，第 162～164 頁。

從上述有關制度可以看出，與北京政府時期相比，南京國民政府對各高校招生情況彙報的要求更加嚴格。這表明，南京政府對各高校進行集權統制和控制的程度要比以前有所加強。

三、入學審查制度

這裡的入學審查主要是指政府對高校新生的入學資格進行審查的做法。北京民國政府時期，教育部雖然也曾對有些高校新生的入學資格進行過核查工作。但由於沒有這方面的明文規定，因而沒有形成統一的高校新生入學審查的制度，各高校往往各行其是，有的甚至根本不進行任何審查。

但是，南京國民政府成立之後，隨著政府對入學新生管理和控制的加強，教育部也加強了對高校新生入學資格的審查，並對審查合格的新生給予正式的學籍。顯然，這種對新生入學資格進行審查的做法不僅有提高和控制學生程度的意圖，還可能包含對高校的約束和控制目的。例如，按照教育部頒佈的 1933 年度高校招生辦法規定，即使有關高校所招收的新生達到一定的學歷資格要求，但如果違反有關招生政策規定，或招收超過預定編制的學生，則其所新招收學生的入學資格也不會被教育部承認，「本部概不予審定其新生之入學資格，或更為其他糾正之處置」。〔註63〕

而經教育部審定後獲得正式入學資格的標誌就是高校為新生建立合法的正式學籍檔案。1941 年 11 月 29 日，教育部公佈了《專科以上學校學生學籍規則》。該規則的正式公佈，標誌著民國時期首次建立了全國統一的高校學生學籍管理制度，從而使政府對高校新生入學資格的審查走上了正規化和制度化的道路。這種學籍管理制度不僅要求各高校對一年級新生和轉學生的入學資格進行審查，而且還要求將其學歷證件等有關證明文件呈繳教育部進行驗證和備案。具體的規定包括以下三個方面：

第一，高校須對一年級新生的入學學歷證書進行驗證審核。

根據 1941 年公佈的《專科以上學校學生學籍規則》規定，除同等學力學生外，投考專科學校的一年級新生應當「繳驗高級中學畢業證書或同等學校之畢業證書或臨時畢業證明書」；投考五年制或六年制之專科學校者，應「繳驗初級中學或同等學校之畢業證書或臨時畢業證明書」；師範學校畢業生投考

〔註63〕《轉令知規定二十二年度各大學及學院招生辦法》，《廣東省政府公報》，1933 年第 226 期，第 109～110 頁。

專科學校者，還應另外繳驗服務四年期滿證明書；職業學校畢業生也同樣應另外繳驗服務四年期滿證明書。

第二，各校須對轉學生的學歷證書進行驗證審核。

根據上述《專科學校學生學籍規則》第十三條的規定，專科以上學校學生轉學，應於報名時呈驗原校發給的轉學證明書。

第三，高校需將新生學歷證書呈報教育部備案。

據該規則第五十條規定，不論是新生還是轉學生，在入學後都應由學校將其學歷證件呈報教育部備案。

綜上可知，南京國民政府對高校入學新生的資格審查是相當嚴格的。這項制度的實施無疑也是當時中央政府對高校招生加強統制和控制的重要表現。

四、其他管制措施

除了建立上述招生資格許可和審批、入學資格審查及招生情況彙報幾個方面的制度以外，北京民國政府出臺的其他措施就很少了。但南京國民政府成立後，爲了提高高等學校教育的質量，當然也可能有加強對高校進行統一管理和控制的意圖，教育部還出臺了一些其他的統制和管理制度，同時還根據有關的制度對當時的高校招生進行整頓、限制或控制。

1. 對高校招生人數的控制

南京國民政府教育當局對高等學校的招生人數控制相當嚴格。教育部對各高校的科系、組別、年級和班級等都有詳細的規定編制，一般每個班爲 20人，最多不得超過 30 人。〔註64〕一般情況下，各個學校只能嚴格按預先審核的編制人數招收學生，否則，如果學校超編招收學生，那麼這些超編學生的入學之資格將不會得到教育部的正式承認。

根據上述教育部於公佈的《專科以上學校學生學籍規則》規定，各類高校，在每次招收新生轉學生之前，都「應於招考前三個月擬定各科系招生名額連同招生簡章」，且在呈報教育部核准前，「不得先行招生」。〔註65〕因此，各高校的招生名額都是事先預定且須經過教育部核准的。

〔註64〕《公私立專科以上學校之整理》，《政治成績統計》，1935 年第 4 期，第 91 頁。

〔註65〕《專科以上學校學生學籍規則》，教育部：《教育法令》，上海：中華書局，1947
　　　　年 5 月版，第 162～164 頁。

2. 加強對入學考試的管理

南京國民政府時期，教育部加強了對高校招生中入學考試環節的管理。

一方面，爲提高各高校學生的學業程度，教育部在《改進高等教育計劃》中要求各高校「入學考試應嚴格」。〔註66〕

另一方面，還對各高校招生入學考試的考試科目及各科程度，提出了新的要求和標準。〔註67〕1932 年 12 月 24 日，教育部發布《規定各校招考新生之考試科目及各科程度》的訓令，要求「嗣後各校招考新生，其考試科目及各科程度，應遵照下列規定辦理：一、專科以上學校，自二十二年度起，仍照高中課程暫行標準；自二十五年起，應照新頒標準」。〔註68〕

後來，教育部還組織有關的高校實行聯考和統考招生，並制定了相應的聯招和統招制度。〔註69〕

3. 新生呈繳入學保證書的管制規定

高校要求新生在報考或入學時呈繳入學志願書和保證書是清末高校招生的傳統慣例做法。北京民國政府時期，由於沒有統一的規定，各高校一般都是各行其是。到了南京國民政府時期，教育部出臺的有關法規對此作出了統一的規定，要求被高校學校錄取的學生必須呈繳入學保證書，甚至對呈繳保證書的具體事項也進行了詳細的規定。1941 年公佈的《專科以上學校學生學籍規則》規定，專科以上學校新生、轉學生，入學註冊時應呈繳保證書。保證人須具有正當職業並負學生在校期間之一切責任。保證書還要由保證人簽名蓋章，載明詳細住址及職業並黏貼學生相片。〔註70〕

4. 對高校招生進行整頓和限制的措施

隨著國民政府對全國局勢控制的加強，教育部整頓教育，特別是整頓高

〔註66〕《改進高等教育計劃》(1930 年 4 月第二次全國教育會議修正通過)，《河南教育》1930 年第 19～20 期合刊；另見黃季陸：《抗戰前教育政策與改革》，《革命文獻》第 54 輯，臺北：中國國民黨黨史史料編纂委員會 1971 年版，第 168 頁。

〔註67〕《規定各校招考新生之考試科目及各科程度》，教育部：《教育法令彙編》第一輯，上海：商務印書館，1936 年 1 月，第 99 頁。

〔註68〕教育部：《教育法令彙編》第一輯，上海：商務印書館，1936 年 1 月，第 99 頁。

〔註69〕請參見本章第三節有關論述。

〔註70〕《專科以上學校學生學籍規則》，教育部：《教育法令》，上海：中華書局，1947 年 5 月版，第 162～164 頁。

等教育的力度也越來越大。南京國民政府時期，教育部對有關高校招生的整頓和限制大致可以分爲兩類：一類是以提高教育教學質量爲主要目標的整頓措施，另一類則是以政治目標爲主的控制措施。

（1）以教育目標爲主的整頓和限制

爲了提高高等學校教育的質量，南京國民政府開始對高校招生進行整頓和限制。例如，在《專科學校組織法》尚未正式公佈之前，教育部就根據該法的有關規定於 1929 年 7 月 19 日發布訓令《各地方法醫兩專校應限期停辦》稱，「法醫兩種專校，已失其在法制上之地位」，並爲「奉行法制起見」，要求各地停辦法醫兩種專門學校，「自本年暑假起，一律不得繼續招生」。〔註 71〕當然，教育部這樣做的目的主要是爲了讓大學或獨立學院來辦理法、醫兩科教育，以提高教育質量。

同樣，爲了提高教育質量，方便教學和管理，教育部曾於 1930 年 2 月 28日發布訓令，規定「凡新開辦的學校只准招收一年級生，以杜冒濫」，〔註72〕而這種限制學校招收一年級新生以外學生的做法在以前是沒有的。

另外，南京國民政府教育部成立後，明顯加強了對各大學和專科學校的整頓，並對辦理不善的專科學校實施限制或停止招生的處罰。例如，在 1930 年至 1931 年的整頓期間，教育部在派員視察後，認爲湖南建國法政專門學校「辦理不善」，於是勒令該校停止招生。〔註 73〕至 1931 年，教育部對全國高等學校，特別是對私立高校的整頓已初見成效。正如教育部向其年度報告中所言，對高等學校之整頓，「已略有頭緒」，原有私立學校合格者已立案，不合格者已大多被停閉，尚未停閉者也被要求限期呈請立案，而新設之高等學校，「均須受本部之監督指導，不能如從前之可隨意開辦矣」。〔註 74〕

〔註 71〕　教育部：《現行重要教育法令彙編・學校教育》，南京：國民政府教育部印行，1930 年 4 月版，第 29 頁。

〔註 72〕　《處置已停辦或封閉之私立學校辦法》，教育部：《現行重要教育法令彙編・學校教育》，教育部印行，1930 年 4 月版，第 166～167 頁。

〔註 73〕　《教育部報告民國十九年度高等教育概況》，中國第二歷史檔案館：《中華民國史檔案資料彙編》第 5 輯第 1 編　教育（一），南京：江蘇古籍出版社，1994版，第 272～273 頁。

〔註 74〕　《教育部報告民國十九年度高等教育概況》，中國第二歷史檔案館：《中華民國史檔案資料彙編》第 5 輯第 1 編　教育（一），南京：江蘇古籍出版社，1994版，第 278 頁。

當然，南京政府採取限制或禁止某些高等學校招生的做法，其主要目的
是為了提高教育教學質量，但也可能有配合加強政治控制的意圖。

（2）以政治目標為主的限制和控制措施

為了應對風起雲湧的學潮運動，國民黨想方設法採取各種措施來加強對
學生的控制，其中一項重要措施就是限制各高校招收文法科學生。因為有的
國民黨人認為，「文科、法科，及藝術科不但無益，而且有害，因為他們一方
面費了國家的錢，另一方面又替國家造了許多不知法不守法的份子」。〔註75〕

為此，1932 年 5 月，陳果夫在國民黨中央政治會議上提出了《改革教育
初步方案》，建議全國各大學及專門學院自 1932 年起停止招收文法藝術等科
學生，暫以十年為限。〔註76〕此案雖然招致全國教育界人士的強烈反對，但
國民黨中央政治會議對其稍加修改後議決：文法科辦理不善者停止招生；除
邊遠省份為養成法官及教師外，內地各大學一律不得再請求添設文科。〔註77〕
隨後，1932 年 12 月，國民黨第四屆中央執行委員會第三次全體會議通過的《關
於教育之決議案》規定，現有之國立省立或私立大學，應由教育部嚴加管理，
成績太差，「學風囂張者」，應即停辦；各省市及私立大學或學院，應以設立
農工商醫理各學院為限，不得添設文法學院。〔註78〕顯然，國民黨當局認為，
文法科學生往往比理工農醫等實用學科的學生更關心現實政治，更容易參加
學生運動。

可見，在政府整頓高等教育時，無論是出於何種目的，限制或禁止高校
招生都是最嚴厲的處罰措施之一，當然也是最有效的控制手段之一。由此，
在經歷了一場「國民革命」之後，中央政府換成了一個自稱「革命」的政權，
南京國民政府不僅沿用了北京民國政府時期對專門學校的集權統一管理模
式，而且吸取了北京民國政府管理和控制相對比較軟弱無力的教訓，從各個
方面大大加強了對高校招生的集權統一管理和控制。

顯然，各項統一管理和調控制度的實施，最終為全國高校的計劃和聯招
或統考招生制度打下了良好的基礎。

〔註75〕 蔣廷黻：《陳果夫先生的教育政策》，《獨立評論》，1932 年第 4 期。
〔註76〕 陳果夫：《改革教育初步方案》，《中央週報》，第 212 期，1932 年 6 月 27 日南
京出版。
〔註77〕 《改革教育方案經中政會審查完竣》，《中華法學雜誌·國內要聞》，1932 年第
三卷第七號，第 122 頁。
〔註78〕 《四屆三全會關於教育之決議案》，《法令週刊》，1933 年第 132 期。

因此，雖然民國後期實施高校聯合招考或統一招考的時間只有少數幾年，其餘多數時期仍然採用單獨自行招考形式，但從總體上來看，從國民政府對高校招生活動各個流程和環節的規範、調控、管制和干預控制的力度來看，民國後期的高校招生制度恐怕難以稱得上完全意義上的自主招生制度，各高校的招生自主程度顯然遭到一定程度的削弱。當然，由於國民政府沒有直接干預、參與或控制高校內部的具體招生事務，再加上教授治校制度和自主招生傳統仍在發揮重要的作用，整個高校招生制度仍可稱得上是自主招生制度，或者，更準確地說，南京國民政府時期的高校招生制度可以稱為政府管制和宏觀調控下的自主招生制度。

綜上所述，無論是北京政府時期，還是南京政府時期，中央政府對高校招生活動一直沒有放棄依法監管和調控的責任，在與高校和學生的積極互動中，制定了一系列管理和調控高校招生的制度。一方面，政府的統一管理和宏觀調控不僅保證了高校招生和學生入學的正常秩序，也對高校招生活動提供了必要的規範和指導，同時降低了高校招生的成本；但是，另一方面，在管理和調控的過程中，有些做法的合理性值得討論，政府對高校招生事務的管理和調控內容和範圍一直沒有比較合理的界定，因而使得有些管理措施有可能對高校的招生自主權造成一定的損害。而南京國民政府的管制和控制制度對高校自主招生的威脅和侵害顯然更加明顯。當然，從總的情況來看，在民國多數時期，由於政府一般沒有直接干預、參與和控制各高校內部招生活動中一些比較關鍵的環節，因此，自蔡元培改革北大建立獨立自主招生新傳統之後，民國高校的自主招生制度仍然運行良好，雖然有時受到政府監管、調控和統制制度中某些負責因素的不良影響，但其自主招生的精神實質和基本性質仍然在很大程度上得以保留。

第三節　計劃與統制

根據民國時期政府對高校招生管理的制度內容，從總體上看，民國時期的中央政府對全國公私立高校招生大多實行中央集權式的統一管理制度。在中央集權的教育行政管理制度的運作下，中央教育行政機關為了實現某種教育管理目標，必然要求對全國高等教育招生進行統籌、規劃和調控，因而往往會制定一些管理和調控高校招生的制度。由此，中央政府通過制訂和實施

各類相對統一的招生管理規則，逐漸建立了一整套由中央政府依法進行統一管理的高校招生管理制度體系。由於中央教育行政機關的集權統一行政管理活動本身就帶有比較強的目的性和計劃性，民國初期政府對國立高校的招生管理往往體現出一定程度的計劃與統制色彩，特別是在國立高等師範學校的招生管理活動中，因此，如果從計劃和統制的角度來看，這種招生管理制度也可以稱之爲計劃統制招生制度。同時，由於在抗日戰爭爆發之前，中央政府沒有統一組織各高校實行統一的招生考試，各高校一般自行單獨招考，因此，在各高校單獨招考的形式和背景下，當時的招生管理制度又可以稱爲單招式（或單招式）計劃統制招生管理制度，本文簡稱爲單招（或單招）計劃統制制度。

在南京國民政府成立之後，隨著計劃與統制思潮的影響日益深入，爲了更快地滿足各項建設事業對各類人才的需求，同時，爲了應對風起雲湧的學生運動，國民政府大大加強了對各高校招生的計劃和統一控制力度；後來，抗日戰爭爆發後，實行計劃和統制招生制度不僅可以滿足國民黨試圖加強對高校和學生進行控制的政治目的，而且還可以在一定程度上幫助高校和考生解決招生與投考的實際困難，因爲受戰爭影響，各高校及廣大學子的經濟狀況開始惡化而急需政府的救助。由此，在各種因素的綜合作用下，原本就已經實現初步集權統一的招生管理制度迅速發展成爲由教育部按照中央政府計劃統一組織實施招生考試的統制招生制度——統招式（或統考式）計劃統制招生管理制度，本文簡稱爲統招（或統考）計劃統制制度。當然，嚴格地說，民國時期並沒有出現全國所有高校的統考計劃招生制度，因爲當時統招的範圍最大時才擴展到全國部份公立高校，其他部份公立高校及廣大私立高校仍然自行單獨招考，其統一的範圍仍然相當有限。因此，從參加統一考試的高校範圍來看，當時號稱爲全國公立高校的統一招考仍然只能算是部份高校的聯合招考制度，雖然在當時參加聯合招生的公立高校範圍內也可以稱爲統一招考制度。

因此，在民國時期，根據中央政府對高校招生與學生入學考試這個重要環節組織的嚴密程度，計劃統制招生制度又可以分爲單獨招考式計劃統制招生制度（簡稱爲單招計劃統制制度）、聯合招考式計劃統制招生制度（簡稱爲聯招計劃統制制度）與統一招考式計劃統制招生制度（簡稱爲統招計劃統制制度）。應當特別指出的是，這裡所講的計劃統制招生制度，其實是由中央政

府實施的計劃統制招生管理制度，行爲主體是政府，而不是高校，同時，由於計劃的實施往往要求統制，計劃與統制都政府管理的方式，因此，計劃統制招生管理制度也可以簡稱爲計劃招生制度。〔註79〕但是，顯然，這裡的招生其實是高校按政府的統一要求進行的招生活動，是高校在政府統一計劃指導下開展的招生活動，高校在很大程度上成爲政府招生政策和計劃的下屬執行機構。基於以上分析，本節對民國計劃統制招生制度的發展演變軌跡與基本制度內容進行系統梳理。

一、單招計劃統制

如果單純從招生考試的方式來看，在南京國民政府時期實行聯考或統考期間，參加的高校數量並不算很多，而沒有參加聯招或統招的學校卻仍然占絕對多數，〔註80〕這些高校仍然實行自行單獨招考，可見，即使在聯招或統招時期，單獨招考的方式也佔據了半壁江山，而且，實際上，由政府組織實行聯招和統招的時間並不長，由此可見，從招考方式來看，單獨招考方式其實是民國高校招考方式的主流。

但是，即使是各高校單獨招考，中央政府仍然可以對高校招生實施計劃和統制的管理方式。因此，民國時期，中央政府除了在聯招和統招期間對高校招生實行計劃統制招生管理制度，即使在各校單獨招考的情形下，也在不斷地對各高校招生實行計劃和統制的管理措施。可見，單招式計劃統制招生管理制度在民國時期的高校招生管理制度中佔有非常重要的地位。下面分階段介紹其主要制度內容及發展演變的軌跡。

〔註79〕　嚴格地說，計劃統制招生管理制度應該簡稱爲計劃統招制度，但在當今中文語境中的「統招」一詞主要是指全國高校的統一招考，爲了避免與當今通行的「統招」概念混淆，本文稱爲計劃統制招生制度或只稱計劃招生制度，因爲計劃招生制度雖然披上了計劃的外衣，但爲了實施計劃，這種制度必然包含政府對招生的統一管制。

〔註80〕　據統計，1938 年參加聯考招生的高校有 22 所，占當時 97 所專科以上院校的22.7%。1939 年，全國設 15 個招生區，參加統一招考的院校有 28 所，1940年設 16 個招生區，參加統一招考的高校也才只有 41 所，仍然不到全國高校數量的一半。參見〔日〕大冢豐：《現代中國高等教育的形成》，黃福濤譯，北京：北京師範大學出版社，1998 年版，第 266 頁。

（一）北京民國政府時期

北京民國政府時期，師範類以外的高校招生雖然大多也在中央政府依法統一管理之下，〔註81〕但一般不受中央招生計劃的具體指導和嚴格約束，因而政府對師範類以外高校招生實施的管理制度，除前文所述一些具有微弱統制性質的管理措施外，大多沒有明確的計劃性。因此，在北京政府時期，中央政府實施的計劃統制制度主要體現在對師範類高校招生的管理中。下面系統整理北京民國政府對高等師範學校實施的單招式計劃與統制招生管理制度。

1. 對招生目的的明確規定

民初，師範類高校的辦學目標相當明確，就是為中小學培養師資人才的，因此，其招生目的也是為了招收符合當時社會公認教師標準的生源。根據1912年9月教育部公佈的《師範教育令》規定，高等師範學校「以造就中學校、師範學校教員為目的」，女子高等師範學校以「造就女子中學校、女子師範學校教員為目的」。〔註82〕可見，師範高校的招生目的在於招收在學業與品行方面都表現較好的師資人才，以「造就中學校、師範學校教員」。

2. 對招生主體的統籌規劃

北京政府時期，中央政府對師範學校的設置有明確的統籌規劃。

北京政府教育部於1912年9月公佈的《師範教育令》規定：「高等師範學校定為國立，由教育總長通計全國，規定地點及校數分別設立。」〔註83〕

1914年12月，教育部公佈的《教育部整理教育方案草案》規定，高等師範學校屬於國立，其設置「採集中主義」，「經費由國家負擔之」，「就現勢而論，其應行注意者約分三類：（1）國立北京武昌兩校，應切實整理以期完備；（2）廣州成都省立之高等師範，應認為國立，並查核成績督促進行。」〔註84〕

〔註81〕當然，未正式向中國政府立案的教會立高校除外。
〔註82〕《教育部公佈師範教育令》，朱有瓛：《中國近代學制史料》第三輯下冊，上海：華東師範大學出版社，1990年版，第437頁。
〔註83〕《教育部公佈師範教育令》，朱有瓛：《中國近代學制史料》第三輯下冊，上海：華東師範大學出版社，1990年版，第437頁。
〔註84〕《教育部公佈師範教育令》，朱有瓛：《中國近代學制史料》第三輯下冊，上海：華東師範大學出版社，1990年版，第11頁。

　　1915 年 1 月頒佈的《特定教育綱要》中也要求：「高等師範學校：應由教育部統籌全國定爲六師範區，於其區內就適宜地點各建一校，其經費由部款支出。說明：高等師範學校爲造就師範學校、中學校教員之所，屬於高等教育，業由教育部劃爲國立。」〔註 85〕

　　另外，根據 1912 年 9 月教育部公佈的《師範教育令》的規定，女子高等師範學校也應當屬於高校招生的主體之一。〔註 86〕

　　從北京政府對高等師範學校設置的統籌規劃可以看出，當時師範類高校招生的主體有兩類，一是高等師範學校，二是女子高等師範學校，這兩招生主體都屬於國立性質，政府對這兩類招生主體的設置地點也有一定的部署和安排。

3. 對招生學科與專業的統一規定

　　1913 年，北京政府頒佈的《高等師範學校規程》規定，「高等師範學校本科分爲國文部、英語部、歷史地理部、數學物理部、物理化學部與博物部」；「研究科就本科各部選擇其中二、三科目研究」，「專修科之科目由校長訂定，但須呈請教育總長認可」。〔註 87〕

　　而 1919 年公佈的《女子高等師範學校規程》則規定，女子高等師範學校本科分爲文科、理科與家事科；專修科的學科則「由校長視所需要，臨時訂定，但必須呈請教育總長認可」；研究科則「就本科各部之一科目或數科目專攻之」。〔註 88〕

　　可見，民國政府對高等師範學校的招生學科和專業也有比較明確的計劃和統一的規定。

4. 對招生層次和類別的統籌規定

　　根據 1912 年 9 月教育部公佈的《師範教育令》的規定，高等師範學校應

〔註 85〕《袁世凱特定教育綱要》（1915 年 2 月），《教育公報》第九冊，轉引自中國第二歷史檔案館：《中華民國史檔案資料彙編》第三輯（教育），南京：江蘇古籍出版社，1991 年版，第 42 頁。

〔註 86〕《教育部公佈師範教育令》，朱有瓛：《中國近代學制史料》第三輯下冊，上海：華東師範大學出版社，1990 年版，第 437 頁。

〔註 87〕舒新城：《中國近代教育史資料》中冊，北京：人民教育出版社，1961 版，第 727 頁。

〔註 88〕《教育部公佈女子高等師範學校規程令》，北洋政府教育部檔案，中國第二歷史檔案館：《中華民國史檔案資料彙編》第三輯（教育），南京：江蘇古籍出版社，1991 年版，第 170～173 頁。

附設小學校、中學校，女子師範學校於附屬小學校外應設蒙養園；女子高等師範學校於附屬小學校外應設附屬女子中學校，並設蒙養園；高等師範學校、女子高等師範學校，得設選科、專修科、研究科。〔註89〕據此規定，師範高校的招生層次和類別有本科生、預科生、研究生、專修生、選科生，以及中小學生等。

同時，根據1913年公佈的《高等師範學校規程》規定，高等師範學校分預科、本科、研究科，還可設專修科和選修科，則其招生層次和類別可分為本科生、預科生、研究科、專修科生及選科生。選修科生可以選習本科及專修科中之一科目或數科目，但「倫理及教育學均須兼習」。另外，該規程還規定，「高等師範學校，應設附屬中學校及小學校」。〔註90〕可見，師範高校也可以招收中小學生。

另外，根據1919年公佈的《女子高等師範學校規程》第一條的規定，女子高等師範學校設預科、本科，也可設選科、專修科、研究科，〔註91〕可見女子高等師範學校招生的類別也包括預科生、本科生、選科生、專修生與研究生。

綜上可知，民國前期的師範類高校除招收本科生外，還可招收預科生、專修科生、選科生、研究科生，乃至中學生和小學生等。

5. 對招生人數的統籌計劃

北京政府對師範高校的招生人數也有比較詳細的計劃，包括對各校招生人數的限制和招生名額的分配，都有統一的計劃方案。

（1）招生名額的計劃

由於教育經費有限，因此，中央政府必須對師範類高校的招生名額作出限制。有關規程對師範高校的招生名額作了明確的規定。

1913年3月24日公佈的《高等師範學校規程》規定：「預科本科學生之總額，須在六百人以下，研究科及專修科無定額。預科學生之定額一百五十人；本科每學級之定額：國文部、英語部、歷史地理部各三十人；數

〔註89〕《教育部公佈師範教育令》，《教育雜誌》第4卷第8號，1912年11月。

〔註90〕舒新城：《中國近代教育史資料》中冊，北京：人民教育出版社，1961版，第727頁。

〔註91〕《教育部公佈女子高等師範學校規程令》，北洋政府教育部檔案，中國第二歷史檔案館：《中華民國史檔案資料彙編》第三輯（教育），南京：江蘇古籍出版社，1991年版，第170～173頁。

學物理部、物理化學、博物部各二十人；研究科專修科之額數由校長酌定，呈請教育總長認可。」另外，該規程還規定，高等師範學校，應設附屬中學校及小學校，但同時規定，「附屬中學校，每學級之學生數須在四十人以下」。〔註92〕

1919 年公佈的《女子高等師範學校規程》也規定：「預科、本科學生之總額，須在六百名以下」。〔註93〕

可見，教育部對師範高校每年的招生名額作了預先的計劃和統一的規定，師範高校招收研究科專修科的名額也必須經教育總長認可和批准。

（2）招生名額的分配

由於招生名額有限，而全國各地對中小學師資人才的需求較大，中央政府必須對師範類高校的招生名額按地域劃分進行分配。

1918 年 5 月 31 日，教育部發布《通令各高等師範學校招考學生辦法》，要求各高等師範學校按照全國高等師範學校校長會議議決方案，改革招考名額分配辦法，即每屆招考學生，「各省選送之額，應改爲四分之三，各校直接招考之額，應改爲四分之一」。該通令所附的議決方案提出的招考名額分配原則爲：

> 各校分配各省名額，應就各校不同之情形，定爲標準，以其校招生人數若干，比例而分配之，作爲由各省選送之額。更由各校在設校地點，酌留定額，直接招考，不分省界，以爲寄籍該地之學生，謀就學之便利。其各省選送之學生，程度不能足額，或其省未有選送之學生，可將本校直接招考人數，酌量加額，以補其缺。似此折衷辦理，庶於教育統一，學生就學，兼籌並顧。

該方案還同時規定了北京、武昌、南京、瀋陽四地的高等師範學校實行「招考劃一」的辦法，具體如下：

> 一、北京、武昌、南京、瀋陽各高等師範學校，每屆招考學生，應以各校每次學額四分之三，爲由各省選送之額，以四分之一爲各校直接招考之額。

〔註92〕舒新城：《中國近代教育史資料》中冊，北京：人民教育出版社，1961 版，第727 頁。

〔註93〕中國第二歷史檔案館：《中華民國史檔案資料彙編》第三輯（教育），南京：江辦古籍出版社 1991 年版，第 171 頁。

二、規定各省選送名額，應以各省分之大小，距離其校之遠近，及其省區內有無高師為標準，由各校具擬呈部核准，諮行各省辦理（省之大小以教育廳官制所定為準）。

三、各省選送學生考試方法，由各省妥定操行體格及學科標準，經各省教育長官考錄，送校復試，再定去取。〔註94〕

為了實現「招考劃一」，師範類高校必須在教育部的統一領導下與所在區域各省地方政府合作，進行統一協調和籌劃，在招生前制定比較詳細的計劃，這樣，就逐漸形成了民國時期高校計劃招生與統制招生模式的雛形。由此可見，這種師範類高校「招考劃一」的做法正是民國時期高校計劃統制招生制度的起源，對民國後期的高校計劃與統制招生制度產生了重要的影響，因而值得引起教育學術界的重視。

實際上，民國前期，各高等師範學校的「招考劃一」辦法沿用了清末京師大學堂招考新生按大小省分配名額的辦法，而大小省與人口有關，這就與按照各地人口分配名額的辦法有相通之處，應該說有相當的合理性。因此，此辦法也被民國後期師範學院招考新生的名額分配方案所採用。

當然，這種「招考劃一」的辦法也是教育部以及當時教育界努力謀求「教育統一」的結果，也是民國以來教育統一進程中的一個重要成果，並對以後的高校招生產生了深遠的影響。

6. 對招考方式的統一規定

師範高校中的本科與研究科招生基本上屬於免試入學的招生方式，因為其預科畢業生可以直接升入本科學習，本科畢業生可以直接升入研究科。1913年2月24日公佈的《高等師範學校規程》規定：「本科由預科畢業生升入」。〔註95〕另外，1919年3月12日公佈的《女子高等師範學校規程》規定，本科由預科畢業生直接升入；研究科由本科畢業生直接升入；選科生入學資格，由校長規定，呈報教育總長。〔註96〕

〔註94〕《教育部通令各高等師範學校招考學生辦法》，朱有瓛：《中國近代學制史料》第三輯下冊，上海：華東師範大學出版社，1990年版，第486～487頁。

〔註95〕《教育部公佈高等師範學校規程令》（1913年2月24日），北洋政府教育部檔案，中國第二歷史檔案館：《中華民國史檔案資料彙編》第三輯（教育），南京：江蘇古籍出版社，1991年版，第145頁。

〔註96〕《教育部公佈女子高等師範學校規程令》（1919年3月12日），北洋政府教育部檔案，中國第二歷史檔案館：《中華民國史檔案資料彙編》第三輯（教育），南京：江蘇古籍出版社，1991年版，第171頁。

與免試入學方式不同的是，師範高校在招收以同等學力報考者時，則採用招生試驗的方式，只有經過試驗合格者才可能獲得入學資格。例如，根據上述《女子高等師範學校規程》的規定，研究科招生時，「有相當學力者，經試驗後亦得入學」。

7. 對招生時間與次數的規定

民國初期，教育部公佈的有關法令規程對師範高校的招生時間和次數也有明確的規定。

1913 年 2 月 24 日公佈的《高等師範學校規程》第十五條規定，師範高校招收預科生及專修科生的時間和次數，「預科每年招生一次，專修科臨時招生，其日期及額數由校長酌定，先期通告」。〔註 97〕1919 年公佈的《女子高等師範學校規程》第十三條也同樣規定：「預科每年招生一次，專修科臨時招生，其日期、額數由校長酌定，先期通告」。〔註 98〕

8. 招生收費的統一規定

民國初期，由於師範類高校招收的學生被視爲推廣公共教育事業的人才，似乎理應享有免費教育的待遇，這就是師範高校公費生的由來。但由於教育經費有限，師範高校招收的公費生相當有限，爲了滿足公費生以外人員對師範教育的需求，於是師範高校也招收自費生。有關的法令法規對師範高校招收公費生和自費生時收取的相關費用也有專門的規定。

（1）招收公費生的規定

教育部於 1912 年 9 月公佈的《師範教育令》規定：「高等師範學校定爲國立，由教育總長通計全國，規定地點及校數分別設立」，「高等師範學校經費，以國庫支給之」，「高等師範學校學生免納學費，並由本學校酌給校內必要費用」。〔註 99〕

1913 年 2 月 24 日公佈的《高等師範學校規程》規定：「預科均爲公費生，但得酌量情形收錄自費生」，「公費生免納學費，並由本學校給以膳費及雜

〔註 97〕舒新城：《中國近代教育史資料》中冊，北京：人民教育出版社 1961 版，第 728 頁。

〔註 98〕教育部公佈女子高等師範學校規程令（1919 年 3 月 12 日），北洋政府教育部檔案，中國第二歷史檔案館：《中華民國史檔案資料彙編》第三輯（教育），南京：江蘇古籍出版社 1991 年版，第 171 頁。

〔註 99〕《教育部公佈師範教育令》，朱有瓛：《中國近代學制史料》第三輯下冊，上海：華東師範大學出版社 1990 年版，第 437 頁。

費」,「專修科生、選科生俱爲自費,但專修科生亦得視特別情形給與公費」。另外,該規程同時還規定了研究科的公費生與自費生選取辦法。〔註100〕

（2）招收自費生的規定

1913 年 2 月 24 日公佈的《高等師範學校規程》規定,預科、研究科均可招收自費生,而專修科及選科則「俱爲自費生,但專修科生亦得特別情形給與公費」,「自費生之人數及費額,由校長酌定,呈請教育總長認可。」〔註101〕

另外,1919 年公佈的《女子高等師範學校規程》規定,預科、本科及研究科均爲公費生,但「得酌量情形收錄自費生」;專修科、選科均爲自費生;但「專修科生亦得視特別情形酌給公費;公費生免納學費,並由本校支給膳費及雜費;自費生應繳費額,由校長酌定呈請教育總長」。

由此可見,當今中國大陸高校招收公費生和自費生的做法並不新鮮,這種做法其實在民國初期就已經出現並形成了具體的制度。

9. 對學生報考入學的統一規定

民國政府不僅對高校招生實行計劃和統制管理,還對學生報考入學的資格和相關條件等方面的要求制定了統一的規定。

（1）對入學資格的學歷要求

民國前期,從法令制度的層面來看,求學者要取得報考師範類高校的入學資格是不太容易的,因爲政府對報考師範類高校人員的學歷和其他方面都提出了比報考其他高校更高的要求。

據 1913 年 2 月 24 日公佈的《高等師範學校規程》規定,「預科及專修科入學資格,在師範學校、中學校畢業或與有同等學力者」;同時還規定,「保送之人,非由師範學校及中學校畢業者,其試驗科目之程度,應以師範學校、中學校畢業爲標準,並加口答試驗」,「在服務期內願入大學或高等師範學校研究科者,須呈請教育總長特別批准,得呈請教育總長認可」。

另據 1919 年公佈的《女子高等師範學校規程》規定,「預科及專修科入學資格,須身體健全,品行端正,在女子師範學校、或中學校畢業者,由各

〔註100〕《教育部公佈高等師範學校規程令》(1913 年 2 月 24 日),北洋政府教育部檔案,中國第二歷史檔案館:《中華民國史檔案資料彙編》第三輯(教育),南京:江蘇古籍出版社 1991 年版,第 145～147 頁。

〔註101〕《教育部公佈高等師範學校規程令》(1913 年 2 月 24 日),北洋政府教育部檔案,中國第二歷史檔案館:《中華民國史檔案資料彙編》第三輯(教育),南京:江蘇古籍出版社,1991 年版,第 145～146 頁。

省區長官送校試驗收錄。校長遇必要時，得另訂試驗條件，經教育總長認可，招收學生」，「在服務期內有願入研究科者，必須經教育總長特別批准，得呈請教育總長認可」。

（2）對入學考試的要求

為了培養優秀的師資人才，師範類高校對招生對象的入學考試要求也比其他類型高校的要求更高些。

因此，有關規程要求師範高校對報考者都要進行入學考試，對於非師範學校及中學校畢業者，還要加上口試。例如，1913 年公佈的《高等師範學校規程》規定：「預科及專修科入學資格，在師範學校、中學校畢業或與有同等學力者，由省行政長官保送，並由妥實之保證人具保證書，送校長試驗收錄；非由師範學校及中學校畢業者，其試驗科目之程度，應以師範學校、中學校畢業為標準，並加口答試驗」。〔註 102〕

（3）對考生身體狀況的要求

民國前期，有關法規對師範高校招生對象在身體健康狀況方面的要求也作出了專門的統一規定。根據《高等師範學校規程》的規定，預科及專修科入學資格，身體健全是必須具備的條件之一。

（4）對招生對象的品行要求

在制度設計上，由於對師範教育比較重視，自然對師範生的品行要求也會比較高。根據 1913 年公佈的《高等師範學校規程》第十四條的規定，預科及專修科入學資格，須品行端正，還須由省行政長官保送，並由妥實之保證人具保證書，送校長試驗收錄。〔註 103〕

民國前期，根據傳統社會的觀念，有關規定對女子入學高等師範學校的品行要求更加嚴格。1919 年公佈的《女子高等師範學校規程》第十二條規定，預科及專修科入學資格，須品行端正，第十九條還特別規定：「新招學生應使試習四月，察其品行、學力合格者，方得繼續肄業」。〔註 104〕

〔註 102〕《教育部公佈高等師範學校規程令》（1913 年 2 月 24 日），北洋政府教育部檔案，中國第二歷史檔案館：《中華民國史檔案資料彙編》第三輯（教育），南京：江蘇古籍出版社，1991 年版，第 145 頁。

〔註 103〕《教育部公佈高等師範學校規程令》（1913 年 2 月 24 日），北洋政府教育部檔案，中國第二歷史檔案館：《中華民國史檔案資料彙編》第三輯（教育），南京：江蘇古籍出版社，1991 年版，第 145 頁。

〔註 104〕《教育部公佈女子高等師範學校規程令》，北洋政府教育部檔案，中國第二歷史檔案館：《中華民國史檔案資料彙編》第三輯（教育），南京：江蘇古籍出版社，1991 年版，第 170～173 頁。

（5）新生須由政府官員保送入學

民國前期，師範高校招生的要求相當高，有關規程除規定入學資格之外，還規定，求學者報考師範高校需要由省區行政長官的保送。

根據《高等師範學校規程》的規定，預科及專修科入學資格，除須身體健全，品行端正，在師範學校、中學校畢業或與有同等學力之外，還須由省行政長官保送，才能送校長試驗收錄。〔註105〕

1919 年公佈的《女子高等師範學校規程》也有同樣的規定，符合入學資格者，「由各省區長官送校試驗收錄」。

（6）新生必須呈交入學保證

為了讓師範高校招收的學生在入學後能夠安心學習，並努力成為優秀的師資人才，當然，也為了出現特殊情況時能夠及時聯繫保證人，有關規定要求報考入學者必須由擔保人出具保證書。據教育部於 1913 年 2 月 24 日公佈的《高等師範學校規程》規定：「預科及專修科入學資格，須……，由省行政長官保送，並由妥實之保證人具保證書，送校長試驗收錄」。〔註106〕

（7）新生必須試讀的規定

民國前期，政府對師範高校招收的學生本來就比較注重質量，要求本來就比較嚴格，而可能是出於謹慎和防範的目的，有關規程對女子高等師範學校的學生要求更高，甚至專門規定要求女子高等師範學校對新招收的學生實行試讀制度。

1919 年公佈的《女子高等師範學校規程》還特別規定，新招學生，「應使試習四月，察其品行學力合格者，方得繼續肄業」。

高校招生在本質上是給予學生正式的學習資格，學生入學獲得正式學習資格後，如果違犯某些規章制度，則可能喪失其學習資格。有關法規對取消學生的學習資格也有明確的規定。例如，根據《高等師範學校規程》第二十條的規定，如果學生犯有某些情形，校長得命其退學，也即取消其學習資格，重新招收新生來填補退學生的學額。

〔註105〕《教育部公佈高等師範學校規程令》（1913 年 2 月 24 日），北洋政府教育部檔案，中國第二歷史檔案館：《中華民國史檔案資料彙編》第三輯（教育），南京：江蘇古籍出版社，1991 年版，第 145 頁。

〔註106〕《教育部公佈高等師範學校規程令》（1913 年 2 月 24 日），北洋政府教育部檔案，中國第二歷史檔案館：《中華民國史檔案資料彙編》第三輯（教育），南京：江蘇古籍出版社，1991 年版，第 145 頁。

從以上有關法令法規的主要內容來看，與其他類型的高校相比，北京政府時期，中央政府對師範類高校招生的管理制度有以下重要特點：

第一，政府對師範類高校招生進行統一管制的程度更深。

根據有關制度，與其他體制內高校一樣，師範類高校的招生也受中央政府教育部的統一管制，但師範類高校受到的政府統一管制的程度無疑更深。因為師範類高校的招生活動幾乎完全由中央政府教育當局進行統一管制，連招生名額及名額的區域分配都受到政府的管制。

第二，民國政府對師範類高校招生的管理具有鮮明的中央計劃特性。

在中央政府及教育部的統制下，師範類高校的招生名額及名額的分配都必須要由高校與地方政府相互協調，進行統籌計劃安排。這是民國高校招生受中央計劃調控的開端。

第三，民國政府對師範類高校的招考對象要求特別嚴格。

在政府的統一規定下，師範類高校招生時在各個方面對招考對象的要求都比較嚴格，如在身體狀況、道德品行與口頭表達能力及保證人出具保證書等方面的都有特別的明文規定，而這些方面的嚴格要求在政府對其他類型高校招生的管理制度中是沒有明文規定並作統一要求的。

第四，民國政府對師範類高校招生的有些管理方式和做法具有一定的開創性。

由此可見，在民國教育史上，民國前期政府對師範類高校招生實施的管理制度具有相當重要的開創意義，它在不少方面開創了民國高校招生管理制度的先河，同時對後來的高校招生管理制度也有重要的啓發與示範作用。特別是它開創的在一定區域內實施統一招生計劃和招生入學考試的做法，及中央政府限制高校招生名額及根據學區對招生名額按比例進行統一分配的先例，它首先確立的實行高校招生與地方政府相互協調的原則及根據各省區人口的多少來確定招生名額的原則，及對師範高校招生對象要求特別嚴格的統一規定和做法，在民國時期都具有重要的開創意義和示範作用。另外，它規定的師範類高校招收新生實行公費待遇並同時招收自費生的做法，也有一定的開創意義。

綜上可知，在北京民國政府時期，在各高校單獨自行招考的條件下，教育部對師範類高校招生管理實行的完全是有計劃的統一控制招生政策，並建立了一整套按計劃統制招生的管理制度體系。雖然當時的師範高校計劃統制

制度只是一種單招式計劃統制制度，只能算是民國時期高校計劃統制制度的初級形式，但是，這種初級的單招式計劃統制制度爲後來的聯招式計劃統制乃至統招式計劃統制制度的形成和發展提供了參照，並奠定了重要的基礎。後來由教育部統一組織實施的全國公立院校計劃統制制度可以說是民國前期師範類高校計劃與統制招生制度的推廣與放大，當然計劃與統制的程度也隨之大大加強了。

因此，從民國時期政府對高校招生實施計劃與統制管理制度的發展和演變歷史來看，北京政府時期的師範類高校計劃統制制度應當是民國時期高校計劃統制制度的最早雛形，也是民國高校計劃統制制度的重要組成部份。

由於計劃是由中央教育行政機關事先在內部制定的，一般並不爲公眾所熟知，而在傳統的中央集權體制下，政府對高校招生實行的統制政策對於多數高校和普通公眾來說，都是必須遵守的，很少有人會對中央政府的統制政策產生疑義。而且，從表面上看來，招生中的考試環節與社會公眾的聯繫確實較爲緊密，關係也較爲直接，因此，人們往往習慣於以考試形式來給招生制度分類，分爲單獨招考、聯合招考或統一招考制度。這樣的劃分當然無可厚非，但這主要以高校爲主體的、單純對招生入學考試方式的分類，往往不能反映招考方式背後的政府管理因素。因此，如果從政府管理的視角出發，無論是單招、聯招或者是統招，各高校都是在教育部的中央計劃指導或指令下實施招生入學考試的，都必須服從政府對高校招生實施的計劃和統制。據此，從政府管理的角度來看，以上各種類型的計劃統制招生制度就可以統稱爲「單招計劃統制招生制度」。

當然，必須指出的是，在北京政府時期，由於政府對師範類高校實施的計劃統制制度並不占主流，因此，從總體來看，雖然單獨招考的招考方式是主流，但單招計劃統制的招生管理制度不是主流，當時占統治地位管理制度的還是非計劃統制制度。

另外，還有一點也值得注意，如果與南京國民政府時期相比，北京政府對師範類高校招生的計劃與統制管理一般並不帶有明顯的政治目的，特別是沒有受到政黨政治的影響和控制，而大多是出於當時的社會道德觀念和人們對師範教育本身的要求而採取的措施。

（二）南京國民政府時期

一般認為，南京國民政府成立後，在 1937 年度及 1940 年之後，教育部曾組織少數高校實行聯合招考制度，而在 1938 至 1940 年期間，教育部組織全國國立與公立高校實行聯招或統招制度，只有在 1937 後以前，各高校才是完全實行單獨招考方式進行招生。但是，如前所述，實際上，參加聯招或統招的學校數量也非常有限，實行單獨招考方式的高校數量要超過參加聯招或統招的高校數量，因此，雖然聯招和統招在南京國民政府時期佔有重要地位，但是，單獨招考方式在也仍然與聯招或統招同時並存，當然也占重要的地位。也就是說，單獨招考方式在整個南京國民政府時期都一直存在，而且，如果單純從實行的高校數量上來看，單招招生制度甚至佔據主流地位。

當然，即使是單獨招考，南京國民政府也沒有放鬆對各高校招生的計劃和統制，因而，實行單獨招考的高校，同時也必須服從於中央政府的計劃統制招生管理制度。因此，可以說，這種單獨招考制度其實就是南京國民政府時期的單招式計劃與統制招生管理制度。

而且，如前所述，南京政府對高校招生管理和控制力度大大超過了北京政府時期，而隨著政府管理調控與計劃統制力度的不斷加強，計劃與統制式的招生管理制度漸漸成為高校招生管理制度中的主流。因此，南京國民政府時期，聯合招考和統一招考的招考方式當然重要，但是，政府對高校招生實施的計劃和統制可能更重要，特別是自 1932 年陳果夫提出限制文法科招生的方案之後，教育部對高校招生的計劃和統制開始逐漸成為主流的高校招生管理制度。由此可見，單獨招考的方式，再加上中央政府的計劃與統制，這種單招計劃統制招生管理制度可以說是南京國民政府時期最重要的招生管理方式。

為了方便與北京政府時期教育部對師範類高校實行的計劃統制招生管理制度進行對比，下面先以中央教育行政機關對師範類高校招生實施的管理制度為例，整理南京國民政府時期的單招計劃統制制度，然後再介紹國民政府對實行單獨招考的其他類型高校招生活動進行計劃和統制管理的制度演變軌跡。

1. 師範高校的單招計劃統制招生制度

國民政府繼承和發展了對師範類高校的計劃和統制，同時進一步明確規定了師範高校的計劃招生原則。下面對有關制度和做法進行梳理。

（1）對師範高校招生目標的預設

按照教育部 1942 年 8 月 17 日公佈的《師範學院規程》規定，師範高校的招生目的應爲「養成中等學校健全師資」服務。〔註 107〕當然，其所謂「健全師資」，主要是指「培養實施三民主義的師資」。〔註 108〕由於三民主義是國民黨的指導思想，這就意味著，師範類高校培養出來的師資在某種意義上成爲宣傳執政黨指導思想的教員，這同時也是師範類高校招生的主要目標之一。國民政府對師範高校招生實行計劃統制管理正是爲了達到這樣的目標。由此可見，與北京政府時期相比，南京國民政府不僅從師範教育本身的目標出發制定招生目標，而且，爲了達到政治目的，進一步使師範高校招生打上了政黨政治的烙印，這種做法顯然是國民黨推行黨化教育和教育統制政策進一步深入的表現。

（2）對師範高校招生主體的規定

按照 1929 年 7 月 26 日教育部公佈的《大學規程》規定，師範高校招生的主體除各師範學院外，還有各大學的教育學院，及大學或獨立學院之有關文學院或文科所設的教育學系。〔註 109〕

同時，教育部於 1942 年 8 月 17 日公佈的《師範學院規程》還規定：「師範學院單獨設立，或於大學中設置之」，「由教育部審察全國各地情形分區設立之」，「必要時得附設中小學」，「師範學院得設第二部，招收大學及專科學校畢業生」，「師範學院得設專修科，招收高級中學畢業生或同等學力者」，「師範學院得設教育研究所，招收教育學系畢業之非師範生及師範學院畢業服務兩年，或大學其他院系畢業而有兩年以上教學經驗者」。〔註 110〕

顯然，南京政府教育部對師範類高校招生主體設置的統籌規劃也體現了計劃統制制度的某些特點。

（3）師範高校的招生院系與學科設置

南京國民政府頒佈的有關法令法規對師範類高校招生的院系和學科設置統一作了明確的規定。

〔註107〕教育部法規委員會：《教育法規彙編》（增訂本）（二），臺北：正中書局，1981年 2 月初版，第 745 頁。

〔註108〕《三民主義教育實施原則》，中國第二歷史檔案館：《中華民國史檔案資料彙編》第 5 輯 第 1 編 教育，南京：江蘇古籍出版社，1994 版，第 1037 頁。

〔註109〕《大學規程》，教育部：《教育法令》，上海：中華書局，1947 年 7 月第二版，第 142～143 頁。

〔註110〕教育部法規委員會：《教育法規彙編》（增訂本）（二），臺北：正中書局，1981年 2 月初版，第 745 頁。

1929 年教育部公佈的《大學規程》規定，大學教育學院或獨立學院教育科，分設教育原理、教育心理、教育行政、教育方法及其他各系。〔註 111〕

教育部最早於 1942 年 8 月 17 日公佈並經後來數次修正公佈的《師範學院規程》規定，獨立師範學院分國文、英語、史地、數學、理化、博物、教育、體育、音樂、家政等學系，及體育、音樂、勞作、圖畫、家政等專修科；大學師範學院分設教育、體育、藝術等學系，並得在文理學院相當學系內招收師範生。〔註 112〕

而根據 1946 年 12 月 9 日教育部修正公佈的《改進師範學院辦法》的規定，國立大學師範學院內分設教育、體育兩系，必要時得設第二部及教育研究所。原設國文、史、地、數學、理化、博物各系均歸併文理學院施教，以免重複，但原定之專業科目仍須修習。公民訓育系取銷其原有學生，歸併於教育系。音樂、藝術、童子軍等專修科停辦，其原有學生移歸音樂院藝術專科學校及體育專修科或體育系。該辦法同時要求國立大學未設師範學院者，得於文學院內增設教育學系，還要求將現有師範學院之研究所改爲爲教育研究所。〔註 113〕

另外，1941 年 8 月 6 日教育部公佈《教育部設置師範學院初級部辦法》，指令要求各師範學院，「設置初級部，以培養初級中學及簡易師範學校（科）之師資，適應各省實際需要」。

由此，爲了適應教育普及的需要，當然，同時也爲了盡可能多地培養「三民主義的師資」，國民政府不並地設法改進師範類高校招生的院系和學科設置。

（4）師範高校的招生許可制度

根據有關規程規定，師範高校屬於國立，同時也是重要的大學類型之一，由教育部在全國分區計劃建設，其招生資格的獲得與其他國立高校一樣，也須受教育部的審批。另外，按《大學規程》的規定，教育學院或教育科的開辦費與每年經常費的最低限度分別爲 10 萬元和 8 萬元。〔註 114〕同樣，教育部

〔註 111〕《大學規程》，教育部：《教育法令》，上海：中華書局，1947 年 7 月第二版，第 142～143 頁。

〔註 112〕教育部法規委員會：《教育法規彙編》（增訂本）（二），臺北：正中書局，1981 年 2 月初版，第 745～746 頁。

〔註 113〕教育部參事室：《教育法令》，上海：中華書局，1947 年 5 月版，第 187～188 頁。

〔註 114〕《大學規程》，教育部：《教育法令》，上海：中華書局，1947 年 7 月第二版，第 142～143 頁。

於 1941 年 11 月 29 日公佈並於 1947 年 3 月 27 日修正公佈的《專科以上學校學生學籍管理規則》的有關規定，與其他高校一樣，師範高校在招生的三個月前也須將招生名額與招生簡章呈教育部核准。〔註 115〕

這也表明，南京國民政府時期，在招生許可和審批方面，政府對師範類高校招生的統一管制力度又有所加強。

（5）師範高校招生的層次與類別

根據以上所述教育部公佈的《師範學院規程》，民國後期師範類高校的招生類別和層次分為本科生、專修科生、研究生、初級部學生及中小學生。這是國民政府對師範類高校招生層次和類別的統一規定。〔註 116〕

（6）師範高校的計劃招生原則

根據上述《師範學院規程》第四條的規定，師範學院實行計劃招生，「應與所劃區內教育機關密切合作，研究輔導該區內之中等教育，並視該區內中等教育師資需要，為有計劃之招生」。

由此可知，南京國民政府明確將對師範類高校招生的管理制度確定為計劃招生制度。

（7）對師範高校報考入學的規定

對師範學院的入學考試，教育部出臺了專門的規定。例如，《師範學院規程》規定：「師範學院之入學考試，除體格檢查與筆試外，應注重口試，注意受試者之思想、儀容及應對、演說之能力」。〔註 117〕

同時，教育部制定的有關法規對師範高校新生的入學資格也作了統一的規定。根據《師範學院規程》規定，師範學院本科的入學資格為「須在公立或已立案之私立高級中學或同等學校畢業，或師範學校畢業報務三年期滿，或具有高級中學畢業同等學力，經入學試驗及格者」；師範學院第二部的入學資格為「大學及專科學校畢業生」；師範學院專修科的入學資格為「高級中學或同等學校畢業生，或具有高級中學畢業同等學力者」；師範學院教育研究所的入學資格為「教育學系畢業之非師範生及師範學院畢業服務兩年，或大學

〔註 115〕《專科以上學校學生學籍規則》，教育部：《教育法令》，上海：中華書局，1947年 5 月版，第 162～164 頁。

〔註 116〕教育部法規委員會：《教育法規彙編》（增訂本）（二），臺北：正中書局，1981年 2 月初版，第 745 頁。

〔註 117〕教育部法規委員會：《教育法規彙編》（增訂本）（二），臺北：正中書局，1981年 2 月初版，第 745 頁。

其他院系畢業而有兩年以上教學經驗者」；師範學院招收轉學生的入學資格爲「須在其他師範學院肄業有轉學證明書，於學年開始以前經轉學試驗及格者」；〔註118〕

另外，教育部還統一要求師範高校新生填寫入學志願並履行登記手續。根據 1946 年 12 月 9 日教育部修正公佈的《改進師範學院辦法》的規定，師範生無論其主科屬於文、理、工、農或教育、體育系者，「均應於入學時填具師範生志願書，並履行登記手續」。〔註119〕

與北京政府時期相似，國民政府也對師範類高校的新生入學制定了給予免費待遇的統一規定。例如，1944 年 10 月，行政院公佈《全國師範學校學生公費待遇實施辦法》。根據該辦法中的有關規定，師範類高校新生入學可以享受的免費待遇主要包括以下幾個方面：

（1）免繳學雜費用：除保證金外，免繳學費、宿費、及圖書、體育、醫藥衛生等雜費；

（2）免費享受供給的費用包括：膳食、各科教科書、制服、外出參觀費用及各科實習材料費用等；

（3）補助新生到校旅費。〔註120〕

由此可見，民國後期的師範類高校招生管理制度繼承了民國前期師範類高校招生管理制度的重要特質，也同樣具有由政府統一管制、按中央計劃指導高校招生及對招生對象要求比較嚴格並給予免費入學待遇等特點。

綜上可知，南京國民政府對師範類高校實行的也是比較典型的統一計劃招生政策，並制訂了相應的計劃與統制招生管理制度體系。因此，總的來看，作爲一類比較特殊的高校類型，民國時期的政府對師範類高校招生的管理制定了比較典型的計劃統制招生制度。民國的師範類高校計劃統制制度爲政府對其他類型高校實施計劃統制招生管理提供了一定的經驗借鑒，其在當時及對後世的影響值得重視。

〔註118〕教育部法規委員會：《教育法規彙編》（增訂本）（二），臺北：正中書局，1981年 2 月初版，第 745 頁。

〔註119〕《改進師範學院辦法》，教育部參事室：《教育法令》，上海：中華書局，1947年 5 月版，第 187～188 頁。

〔註120〕《全國師範學校學生公費待遇實施辦法》，教育部參事室：《教育法令》，上海：中華書局，1947 年 5 月版，第 251 頁。

2. 單招計劃統制招生制度的推廣與演進

南京國民政府時期，中央政府對高校招生的計劃和統制不僅體現在對師範類高校的管理上，而且將計劃和統制制度推廣到對所有高校的招生管理中。而隨著國民政府對高校招生計劃與統制力度的不斷加強，原來的單招計劃統制招生管理制度也在不斷地演進，並逐漸形成了根據中央計劃實行按比例和統一分配招生名額的單招招生管理制度。

（1）對高校招生加強計劃統制的歷史緣由

南京國民政府成立後的幾年時間裏，國際政治經濟形勢正發生著深刻的變化，特別是 1929 年發生世界經濟危機以來，西方國家開始盛行以國家干預為主要特徵的凱恩斯主義，美國的羅斯福新政的一個重要特點就是加強政府對經濟活動的干預和統制，意大利、德國、日本等國家則實行比較嚴格的經濟統制政策，蘇聯也開始實施第一個五年計劃。反觀中國國內，則仍處於戰爭頻仍和民生凋敝的落後狀態，稍有見識的人都難免會對國內落後的現狀進行反思並尋求出路。特別是蘇聯計劃經濟的巨大成功，及日本和意大利等國經濟統制政策的顯著成效，使得中國知識界開始思考利用計劃與統制政策對中國社會進行改造，以促進社會各項事業的發展。由此，到了 20 世紀 30 年代初，除了共產黨人和左翼知識分子，一些自由主義知識分子，包括胡適、丁文江等人，也開始考慮建議國民政府採用計劃和統制政策來發展各項事業，以致當時的中國甚至出現了「蘇聯熱」。研究表明，在當時，以蘇聯為主題的報刊書籍如雨後春筍般地湧現，幾乎沒有哪種刊物不談論蘇聯，不發表有關蘇聯的文章，談論蘇聯已成為一種時尚。〔註 121〕與此同時，統制經濟與計劃經濟一樣，成為各派學術和政治人物談論的時髦名詞。南京政府甚至公開打出統制經濟的旗號。1933年 8 月，剛從歐美考察回國的國民政府要員宋子文發表「以國民經濟為中心，政府實力維護，加以有計劃的統制而謀開展」及「屬行統制經濟」等主張。〔註122〕正如丁文江在 1933 年 7 月 1 日發表的一篇文章中所言：「現在流行的口號要算是『統制經濟』了！左傾的也好，右傾的也好，大家都承認放任經濟的末日到了；統制經濟是人類走向極樂世界的大路」。〔註123〕

〔註121〕 鄭大華、張英：《論蘇聯「一五計劃」對 20 世紀 30 年代中國知識界的影響》，《世界歷史》2009 年第 2 期，第 117～128 頁。

〔註122〕 《昨日兩大盛會歡宴海外歸來的宋財長》，《申報》，1933 年 8 月 31 日。

〔註123〕 丁文江：《實行統制經濟的條件》，天津《大公報》，1933 年 7 月 1 日；《獨立評論》第 108 期，1934 年 7 月 8 日。

　　雖然統制經濟與計劃經濟之間可能有一定的區別，但在當時，人們往往將二者混爲一談，其實質都是強調必須由政府出面進行全盤干預和規劃並採取強制措施管理經濟事務，其對立面都是自由放任的市場經濟。因此，無論是出於鞏固政權的目的，還是進行各項建設本身的需要，國民黨自然也不甘落後，國民政府必然會不斷加強對各項建設事業的計劃和統制。〔註124〕同時，國民黨人還試圖將經濟統制的措施運用到政治和其他社會領域，以加強政府對社會的管理和控制，有人在官方媒體上撰文鼓吹道：

　　　　多黨政治國家的國民，浸潤於個人主義太久，不克自拔。統制

　　經濟固可以打破國民在經濟上的個人主義，同時，還要用統制政治，

　　以打破國民在政治上的個人主義，雙管齊下，始易奏效。〔註125〕

在此歷史背景之下，計劃和統制必然延伸到教育領域，道理很簡單，建設需要人才，而人才出於教育，特別是高等教育，這就是計劃和統制教育思想的基本邏輯和主要緣由。

　　1929 年 3 月 25 日，國民黨第三次全國代表大會通過了《確定教育宗旨及其實施方針案》，這就是著名的三民主義教育宗旨。〔註126〕

　　隨後（3 月 27 日），大會通過的《對於政治報告之決議案》指出：

　　　　吾人認爲數十年來教育上之病理狀態，積至今日，已成爲一急

　　須救治之大問題。大會於此，以爲本黨今後必須確定整個教育方針

　　與政策，其根本原則，必須以達成三民主義的文化爲中心。換言之，

　　必須以三民主義之精神，融化東西文化之所長，使全國人在「人民

　　之生活，社會之生存，國民之生計，群眾之生命」上，具備三民主

　　義之實際功用，以達民族獨立，民權普遍，民生發展之目的，然後

　　教育之功能始盡。

而爲了使教育具備這種以往並不具有的特別功能，該決議案明確提出：

〔註124〕國民政府成立之初即開始成立有關機構負責規劃和實施各項建設計劃。請參見鄭會欣：《戰前「統制經濟」學說的討論及其實踐》，《民國研究》，2006 年第 1 期。

〔註125〕程瑞霖《統制經濟與統制政治》，《行健月刊》第 3 卷第 5 期，1933 年 11 月 15 日。

〔註126〕《確定教育宗旨及其實施方針案》（民國二十八年三月二十五日第三次全國代表大會通過），中國國民黨中央執行委員會訓練委員會：《中國國民黨歷次重要會議宣言及重要決議案彙編》第二冊，出版地不詳，1941 年 9 月版，第 490 頁。

則必矯正從前教育上放任主義之失，而代之以國家教育之政
策。言其要點，則必確定國家由訓政時代以至憲政時代所要求於國
民之知識能力、品格道德者，究爲如何之標準，然後改善教育制度，
提高教育內容，以期養成國家所需要之國民及人材，而發展時代所
需要之科學與文化，然後所謂國家教育政策者，始爲有健全充實之
內容也。簡括言之，教育乃國家建設永久之任務，其功用應始於胎
教，而終於使個人能爲社會生存之總目的，各獻其健全之能力。……
大會秉此要義，認爲本黨今後必當於教育上採積極方針，合其他建
設方針，以成國家教養兼施之全部訓政計劃，而努力實施，則於國
民革命之責任，庶幾無遺憾矣。〔註127〕

從中可以看出，如果以蔡元培改革北京大學時期的眼光來看，國民黨對於教育
的功能和目標似乎又如同古代中國一樣，是爲了「對人們進行實踐能力的訓
練，使他們能承擔政府所急需的工作」，或與晚清時期一樣，「大學推行的總方
針，還是爲了要產生一個於政府有用、能盡忠職守的群體」，這顯然與現代教
育的辦學目標（即不僅在於培養人們的實際工作能力，還在於培養人們在各種
知識領域中作進一步深入研究的能力）有重要的差異。〔註128〕且不論國民黨
對於教育功能和目標的定位是否合理，這項決議顯然預示著：南京國民政府即
將對放任主義的高等學校教育採取積極干預的政策和進行統籌規劃。

由此，根據其整個國家建設計劃及其積極干預的方針政策，國民黨必然
要求國民政府採取有效措施對全國高校的招生進行干預和統籌規劃。1929 年
4 月 26 日，根據上述由國民黨第三次全國代表大會通過的有關決議，國民政
府公佈了《中華民國教育宗旨及其實施方針》，其中規定：「大學及專門教育，
必須注重實用科學，充實學科內容，養成專門知識技能，並切實陶融爲國家
社會服務之健全品格」。〔註129〕1931 年 6 月公部的《確定教育實施趨向案》
中規定「大學教育以注重自然科與實用科學爲原則」。可見，鼓勵高校多招收

〔註127〕《對於政治報告之決議案》（民國十八年三月二十七日第三次全國代表大會通
　　　　過），榮孟源等：《中國國民黨歷次代表大會及中央全會資料》（上冊），北京：
　　　　光明日報出版社，1985 年 10 月第 1 版，第 645 頁。

〔註128〕蔡元培《中國現代大學觀念及教育趨向》，中國蔡元培研究會：《蔡元培全集》，
　　　　杭州：浙江教育出版社，1997 年版，第五卷第 308～309 頁。

〔註129〕阮華國《教育法規》，大東書局印行，轉引自宋恩榮、章咸：《中華民國教育
　　　　法規選編》，南京：江蘇教育出版社，2005 年版，第 35～36 頁。

和培養實用科學人才，同時抑制高校招收過多的文科類新生，這已經成為國民政府的既定方針政策。

在這樣的背景下，全國高校數量與學生人數中文科與實科發展不平衡的問題很快受到高度重視，新的統計數據也很快就出來了。根據 1931 年教育部的統計，全國實科類學生僅占 30％，而文科類學生則高達 70％。毫無疑問，這樣的統計數據清楚地向人們表明：高等教育中文科與實科的發展是非常不均衡的。因而，政府「不能不視為畸形發展，失其均衡，而急須加以糾正」。〔註130〕

於是，1932 年夏，陳果夫向國民黨中央政治會議提交了「改革教育初步方案」，建議在招生管理方面進行重大改革：一是自 1932 年秋季起，全國大學及專門學校一律停止招收文學院、法學院及藝術學院學生，暫定以十年為限；二是以所節省之經費移作擴充工、醫科之用，並依十年建設之計劃，規定造就工、農、醫各項專門人才數目，分別指定各專科以上學校切實訓練。〔註131〕1932 年 12 月 21 日，國民黨第四屆第三次中央全會通過教育改革案，要求大學教育側重實科及本國教育。〔註132〕因此，在國民黨以孫中山《建國大綱》為指針制定並實施十年建設計劃之際，國民政府必然會對高校招生進行統籌規劃，以滿足各項建設事業對實用人才的需求。正如 1933 年教育部在一份訓令中所言：

> 茲外侮日亟，國家經濟衰落達於極度時期，自非造就多數實用
> 科學人才，不足以應非常環境及社會需要。比月以來，本部迭奉中
> 央明令，嚴飭改革，業經通令飭遵。現屆二十二年度行將開始時期，
> 對於各大學及學院招考新生，自應斟酌情形，加以限制，以符糾正
> 文法科教育畸形發展之旨。〔註133〕

〔註130〕《轉令知規定二十二年度各大學及學院招生辦法》（1933 年 6 月 6 日），《廣東省政府公報》第 226 期公報，教育，第 109 頁。

〔註131〕陳果夫：《改革教育初步方案》，《中央周報》第 212 期，1932 年 6 月 27 日南京出版。

〔註132〕郭廷以：《中華民國史事日誌》第三冊，臺北：中央研究院近代史研究所，1984年 6 月初版，第 216 頁；《關於教育之決議案》，中國國民黨中央執行委員會訓練委員會：《中國國民黨歷次重要會議宣言及重要決議案彙編》第二冊，出版地不詳，1941 年 9 月版，第 575 頁。

〔註133〕《轉令知規定二十二年度各大學及學院招生辦法》（1933 年 6 月 6 日），《廣東省政府公報》第 226 期公報，教育，第 109 頁。

陳果夫提出的改革教育初步方案獲得通過並付諸實施，這件事不僅在當時引起了轟動，而且，即使在現在看來，也可以算得上是中國現代教育史上的一件大事。同時，從高校招生的角度，特別是從民國高校計劃與統制招生管理制度的演變歷史來看，這應當是南京國民政府開始在全國範圍內對高校招生實行按中央計劃統一招生管理制度的一個重要標誌。從此，民國時期的師範類高校計劃統制制度逐漸在全國高校中推廣，從而結束了各非師範類高校招生基本無中央統一計劃指導的歷史。當然，從政府管理招生的角度來看，這也同時標誌著，在全國高校範圍內，民國時期的高校招生管理制度正式升級為計劃與統制為主的招生管理制度，雖然各高校仍然自行單獨招考，但是，顯然，計劃統制招生管理制度已經開始佔據主流地位。

（2）單招計劃統制招生管理制度的演進

在國民黨既定方針政策的指導下，國民政府似乎再也不能容忍全國高校學科與地區發展極端不均衡的狀況繼續下去。由此，雖然各高校仍然單獨自行舉行招生考試，但是，國民政府卻在穩步推進對全國高校招生的計劃與統制。

於是，教育部很快便出臺了對高校招生加強計劃調控和統制的措施。隨著計劃與統制力度的不斷加強，到抗戰前夕，先後形成了三種類型的計劃與統制招生制度模式。

第一種是實行按比例的計劃與統制招生管理制度。

根據前述國民黨中央有關限制文科、注重實科的決議，自 1933 年起，教育部在各高校推行按比例招生的統一計劃招生制度。具體做法如下：

首先對高校招生實施分類管理，即將各高校所設的學院與學科劃分為甲類（即文科類，包括文、法、商、教育、藝術等）和乙類（即實科，包括理、農、醫、工等）兩類。

其次，將文科與實科招生實行比例控制，具體的規定是：

（一）自本年起，各大學兼辦有甲類學院（文、法、商、教育、藝術等學院）及乙類學院（理、農、醫、工等學院）者，任何甲類學院所招新生數額，連同轉學生不得超過任何乙類學院所招新生之數額；其甲類學院所設學系，與乙類學院所設學系數目有不同時，任何甲類學院各系所招生數之平均數，不得超過任何乙類學院各系所招新生之平均數；

（二）自本年起，各獨立學院兼辦有甲類學科（文、法、商、

教育、藝術等學院）及乙類學科（理、農、醫、工等學院）者，任何甲類學科所招新生數額，連同轉學生不得超過任何乙類學科所招新生之數額；其甲類學科所設學系，與乙類學科所設學系數目有不等時，任何甲類學科各系所招生數之平均數，不得超過任何乙類學科各系所招新生之平均數；

（三）凡專辦前述甲類學科之獨立學院所招新生之數額，不得超過各該學院二十年度新生數額。如有特殊情形，須先經教育部核准；〔註134〕

最後，爲了使全國公私立各高校更好地執行上述按比例的統一計劃招生辦法，教育部還規定了對違規者的懲處措施，訓令稱：

凡未嚴格依照本規定招生之學校，本部概不予審定其新生之入學資格，或更爲其他糾正之處置。以上各規定，除專收女生之學院，暫不適用外，暨有另案令知者外，所有國立、省立及已立案之私立各大學各學院應一體遵照辦理。學校照辦，否則新生入學資格不予承認。〔註135〕

第二類是限制招生名額的計劃統制制度。

在上述控制高校招收文科與實科類新生比例的基礎上，1934 年，教育部又對各高校招收文科類新生的名額進行了一定的限制，從而形成了第二種單招計劃統制招生管理制度，即限制招生名額的計劃統制制度。其做法主要是：

（一）各大學及獨立學院招收新生，均以學系爲單位，招考時由學生自行認定；

（二）凡專辦甲類（即文科類）的獨立學院及專修科所招新生及轉學生之數額不得超過 50 名。

與前一年的招生辦法相比，新的辦法還特別規定：

（一）上述規定不僅適用於招收新生，也適用於招收轉學生。

（二）乙類（即實科類）學院及獨立學院乙類（即實科類）學

〔註134〕《轉令知規定二十二年度各大學及學院招生辦法》（1933 年 6 月 6 日），《廣東省政府公報》第 226 期公報，教育，第 109～110 頁。
〔註135〕《轉令知規定二十二年度各大學及學院招生辦法》（1933 年 6 月 6 日），《廣東省政府公報》第 226 期公報，教育，第 110 頁。

科，均應按照設備狀況及校舍容量，招收合格新生以宏造就。〔註136〕
由此可見，教育部對各高校招生的計劃統制除了實行比例控制，還進行名額限制。教育部出臺該辦法的用意也很清楚：「以上各規定意在繼續矯正文法科教育之畸形發展，造就多數實科人才」。〔註137〕

第三種是按既定名額招生的計劃統制制度。

在試行了上述兩種招生管理制度之後，教育部根據前兩年的招生情況，對此前的管理措施作了進一步的改進，乾脆取消了「比例控制」和「不得超過50名」的名額限制等仍然顯得比較寬鬆的招生管理辦法，而代之以直接要求各高校按既定實際名額進行招生的管理辦法。為此，1935年，教育部發布《二十四年度各大學及獨立學院招生辦法》訓令，具體規定主要包括：

首先，由教育部按規定對各高校所有科系的招生名額進行重新審定。

> 各大學及獨立學院之文、法、商、教育、理、工、醫、農所屬一切系科，嗣後招收新生及轉學生，均應詳審各系科師資情形與設備狀況，酌定各該學科招收之名額，以期實際獲得教學效率，不得濫收情形。

其次，由教育部對高校各科系的實際招生名額進行統一規定。

> 各大學設有文、法、商、教育等學院或獨立學院之設有文、法、商、教育等學科者，依民國廿三年度各校院招生情形之統計，各該學院或學科之每一學系所招新生及轉學生之平均數計為二十名。令後各該學院或學科之每一學系或專修科所招新生及轉學生之數額，除具有成績特優等情形，經部於招考前特許者外，以三十名為限。
>
> 〔註138〕

也就是說，實際上，從1935年起，教育部將各高校每個文科類學系所招收新生及轉學生的數額限定在30名以內。

最後，該辦法同樣規定了對違規學校的懲戒措施。各高校必須按照統一限定的招生名額進行招生，多招一名也不行，「凡未依照本辦法招生之學校，

〔註136〕《各大學及獨立學院招生辦法》（教育部訓令第4269號，1934年4月20日），《法令週刊》第209期，命令公牘第1～2頁。

〔註137〕《各大學及獨立學院招生辦法》（教育部訓令第4269號，1934年4月20日），《法令週刊》第209期，命令公牘第2頁。

〔註138〕《二十四年度各大學及獨立學院招生辦法》，《廣東教育廳旬報》，1937年第8期，公文第7頁。

其新生及轉學生之入學資格，本部概不予以核定」。〔註139〕

顯然，這實際上是實行「定額計劃招生」制度，比前一年的「不得超過50名」的限制更加嚴格。

同時，該辦法還對各高校開辦的文科類專修科招生也作了同樣的名額限定。可見，教育部對各高校招生名額進行實際控制的嚴密程度大大增加，連各高校專修科的招生也沒有遺漏。

另外，根據教育部後來發布的訓令，1935年度的高校招生辦法到1937年仍然適用。〔註140〕可見，在1935年至1937年期間，國民政府對高校招生都是採取限定名額的管理制度。

當然，在以上三種招生管理制度中，無論是按比例控制，還是限制名額或限定名額，都主要是針對文科類招生的計劃和統制管理措施。同時，對各高校招生進行比例控制或進行名額的限制與限定，權力當然主要在教育部，教育部可以制定和審核各高校的招生計劃，並審定各高校所招收新生的入學資格。因此，各校招生基本上必須服從教育部的統一安排和統一管理，不管各校具體實際上如何考試、如何操作，都離不開教育部的統一計劃和統一管理。因此，上述做法實際上都是政府對高校招生實行的計劃與統制招生管理制度。

而根據計劃和統制的嚴密程度，上述幾種計劃統制制度，可以分別稱為「按比例計劃統制」制度，「限額計劃統制」制度和「定額計劃統制」制度，這三種類型都是屬於計劃統制招生管理制度，因為各自的核心部份都是由中央政府對各高校招生進行統一計劃和統一管理的制度，只不過是計劃和統制的方式和力度有所不同而已。因此，從上述有關規定來看，國民政府對全國高校招生進行計劃與統制的力度越來越嚴密，統一的程度越來越高。

在教育部的嚴密計劃和統制下，各高校招收的文科類新生比例大大下降，而實科類新生比例則大幅度增加。據統計，經過兩年的計劃調控，到1935年，全國高校招收的實科類新生人數已經超過文科類新生人數，各自占總新生人數的比例分別為51.2%與48.8%。〔註141〕再繼續經過兩年的嚴格統制之

〔註139〕《二十四年度各大學及獨立學院招生辦法》，《廣東教育廳旬報》，1937年第8期，公文第8頁。

〔註140〕教育部：《第二次中國教育年鑑》，上海：商務印書館，1948年12月版，第五編（高等教育 第一章 概述）第42頁。

〔註141〕薛成龍：《近代中國高校招生考試研究》，廈門大學碩士學位論文，1999年，第31頁。

後，到 1937 年，全國高校中實科類在校學生人數也很快超過了文科類在校學生總人數。在實行嚴格的計劃統制之前的 1933 年，全國高校學生數爲 42936 人，文科類和實科類學生數的比例分別爲 67％和 33％；而經過幾年的計劃調控之後，到 1937 年，全國高校學生人數爲 31185 人，文科類和實科類學生數的比例分別爲 48.8％和 51.2％。〔註 142〕可見，國民政府的計劃統制制度取得了非常顯著的成效，四年的調控就使全國高校中原來所佔比例不高的實科類學生總人數一躍而超過了文科類學生總人數。同時，這也從另一個側面反映出南京國民政府對高校招生進行計劃調控和統制管理的力度空前。

綜上可知，南京國民政府對高等學校招生人數的計劃和統制力度是逐漸加大的。由於教育部對各高校的科系、組別、年級和班級等都有詳細的計劃和統一規定的編制，一般每個班爲 20 人，最多不得超過 30 人。〔註 143〕各個學校只能嚴格按中央統一計劃編制的既定人數招收學生，否則，教育部將不承認各校計劃外招收學生的入學之資格。由此可見，在南京國民政府時期，從政府管理的角度來看，在繼承和發展以往北京民國政府對師範高校招生實行計劃和統制制度的同時，南京國民政府對高校招生實施的計劃與統制管理制度已經代替佔據主流地位，政府對全國高校的管理和調控不再處於以往無計劃及管制軟弱無力的狀態了。

（3）與聯招計劃統制並存的單招計劃統制

史實表明，1937 年，教育部開始組織中央大學、浙江大學與武漢大學等少數幾所國立大學實行聯合招考試點；〔註 144〕1938 年，教育部開始組織多所國立大學實行聯合招考，參加聯招的國立及省立高校共有 22 所；1939 年，教育部繼續擴大國立高校聯合招考的範圍，該年參加聯招的高校增加到 28 所；1940 年，教育部組織全國公立高校實行統一招生，參加統招的公立高校達到 41 所；〔註 145〕從 1941 年開始，由於「交通關係」，教育部不再組織統一招考，各公立

〔註 142〕謝青、湯德用：《中國考試制度史》，合肥：黃山書社，1995 年 2 月第 1 版，第 564 頁。

〔註 143〕《公私立專科以上學校之整理》，《政治成績統計》，1935 年第 4 期，第 91 頁。

〔註 144〕1937 年春，本來商議由國立的中央大學、浙江大學等五校聯合招考新生，但後來因故未能實行，改爲南方由中央大學、浙江大學與武漢大學三校聯合招考，而北方則由北京大學與清華大學兩校聯考招生。見《北平晨報》，1937 年 4 月 23 日，5 月 16 日；《京報》，1937 年 5 月 25 日。

〔註 145〕1938 年參加聯考招生的高校有 22 所，1939 年，全國設 15 個招生區，參加統一招考的院校有 28 所。1940 年設 16 個招生區，參加統一招考的高校有 41

及私立高校可自行招考新生。〔註146〕其實，如前所述，即使在1938年至1940年聯招或統招期間，參加單獨招考的私立高校和部份公立（國立和省立）高校數量仍然占全國高校的多數。但是，對於這些實行單獨招考的公私立高校，中央政府並沒有放鬆管制，仍然採取了加強計劃與統制的措施對其招生活動進行統一管理，要求實行自行招考的高校必須先呈報教育部核准才能招生。〔註147〕

（4）統制嚴格與形式多樣的自行單獨招考

1941年之後，由於抗戰形勢的變化導致交通困難，教育部沒有恢復組織統一招考制度，除少數高校自行實行聯合招考外，多數高校都是單獨招考。〔註148〕因此，單獨招考方式在1941年之後繼續佔據高校招生方式的主流地位。當然，國民政府並沒有因無法組織統考而放鬆對高校招生的管理和控制，教育部在不斷改進和創新高校招生方式的同時，也試圖不斷加強對各高校招生的計劃與統制。

一方面，教育部為了適應形勢的變化，不得不允許各高校採取自行招考的辦法，即在堅持計劃與統制的基礎上允許各高校採用各種有效的方式開展招生活動，從而使各高校在招生方式方面表現更加靈活。由此，各校除可以自行聯合招生或單獨招生外，也可以採取成績審查的辦法招收新生，再加上原來的免試保送及委託招生辦法，各高校自1941年之後可以選擇的招考方式就顯得形式比較多樣了。1943年暑期，教育部還在貴州、江西、甘肅三省組織高中畢業生夏令營活動，同時試行「聯合考試」招生制度，即將高校招生考試與高中畢業會考聯合在一起舉行。〔註149〕1946年，教育部公佈的專科以上學校招生辦法將以上各種招生方式一起列出，供各高校選擇。〔註150〕

所（教育部：《第二次中國教育年鑒》第五編（高等教育 第一章 概述），上海：商務印書館，1948年12月版，第47頁）。而且，雖然號稱全國公立高校統一招生，但實際上仍有部份公立高校未參加這次「統一招生」，例如上海地區的公立高校。

〔註146〕教育部：《第二次中國教育年鑒》第五編（高等教育 第一章 概述），上海：商務印書館，1948年12月版，第49～50頁。

〔註147〕教育部：《第二次中國教育年鑒》第五編（高等教育 第一章 概述），上海：商務印書館，1948年12月版，第43頁。

〔註148〕教育部：《第二次中國教育年鑒》第五編（高等教育 第一章 概述），上海：商務印書館，1948年12月版，第49～50頁。

〔註149〕教育部：《第二次中國教育年鑒》第五編（高等教育 第一章 概述），上海：商務印書館，1948年12月版，第53頁。

〔註150〕《三十五年度專科以上學校招生辦法》，《教育通訊》復刊第1卷第10期，1946年7月15日。

　　另一方面，爲了強加統制，教育部甚至出臺了更加嚴格的計劃統制管理制度。例如，根據 1941 年教育部公佈的《專科以上學校學生學籍規則》，各類專科以上學校在每次招收新生或轉學生之前，都應於招考前三個月擬定各科系招生名額連同招生簡章，呈報教育部核准，在未經核准之前「不得先行登報招生」。〔註 151〕而根據此前的有關規定，各高校的實際招生名額是有預定統制的，即每學系所招新生一般爲 20 名，最多不得超過 30 名。〔註 152〕

　　從此，按照有關規定，各高校在招生之前三個月就必須呈請教育部報批。這既是國民政府加強對高校招生進行計劃和統制重要措施，同時也是教育部強化招生管理的重要表現。

　　另外，教育部對各高校招生加強計劃和統制的措施還包括：（一）統一規定招考科目；（二）規定各科試題難度應嚴格高中課程標準；（三）禁止私立高校招收同等學力學生；（四）各高校招考結束後應將所有考生的各科成績及各科試題呈部審核。〔註 153〕這些都是國民政府對高校招生加強計劃和統制的重要措施。

　　綜上所述，在南京國民政府時期，特別是在自陳果夫的《改革教育初步方案》獲得通過並付諸實施之後，單招計劃統制招生管理制度實際上佔據主流地位，這種招生管理制度的要害在於，政府對各高校招生進行越來越嚴密的計劃和統制管理，而不在於是不是各高校是否實行單獨招考。雖然各高校仍然在相當程度上可以單獨自主招生，但卻要在一定程度上受到教育部的統一計劃和管制的束縛。

二、聯招計劃統制

　　下面敘述南京國民政府時期教育部對高校招生實行聯招計劃統制制度的歷史緣由、準備工作及主要實施經過。

1. 聯招計劃統制的緣由

　　1927 年之後，蔡元培曾在浙江主持開展「黨化教育」的實踐，後來又參加了國民黨中央監察委員會、中央政治會議及國民政府的工作，並先後擔任

〔註 151〕《專科以上學校學生學籍規則》，《教育通訊旬刊》1942 年第 9 期；教育部：
　　　　　《教育法令》，上海：中華書局，1947 年 5 月版，第 162～164 頁。
〔註 152〕《公私立專科以上學校之整理》，《政治成績統計》，1935 年第 4 期，第 91 頁。
〔註 153〕教育部：《第二次中國教育年鑑》第五編（高等教育 第一章 概述），上海：
　　　　　商務印書館，1948 年 12 月版，第 49～50 頁。

國民黨中央監察委員、國民政府教育行政委員會委員、國民政府委員及常務委員、大學院院長等職。〔註154〕在這個過程中，蔡元培對學生運動的態度逐漸發生重要的轉變，蔡元培甚至從學生運動的同情者轉變成爲了學生運動的反對者。〔註155〕

「九一八」事變之後，各高校學生不斷組織請願示威，要求國民政府立即出兵抗日。1931年9月28日，請願學生搗毀國民政府外交部並毆打外交部長王正廷；12月15日，請願學生再次搗毀外交部後，還衝擊國民黨中央黨部並毆打陳銘樞與蔡元培等人，史稱「一二・一五」事件。12月17日，請願學生再次衝擊國民黨中央黨部，還搗毀了國民黨《中央日報》社，後發生「珍

〔註154〕 高平叔：《蔡元培年譜》，中華書局，1980年版，第86～90頁。
〔註155〕 實際上，蔡元培對學生運動的態度相當矛盾，也有過幾次不小的變化。總的來看，在「五四運動」之前，蔡元培對學生運動持同情和支持態度。現有史料表明，「五四運動」爆發之前，正是蔡元培不斷將中國在巴黎和會的交涉情況告知學生代表的。1919年5月2日，蔡元培在北京大學飯廳召集學生班長和代表100餘人開會。參加過「五四運動」愛國遊行的北大哲學系（門）學生何思源回憶道：「他講述了巴黎和會上帝國主義互相勾結，犧牲中國主權的情況，指出這是國家存亡的關鍵時刻，號召大學奮起救國。我參加了這次會，聽了他的講話，心情非常激動」（何思源：《五四運動回憶》，中國人民政治協商會議北京市委員會文史資料委員會：《文史資料選編》第四輯，第67頁）。5月3日，也正是蔡元培將北京政府錢能訓內閣密電中國代表團在《凡爾賽條約》上簽字的消息告訴學生代表羅家倫和康白情等人的（葉景莘：《五四運動何以爆發於民八之五月四日》，天津《大公報》，1948年5月4日；葉景莘：《巴黎和會期間我國拒簽和約運動見聞》，中國人民政治協商會議全國委員會文史資料研究委員會：《文史資料選輯》第2輯，1960年2月；中國社會科學院近代史研究室：《五四運動回憶錄》（續），北京：中國社會科學出版社，1979年版，第110頁）。另外，3日那天晚上，連學生代表們書寫標語和橫幅時所需的紙張也是蔡元培親自批條從北大後勤部門（總務課）支取的（許德珩：《回憶蔡元培先生》，《人民日報》，1980年3月4日）；另據顧頡剛回憶，在1927年1月底，蔡元培仍然表現出支持甚至鼓勵學生開展政治和革命活動的激進態度（高平叔：《蔡元培年譜長編》，北京：人民教育出版社，1999年3月第1版，第10頁）。但是，顯然，在南京政府成立後，隨著蔡元培相繼擔任國民黨及國民政府要職並主持全國教育行政，特別是擔任特種教育委員會委員長之後，蔡元培對學生請願的態度轉變更加明顯，因爲他已經開始鼓吹「救國不忘讀書」了（上海《民國日報》，1931年12月15日）。當然，具體的轉變過程尚待另文詳細論證。初步研究可參見嚴海建：《讀書與救國間的兩難：對蔡元培與學生運動關係之考察》，《社會科學輯刊》，2008年第5期。

珠橋慘案」，史稱「一二‧一七」事件。特別值得注意的是，在「一二‧一五」事件中，陳果夫、陳立夫與張道藩等國民黨要員曾與請願學生發生直接的肢體衝突。戴季陶、于右任、吳稚暉等人直接參與了對被捕學生的審訊。〔註156〕後來，雖然蔡元培、于右任等國民黨元老堅持不主張對學生運動採取強硬措施進行彈壓，但其他一些國民黨與國民政府的政要，如蔣介石、邵元沖、陳果夫、陳立夫等人，大多主張對有受政治勢力影響及反政府嫌疑的學生運動進行壓制。顯然，除了採取有效措施應對短期內爆發的學生運動，這些國民黨的精英人物不會沒有其他更長遠的打算和策劃，必定會想方設法採取其他措施加強對高校和學生的管理和控制。而在能夠參與國民黨教育決策並起重要作用的人物中，蔡元培在民國初期曾主持過北京大學招生制度的改革，當年以他為首的北大入學考試委員會曾經「破格」錄取過「五四運動」的重要領袖羅家倫和康白情等人，〔註157〕因此，蔡元培不會不知道高校招生入學考試制度的重要性。至於其他人物，如羅家倫、朱家驊等人也都曾是學生運動的領袖和重要的組織領導者。陳果夫和陳立夫當時是國民黨黨務的重要負責人，都非常關注學校教育的各種動態，這些精英人物肯定不會放鬆對高校學生入學這個重要關口的掌握和控制。

鑒於上述蔡元培、戴季陶、朱家驊、陳果夫等人對當時國民黨與國民政府教育政策的實際影響力，為了應對風起雲湧的學生運動，特別是為了遏制「九‧一八」事變之後學生運動的反政府傾向，再加上國民黨及國民政府的重要首腦如蔣介石等人也主張對高等教育進行嚴屬整頓，教育部自然會考慮

〔註156〕《學生示威團竟暴動化 搗毀外部毆打蔡元培陳銘樞》，《大公報》，1931年12月16日；《平學生示威蔡元培陳銘樞被毆受傷》，《申報》1931年12月16日；《北平學生示威團昨日衝打中央黨部》，《中央日報》1931年12月16日；《各省市學生昨日在京總示威》，《申報》1931年12月18日；《中央日報被搗毀》，《大公報》1931年12月18日；邵元沖：《邵元沖日記》，王仰清等標注，上海：上海人民出版社，1990年1月第1版，第807頁。薛迅：《「九一八」事變後北平學生南下請願鬥爭》，《青運史研究》，1984年第3期；倪鋒、申春《九一八事變後北平學生南下示威紀事》，《縱橫》，2001年第9期。對此期間學生運動的詳細研究請參見左雙文等：《九‧一八事變後學生的請願示威與南京國民政府的應對》，《學術研究》，2006年第7期；陳廷湘：《政局動盪與學潮起落──九一八事變後學生運動的樣態與成因》，《歷史研究》，2011年第1期；王勇：《打蔡元培耳光的北大女生》，《文史博覽》，2009年第6期。

〔註157〕當時稱入學試驗委員會，陳獨秀任副會長，成員胡適等人。請參見第一章有關內容。

如何設法對高校招生大力加強計劃和統制力度的問題，以防止思想動機「不純正」的青年考入高校並煽動其他高校學生鬧事。〔註158〕因此，從維護政權和政府存續及社會穩定的角度來看，國民黨和國民政府必然會採取加強對高校招生進行控制的舉措，這在「九・一八」事變之後已經不再是一個理論上的對錯問題，幾乎沒有討論的餘地了，而是當時執政者們的現實利益選擇問題，當然同時也是一個政權維護社會穩定和秩序的重要問題。因此，在「攘外必先安內」的方針指導下，再加上原來的訓政時期教育建國計劃，國民政府及其教育部必然會考慮對高校招生加強統一管制，必然要求對高校招生活動進行直接管理和控制。應當說，這是教育部組織有關高校進行聯招式計劃統制管理制度最直接和最根本的目的，也是國民政府組織各高校進行聯考統招的重要歷史緣由。

2. 聯招計劃統制的準備

實際上，南京國民政府教育部成立後不久就開始推動高校聯招計劃統制制度的準備工作。國民政府於 1929 年 4 月 26 日公佈的《中華民國教育宗旨及其實施方針》規定：「大學及專門教育，必須注重實用科學，充實學科內容，養成專門知識技能，並切實陶融爲國家社會服務之健全品格。〔註159〕這表明國民政府已經開始考慮調整高校招生政策，而且，新的招生管理政策方向也幾乎已經大致確定，那就是：抑制高校招收過多的文科類新生，同時鼓勵高校多招收實用科學人才。爲此，就必然先從組織人事上對各高校的招生活動加以控制。於是，1929 年 8 月 14 日發布的《大學規程》規定：「入學試驗由校務會議組織招生委員會，於每學年開始以前舉行之，各大學因事實上之便利，得組織聯合招生委員會」。稍後幾天公佈的《專科學校規程》也規定：「入學試驗，由校務會議組織招生委員會，於每學年開始以前舉行之」。〔註160〕這些規定一方面可以作爲各校實行聯合招生的重要法律依據，但是，另一方面，從中也可以看出，國民政府在制定這些法規時，已經開始考慮對高校招生實施聯招式計劃統制管理制度並著手進行

〔註158〕例如，有關制度甚至明文規定要求學生在入學前必須呈繳入學志願書和保證書，並由保證人擔保學生「思想純正」。

〔註159〕宋恩榮、章咸：《中華民國教育法規選編》，南京：江蘇教育出版社，2005 年版，第 35～36 頁。

〔註160〕教育部：《現行重要教育法令彙編》，南京：教育部印行，1930 年 4 月版，學校教育部份第 8，26 頁。

相關的立法準備工作了。

隨後，教育部對全國教育的整頓和統一進程不斷加快，除實施高校院系與學科專業的調整，及頒佈實施全國統一的中小學課程標準之外，各高校招生中的考試科目也日趨統一，而隨著政府對高校招生實施的計劃與統制的程度不斷加深，在自民國初年以來中國教育行政管理界就開始謀求「教育統一」和「招考劃一」的過程中，在部份教育行政決策和管理者的「深謀遠慮」之下，在教育部的「統籌規劃」和周密計劃下，統一全國高校招生與入學考試的準備工作基本就緒，在全國高校實行統一招考的方案也就水到渠成且呼之欲出了。

但如前所述，在南京國民政府成立之前，各高校實行單獨自主招生的做法已經成為新的傳統，而如何改變這種「各自為政」的局面，對於國民政府來說，顯然是一個必須考慮和解決的問題。當然，這難不倒國民政府及教育部的決策和管理者。而為了實行高校統一招生制度，國民政府進行了不少方面的準備工作：

首先，政府組織力量對當時的教育制度進行猛烈地批判，讓人們認為教育失誤是各項事業不夠成功甚至遭到失敗的主要原因，並將自主放任的教育制度作為教育失敗的罪魁禍首。於是，從蔣介石到一些普通的國民黨學者官員，幾乎無不批判當時的教育制度。例如，1931 年初，蔣介石在教育部總理紀念周訓話中批評說：「中國的教育在過去 19 年中沒有進步」。〔註161〕同年 2 月 4 日，在上海市教育局局長徐佩璜的宣誓就職儀式上，上海市市長張群發也批評道：「現代的教育界中，無論是學生教員，主持校務者及行政人員，個個人都感覺不滿意」，他還特別指出：現代教育有「六濫」（學校濫、辦學人員濫、師資濫、教材濫、招生濫、升學濫）、「四惡」（教育成為私人工具、教育的結果非但不能造就人才，反而埋沒人才；辦理學校的結果，非但不能提高讀書的欲望，而且可以無須讀書；為社會多造了些失業分利的人，使國家元氣大大喪失）、「三害」（害個人、害國家、害社會）。〔註162〕顯然，這些問題都與高校招生有著密切的關係。

基於上述認識和輿論，為了解決當時教育上的種種「問題」和弊端，特別是為了解決當時倍受詬病的「招生濫」和「升學濫」及「教育成為私人工具」等問題，當然就必須由政府出面加強統一管理，這才是許多批評者的思

〔註161〕《申報》，1931 年 2 月 5 日。
〔註162〕《教育部公報》，第 3 卷，第 35 期。

想邏輯和眞正目的。

其次，提倡教育統制，爲加強政府對教育及高校招生的統一管理製造輿論準備。當時報紙和雜誌刊載了不少關於教育統制方面的文章。官方背景的《大上海教育》甚至出了「教育統制」專刊。〔註163〕

再次，鼓吹計劃教育，爲加強政府對學校教育及高校招生進行計劃和控制創造條件。一直以來，教育界和中央政府都在對全國教育進行通盤考慮和統籌規劃，孫中山的《建國大綱》和《建國方略》本身就是規模宏大的計劃藍圖，其濃厚的計劃思想不言而喻，而國民黨爲了實現訓政時期的各項建設目標，必然需要大量的實科類人才，必然要求對高校招生進行計劃調控。而且，如前所述，受蘇聯計劃經濟建設取得巨大成就的影響，國民政府更是熱衷於實行計劃教育制度。

同時，爲了解決更有利於推行中央政府對教育及高校招生的計劃和統制政策，1931 年 5 月，國民政府甚至主動邀請國際文化合作委員會專家考察團（時稱國聯教育考察團）來華考察，「當 1931 年 5 月國際聯盟行政院開會時，中國政府曾以一種改革計劃之準備與實施，請求國際聯盟專門機構之協作」。〔註164〕顯然，通過這種方式，國民政府可以利用國際學術權威的力量來宣揚高校統一招生制度的優點，同時也可以壓制國內自由派教育人士的聲音。

由國聯教育考察團撰寫的考察報告《中國教育之改進》（The Reorganization of Education in China）一書對中國的大學教育提出了不少批評意見和建議，考察團的報告還特別提出了高校招生沒有統一和嚴格的標準導致學生程度過低的問題，甚至將大學入學制度之不嚴格視爲整個高等教育首要問題。該報告稱：

> 中國大學教育之當前第一難關，亦殊簡單。即入學之大學生，多數缺乏適當之準備是已。中國有多數高級中學，成績極爲不良，投考大學之學生，有多數毫無相當之資格，可受益於大學教育者。大學之入學試驗，本係用以淘汰較劣之投考生，但亦無適當之方法，使諸大學在入學試驗上，常能保持其共同之標準，故被此校淘汰之學生，往往因他校之條件不甚嚴格，得以考入肄業，若再被第二校拒絕，尚有第三校可以收容。有若干大學，實靠（其程度各校不同）

〔註163〕《大上海教育》，1933 年第 2 卷第 2～3 期。
〔註164〕國聯教育考察團：《中國教育之改進》，國立編譯館譯，1932 年 12 月，導言第 1 頁。

儘量招收學生以資把注。蓋以此類大學，對於投考者之資格，自不
願詳加考查也。由此所生之結果，極其嚴重，大學之程度及大學教
育應具之整個概念，於以降低，為求學生數量之加多，遂不惜犧牲
其品質。〔註165〕

這種論調其實就是前述國民黨對「招生濫」與「升學濫」問題進行嚴厲批評
的翻版。基於此種判斷，考察團建議：

教育部應舉行一大學入學總考試，此種考試，最好能聚投考一
切國立大學之學生於一處而行之，若認為無法實施，亦由教育部決
定分大學為數組而行之。該項考試，由教育部長特派之大學教師及
教育部代表組織一委員會主持之。該委員會應確定錄取標準，使具
有受大學教育資格之學生，方能考入大學.投考學生應敘明春所願入
之大學，考取之學生則按照各校設施之方便及其在考試中之名次，
分配於各大學。〔註166〕

1938 年，原來主管國民黨黨務的陳立夫出任教育部長，教育部立即組織實施
國立高校統一計劃招生的制度，幾乎完全是按照 1932 年國聯教育考察團的報
告建議來實施的。對此，陳立夫回憶道：

為了齊一大學生入學水準以及解除高中畢業生各處奔波參加各
大學入學考試的困難，我決定實行在後方十九省分區舉行大學入學
統一考試辦法，原來在國聯教育調查團的建議中，本有大學入學考
試統一舉行一項。當時沒有實行。在戰時因為交通困難，我感覺更
有實行統一考試的必要，便於二十七年度起開始實行。〔註167〕

時隔半個世紀之後，陳立夫仍然不忘當年國聯教育考察團的建議，可見，該
報告書提出的有關建議對當時教育部組織國立和公立高校的統一招生考試有
著舉足輕重的影響。

值得注意的是，該報告書中的不少建議如果不是出自國民黨人之手，至
少也可能與當時國民黨及教育部要員有重要關係。因為，在接受中國政府的

〔註165〕國聯教育考察團：《中國教育之改進》，國立編譯館譯，1932 年 12 月，第 174
頁。
〔註166〕國聯教育考察團：《中國教育之改進》，國立編譯館譯，1932 年 12 月，第 204
頁。
〔註167〕陳立夫：《成敗之鑒：陳立夫回憶錄》，臺北：正中書局，1994 年版，第 255
頁。

邀請之後，國聯在中國各地的考察一直由國民政府教育部官員陪同，並多次
與教育部長及有關人員進行討論，還與國民政府其他機構及有關人員進行過
接觸，考察團不可能不受教育部及其他政府機構及其官員的影響。而且，考
察團使用的所有統計數據和文件資料都是由教育部提供的官方資料，這也可
能會對考察團進行獨立判斷產生一定的負面影響。事實上，如前所述，國聯
的這次考察本身就是中國政府與國際文化合作委員會開展的一項技術合作事
業。有關的報告必然會認眞考慮中國政府的利益和立場。對此，該書導言交
待得非常清楚：「此項報告，最能表現所期望於信託的合作之結果；從合作之
廣義言，吾人不但將親歷所得之印象整理就緒，並已將中國教育界領袖經驗
所得之結果一併指出，此將於下文見之」。〔註168〕因此，雖然難以找到直接證
據證明該報告是按教育部的官方意見撰寫的，但是，考察團顯然認眞考慮過
中國官方，特別是國民政府及教育部主要領導人及當時中國教育界領袖人物
的意見，並將其意見和建議融入報告書之中。正如報告書所言：「上述之意見，
及吾人所下之判斷，並非純粹根據吾人親身之觀察，其大部份係以中國專家
所發表之意見爲根據」。〔註169〕難怪當時有人發表評論說：「中國教育學者對
於改革中國大學教育之意見，與友邦教育家之意見不謀而合」。〔註170〕

　　而且，更耐人尋味是，該報告書分別由戴季陶和朱家驊作序。而這兩個
都曾在廣州中山大學積極推行過黨化教育，並首創在考試科目中加入黨義的
政治內容，還主張對入學新生進行甄別復試。〔註171〕時任考試院院長的戴季
陶在該書序言中特別對考察團的各項建議推崇備至，他說：

　　　　其中於中國近代教育之歷史、社會之情況、國家之地位、政治
　　之組織、乃至民族之情性，均深切注意，用之爲一切觀察判斷之基
　　礎，而對於各級教育之制度方針，與乎其內容之剖析，更多精到處；
　　其所建議諸端，尤見眞誠，此一偉大之成績，幾令人疑其出自外國
　　人手筆。蓋不獨對於中國之國情有深切之瞭解，而對於中國之國家

〔註168〕國聯教育考察團：《中國教育之改進》，國立編譯館譯，1932年12月，導言
　　　　第2～3頁。
〔註169〕國聯教育考察團：《中國教育之改進》，國立編譯館譯，1932年12月，導言
　　　　第5頁。
〔註170〕青士：《國聯教育考察團報告書中之中國大學教育》，《教育與職業》，1933年
　　　　4月，第144期。
〔註171〕《中大委員會議決之規劃》，《中大委員會宣佈復試辦法》，《廣州民國日報》，
　　　　1926年10月22日，10月30日。詳細情況請參見本文第一章第四節。

與民族，尤處處顯現其眞誠之愛情，與素來所見之外國考查團報告
書不同之趣之者也。〔註172〕

時任教育部長的朱家驊也在該書序言中稱讚該報告對當時中國教育情形的論
述「察及纖悉，指謫利病，洞中綮要，用力之勤，與其識見之深，信足令人
景異者也」。同時，他還表達了自己對理想教育行政制度的看法：「凡中央地
方教育行政，必求完全統一，然後下令如流，而無所夭關」。〔註173〕

另外，如果再仔細核對一下國聯教育考察團針對當時中國高等教育提出
的其他意見和建議，也不難發現，這些意見和建議也大都與國民黨及國民政
府對教育的意見和主張大致吻合，且與戴季陶等國民黨要人關於考試制度的
觀點更加相似，各項建議也基本符合國民政府對加強對高等教育及高校招生
進行計劃和統制管理的既定方針。〔註174〕同時，這些建議也與陳立夫等國民
黨要員倡導的「一個主義，一個領袖，一個組織」的政治圖謀和計劃相適應。
〔註175〕

〔註172〕國聯教育考察團：《中國教育之改進·戴傳賢序》，國立編譯館譯，1932年12
月。

〔註173〕國聯教育考察團：《中國教育之改進·朱家驊序》，國立編譯館譯，1932年12
月。

〔註174〕國聯教育考察團報告書針對當時的高等教育還提出了不少其他的意見和建
議。該報告書不僅批評高等教育的發展沒有整體規劃，「大學之設立缺乏整個
計劃」，還指出高等教育發展的地區不均衡的嚴重問題。考察團據此提出建
議：「中國大學教育之組織應有一確定之計劃。規定此計劃並監督其施行之適
當機關爲教育部」，「裁減或歸併在同一城市內或其附近之公立大學」；「各大
學之種類應有較大之區別。僅注意於普通科目（包括法科政治科學及文學）
之大學，應設法裁減，而重視自然科學及工科者應即增設」；「省立大學應改
爲國立大學，其經費由教育部供給，管理之權亦歸教育部，與現存國立大學
同」；「若尚有二個或二個以上公立大學分設在一地者，應力謀合作」；「立案
之私立大學若能尊重教育部規定，應准其繼續存在，所有未立案之私立大學，
除特殊情形有確實之證明，在教育立場之應繼續存在者外，應一律停辦」；「立
案私立大學之工作，應在可能範圍內，求與國家系統有密切之聯絡，因同一
區域內之國立大學與立案私立大學應力謀合作。以畢業試驗制代替學分制」
等等。參見青士：《國聯教育考察團報告書中之中國大學教育》，《教育與職
業》，1933年第4期，第144期。這些建議的中心思想完全可以用「計劃」
和「統制」這兩個詞來概括，其中不少建議都與後來國民政府採取的措施基
本相符。甚至可以說，國聯教育考察團的報告書儼然成爲國民政府開展教育
改革的重要指南。

〔註175〕陳立夫：《成敗之鑒：陳立夫回憶錄》，臺北：正中書局，1994年版，第220
頁。

當然，除了進行必要的組織和輿論準備工作，要眞正實行全國高校統一招生管理制度，還有一個重要的困難擺在中央政府面前，那就是：缺乏實行統一招生考試制度的實際管理經驗。因爲，要在全國高校中實行統一的招生入學考試，這在當時無疑是屬於史無前例、規模空前的大型考試，不僅在中國，在全世界也沒有先例。因此，必須先行在一定的範圍內組織聯合考試的試點工作，必須在取得一定的經驗之後才能逐步推廣實施統一招考。正是在這樣的背景下，在原來的單招計劃統制招生的基礎上，國民政府開始組織有關高校進行聯考計劃招生試點。

3. 聯考計劃招生的實施

1937 年，教育部組織國立中央大學、國立浙江大學、國立武漢大學等數所大學進行聯合招生考試的試點。〔註176〕在積累了一些經驗之後，1938 年 6 月，教育部的訓令規定，國立高校統一組織招考新生，「各招生處組織招生委員會，由部指派當地及附近院校校長及教務長組織之，並指定一人爲主席。於必要時得由部加派人員參加」。〔註177〕由此，教育部將聯合招生考試制度推廣到國立各院校，實施國立各院校的聯合招生統一考試制度。1940 年，教育部繼續加快實施統一招生制度的進程，將聯合招生統一考試制度進一步推廣到全國公立各院校。

顯然，在組織實施國立或公立各院校實行聯合招生統一考試制度的同時，教育部此前對各高校招生實施的計劃與統制制度並沒有取消或停止實施，反而因爲實施聯合招生必須進行統一考試、統一命題、閱卷評分、統一錄取、統一分發而加強了計劃和統制的嚴密程度。

1941 年，由於抗日戰爭進入艱苦卓絕的相持階段，加上交通困難，全國公立各院校高度集中統一的招生考試形式難以爲繼，教育部只得退步緩圖，

〔註176〕特別值得注意的是，聯合招生直接原因並不是抗日戰爭的爆發，因爲早在1937 年春，教育部與有關高校就已經著手謀劃聯合招生事宜。本來商議由國立的中央大學、浙江大學等五校聯合招考新生，但後來因故未能實行，改爲南方由中央大學、浙江大學與武漢大學三校聯合招考，而北方則由北京大學與清華大學兩校聯考招生（《北平晨報》，1937 年 4 月 23 日，5 月 16 日；《京報》，1937 年 5 月 25 日）。這與後來教育部及後來的研究者將應付戰爭環境作爲實行聯合或統考藉口或原因的看法似乎有些差距，雖然抗日戰爭對教育部組織聯合招考確有一定的關係。

〔註177〕《教育通訊》，第 15 期，1938 年 7 月 2 日。

允許各高校在中央計劃和統制的基礎上自行單獨招考。〔註 178〕但是，全國各高校在教育部的統一領導和管理之下，招生的計劃與統一程度依然相當高。此後，雖然教育部沒有再組織過規模較大的統一招考，但國民政府對高校招生實施的管理制度實際上還是「計劃與統制招生」制度，因為，無論各高校招生入學考試的方式如何改變，但按中央計劃和有關統制制度進行招生的主要制度內容並沒有實質性改變，有些計劃和統制措施甚至比以往的力度更強。〔註 179〕可見，1941 年後的高校招生管理制度仍然屬於計劃統制制度的範疇。

雖然教育部於 1946 年公佈的招生辦法規定各高校可以自行選擇多種招考方式進行招生，但政府對各公私立高校招生實行的計劃與統制制度依舊不變。

因此，根據前面的分析，自 1937 年之後，國民政府對高校招生實行的管理制度實際上同時存在著兩種制度，即教育部組織國立或公立各院校實施的「聯招計劃統制」制度與私立各院校及公私立專科學校在教育部計劃和統制下自行組織招考的「單招計劃統制」制度，這兩種招生管理制度同時並存。

由此可見，根據本文的分析，以往人們常用的單獨招考、聯合招考或統一招考等術語，實際上只是用來描述高校招生中的考試環節之一——招生與入學考試的表面形式，這些術語用於籠統的表述是沒有問題的，但若將其用來描述整個高校招生制度的全貌或實質則是顯然值得商榷的，因為整個高校招生流程中實際上包括了許多個環節，如制定招生計劃、發布招生簡章、組織招生考試，錄取合格新生，組織新生入學，等等一系列環節，〔註 180〕不僅如此，這樣的簡單劃分和表述更無法反映招考形式背後的組織和管理因素——政府的作用。因此，必須從政府管理的角度來理解單獨招考、聯合招考與統一招考等表面的入學考試方式，除非聯合與統考確實是出於高校自願並由有關高校自行組織的。

〔註 178〕教育部：《第二次中國教育年鑑》第五編（高等教育 第一章 概述），上海：商務印書館，1948 年 12 月版，第 49～50 頁。

〔註 179〕例如，如前所述，教育部要求各高校在招生之前三個月就必須將招生計劃和招考簡章呈報，經教育部審批核准後才能登報招生。這就是教育部對各高校加強計劃與統制的明證。

〔註 180〕民國高校招考錄取與學生報考入學的基本流程和關鍵環節參見本文第四、五章。

但是，民國時期的聯招與統招顯然是由政府組織的。正如國民政府教育部發布的一份訓令中所言：「查專科以上學校下年度招生，應由本部統籌支配，前經以漢教定第四三〇〇號訓令通飭各校知照」。〔註181〕當時任教育部長的陳立夫也曾明確指出：「教育部鑒於以往國立各院校招考新生均各自爲政，爲節省時間費用及便利學生起見，爰以民國二十七年六月籌劃二十七年度國立各院校一年級新生由本部統一招考」。〔註182〕可見，無論從制度規定的層面來看，還是從招考活動的組織來看，完全是中央政府在爲高校招考一年級新生，招考活動的行爲主體而不再是以往的高校。

因此，從政府管理的角度出發，民國高校的招生管理制度就可以大致劃分爲政府對高校實施的單獨招考方式的計劃統制制度、聯合招考方式的計劃統制制度與統一招考方式的計劃統制制度。當然，嚴格地說，民國時期的尚未形成由政府組織全國所有公私立高校參加的、高度集權的統招式計劃統制招生管理制度，而最多只形成了在公立高校範圍內的統招式計劃統制招生管理制度，雖然有關招生組織機構的名稱中含有「統一」的字樣，但由於民國時期私立高校的數量在全國高校中幾乎佔有重要份額，因此，一方面，抗戰期間政府組織的國立或公立高校統一招生，其實質仍然屬於部份高校的聯招式計劃統制招生管理制度；另一方面，在聯招或統招期間，實行單獨招考方式的高校仍佔有相當大的比例，當然，這些沒有實行聯招或統招的高校仍然是在教育部的計劃與統制下開展招生活動的。也就是說，聯招或統招只是表面的招考方式，往往可以隨著形勢的變化而發生改變，但其背後的計劃與統制管理制度是大致不變的，中央政府對各類高校招生進行計劃與統制的力度甚至不斷加強。

綜上可知，南京國民政府時期，特別是在 1929 年之後，受國內外政治經濟形勢變化的影響，計劃與統制經濟思潮頗爲盛行，各項建設事業都需要預先籌劃，對實用人才的需求大大增加，因此，國民政府開始加強對高校招生乃至整個教育的計劃與統制。同時，由於各界對大學教育的反思和批判及國民黨出於加強自身統治的目的，再加上各地的學生運動風起雲湧，國民政府不得不加強對高校和學生的管理和控制。另外，抗日戰爭的爆發也使各高校

〔註181〕《江西省政府公報》，1938 年，第 1079 期，第 12 頁。

〔註182〕陳立夫：《教育部二十七年度國立各院校統一招生委員會報告》，出版地不詳，1939 年 2 月，第 1 頁。

和廣大學子流離失所，迫切需要政府的支持和幫助。總而言之，各種因素綜合在一起，教育部對高校招生進行計劃和統制的力度大大加強，並最終在全國國立和公立高校範圍內組織實行聯招（或稱統招）式計劃統制招生管理制度。

三、公立高校統招

如前所述，在 1937 至 1940 年期間，受當時比較盛行的計劃與統制思潮影響，再加上抗日戰爭爆發，考慮到經濟困難及戰爭影響，無論是高校還是廣大學子，大多數人並不反對政府出面組織聯合或統一招考。由此，在繼續實行計劃與統制招生管理制度的基礎上，教育部先是組織了部份國立高校實行聯考招生，後又組織全國公立高校實行統考招生，並分別建立了各有關高校的聯合招生委員會及全國統一招生委員會。〔註183〕

下面著重對 1938 年至 1940 年期間教育部組織實施的國立和公立各院校聯考統招式（或稱統招）計劃統制招生制度進行系統梳理和簡要分析。

（一）籌劃招生階段

1. 招生工作的組織與管理

根據《二十七年度國立各院校統一招生辦法》的規定，1938 年度國立各院校的招生工作由教育部統一組織和管理，「教育部設統一招生委員會」，負責「規劃並執行統一招生事宜」；同時，「各招生處組織招生委員會，由部指派當地及附近院校長及教務長組織之。並指定一人為主席」，「於必要時得由部加派人員參加」。在由教育部組織的統一招生委員會的統一規劃和統一領導、組織和管理下，參加該次聯招的各院校按照教育部制定的統一標準招考，按照統一的標準進行命題、考試、閱卷、評分和錄取等各個環節的工作，然後，「由教育部決定各處取錄學生人數」，最後由教育部統一按照學生志願分發，「如有志願學校均額滿時，由部指派學校」。〔註184〕可見，在統一招考過程中，教育部起著主要的領導、組織和管理作用。

〔註183〕如前所述，雖然號稱統一招生，但實際參加統一招生的高校不超過當時高校總數的一半。因其實質仍處於聯合招考計劃統制階段，故本文有時也稱其為聯招、聯考、聯考招生或聯考統招。

〔註184〕《二十七年度國立各院校統一招生辦法大綱》，《教育通訊》第 15 期，1938年 7 月 2 日。

2. 招生機構的設置及其人員組成

如上所述，在各國立或公立院校的聯考或統考招生中，領導機構當然是教育部及由教育部設立的統一招生委員會，下面還設有各招生處的招生委員會，由部指派人員組成。

1940 年，教育部還設立了常設的公立各院校統一招生委員會，〔註 185〕並制定了《教育部公立各院校統一招生委員會章程》。該章程規定，教育部公立各院校統一招生委員會的任務有：

（一）訂定招生規章；

（二）規定命題閱卷及取錄標準；

（三）制定及分群試題；

（四）覆核考試成績；

（五）決定及分配取錄學生；

（六）研究招生改進事項；

（七）教育部交議有關招生事宜。

按規定，該統一招生委員會的委員人數爲 21 至 25 人，均由教育部指派，除教育部本部的秘書、參事各 1 人、各司司長、高等教育司各科科長、統計主任及普通教育司主任中學教育科長 1 人外，其餘成員爲各大學校長教授或教育部其他部員，約占 10 至 14 人，機構下面所設各組主任及成員也由教育部指派。〔註 186〕

另外，根據 1940 年的有關規定，各區招生委員會之任務包括：

（一）聘請監試及閱卷委員辦理監試閱卷事宜。

（二）聘請命題委員會預擬試題一份。

（三）審核投考學生之資格。

（四）審核投考學生之成績。

（五）造送投考學生名冊及各項成績表。

（六）榜示經部錄取之學生。

（七）其他關於招生一切事項。〔註 187〕

〔註 185〕《教育通訊》第 3 卷第 17 期，1940 年 5 月 4 日。
〔註 186〕《教育通訊》第 3 卷第 21 期，1940 年 6 月 1 日。
〔註 187〕《教育通訊》第 3 卷第 21 期，1940 年 6 月 1 日。

同時，教育部公佈的有關組織規則還規定「各區招生委員會由教育部份別指定主任委員一人負責組織，委員分別由部指定及由主任委員遴選，由各區招生委員會所聘，必要時，得由部加派人員參加，各區招生委員會組織後，應即呈報教育部備案」。〔註188〕

3. 招生計劃的制訂

在教育部歷次發布的國立或公立學校統一招生辦法中，儘管沒有單獨專門列出「招生計劃」這一重要事項，但各校仍然按照聯招前的文科與實科分類辦法及經教育部審定的招生名額進行計劃招生。同時，教育部公佈的招生辦法還明確規定了免試保送會考成績優秀畢業生及招收同等學力的比例。〔註189〕可見，招生仍然是按照教育部事先的計劃在統一招生委員會統一組織下，由各校負責具體實施的。

以師範類高校的計劃招生制度為例，國民政府教育部對師範高校的招生名額實行統一計劃分配制度。1940年4月，教育部在召集第二屆高級師範教育會議時，提出師範學院招生之原則及各省市名額分配方案，同年7月20日，教育部公佈該次會議議決的原則和方案，並發布《各師範學院招生時各省市之名額分配辦法》訓令。該辦法公佈的名額分配原則有七條，現摘要如下：

（1）各省市師範學院每年招生名額之分配標準有三：一是應以人口為標準，二是以各該省市中學數量多少，三是師範學院學級數之多寡。但最終分配名額由教育部決定。

（2）師範學院各系科招收學生數，暫定為每級三十名。

（3）各省市之規定名額，占應招學生數百分之七十，其餘百分之三十不分省市。

（4）各省市之規定名額暫時通盤分配，以前所有學院學生總數計算，不指定某一學院收容某省市學生若干名額，但於統一招生分發時注意其考區。

（5）各省市之規定名額，仍由統一招生委員會考試分發。

〔註188〕《教育通訊》第3卷第21期，1940年6月1日。
〔註189〕《二十七年度國立各院校統一招生辦法大綱》，《教育通訊》第15期，1938年7月2日。

　　（6）各省市之規定名額，如因成績不能錄取足額，得以他省市
成績優良之學生補充之；但次年之名額，補充省市應照減少，不足
省市應照增加。

　　（7）各省市應考學生成績不合錄取標準而不過劣者，遇各該省
市之規定名額不足時，得優先分發先修班補習。

同時，該辦法還公佈了師範高校招生時各省市名額分配的具體方案，將一共
1121 名可供分配學額，分配至 28 個省區，最多的是江蘇省（包括上海），分
到 120 名，其次是四川，110 名，最少的省份如新疆、青海、寧夏、綏遠等只
分到 8 名。〔註 190〕

（二）命題考試階段

1. 命題制度

　　按照《二十七年度國立各院校統一招生辦法》規定，考試科目及命題標
準，一律經統一招生委員會規定，由部頒發，各招生處聘定命題委員若干人，
依照部定標準命題。〔註 191〕《二十九年度公立各院校統一招生各區招生委員
會組織規則》也規定，聘請命題委員會預擬試題一份也是各招生委員會的任
務之一，各區招生委員會聘定公立各院校教員爲命題委員，各教員均有擔任
該項委員之義務。〔註 192〕

　　同時，在《二十七年度國立各院校統一招生命題及評分標準的規定》中，
命題的範圍及程度與各科試題數目都有統一的標準。〔註 193〕下面據此規定分
別敘述。

　　首先，教育部統一規定了統一招考的命題範圍及試題程度標準和依據，
「須以高中課程標準爲限」，命題之內容，應以「經部審定之通用教科書爲依
據」。

　　其次，教育部還對各科試題數量作出限定。按規定，各科試題數目，
應以一般考生能於規定時數內完卷者爲準（國文、數學、英文或德文各三

〔註 190〕《各師範學院招生時各省市之名額分配辦法》，教育部參事室：《教育法令彙
　　　　　編》第六輯，出版社地不詳，正中書局，1941 年 1 月初版，第 132～133 頁。
〔註 191〕《教育通訊》第 15 期，1938 年 7 月 2 日。
〔註 192〕《教育通訊》第 3 卷第 21 期，1940 年 6 月 1 日。
〔註 193〕楊學爲等：《中國考試制度史資料選編》，合肥：黃山書社，1992 年版，第 674
　　　　　～675 頁。

小時，其餘各科各二小時），試題應規定由學生全作，不得採用任擇或選作辦法，但答題次序得由學生變動。同時還特別規定，國文及外文科目中的作文與翻譯題目數量各爲一篇，物理、化學、生物試題中必須各有一題考試實驗程序。

最後，教育部對考試命題的難度也有統一規定。按規定，各科命題，不宜空泛或偏重記憶，除國文、英文外，較難者與較易者約各占 25%，難易適中者約占 50%。

這些規定改變了以往高校各自單獨招考中沒有統一標準的考試命題狀況，標誌著國民政府對高校招考的統制進入了新的階段。

2. 考試制度

首先，在考點設置方面，教育部作了統一的規定。

在歷次國立或公立院校統一招考中，由教育部在全國設置招生處，由各招生處負責組織本處的招生考試，例如，在 1938 年，教育部規定：「二十七年度統一招生，同時在下列各處舉行：武昌、長沙、吉安、廣州、桂林、貴陽、昆明、重慶、成都、南鄭、永康」，必要時，各招生處可以設分處。〔註194〕也就是說，該年的考試在上述各處同時舉行。

其次，教育部對考試科目也有統一的規定。按照規定，考試科目由統一招生委員會規定，由教育部頒發。〔註 195〕

再次，各高校招生考試日期也由教育部統一規定。

《二十七年度國立各院校統一招生辦法》對考試的具體日期作了統一的規定，將統一招生考試定於該年九月一日至四日舉行。〔註 196〕這是由教育部首次對統一招考的具體日期作出的明確規定。對各院校招考日期的統一，應當也是民國高校招生的統一進程進入新階段的重要標誌之一。

最後，教育部還建立了統一的監試制度。

根據有關規定，聘請監試委員辦理監試事宜各招生委員會的任務之一。各招生委員會主任及委員爲試場主試委員，各招生委員會聘定公立各院校教員爲命題監試委員，各教員均有擔任該項委員之義務。〔註 197〕

〔註 194〕《教育通訊》第 15 期，1938 年 7 月 2 日。
〔註 195〕《教育通訊》第 15 期，1938 年 7 月 2 日。
〔註 196〕《教育通訊》第 15 期，1938 年 7 月 2 日。
〔註 197〕《教育通訊》第 3 卷第 21 期，1940 年 6 月 1 日。

　　另外，在 1939 年度全國國立各院校的統一招生中，教育部還規定了招考由統一招生委員會統一命題，這是統招考試命題制度的重要變化。〔註 198〕這意味著所有報考全國公立高校的考生都必須考同一份試卷，這應當是中國現代高校招生歷史上最早的統一考卷制度。

（三）閱卷評分階段

1. 閱卷規定

　　在 1938 年的國立各院校統一招生考試中，招生辦法規定，各處招生委員會聘定閱卷委員若干人，實行分科閱卷。〔註 199〕各科試卷鬚由閱卷委員分題評閱。《二十九年度公立各院校統一招生各區招生委員會組織規則》也規定，聘請閱卷委員辦理閱卷事宜各招生委員會的任務之一。各招生委員會聘定公立各院校教員爲閱卷委員，各教員均有擔任該項委員之義務。〔註 200〕

2. 評分制度

　　按規定，各科評定分數，採用百分制。同時還對各科的評分作了規定：國文試題，作文占 50％，語文互譯各占 25％，英文作文占 50％，漢英互譯者各占 25％，其餘各科按試題數目平均計算，較難較易及難易適中者一律平均計算；體育術科則按規定種類分別記錄成績，造冊送部不另計分數；藝術加試科目，素描及國畫占 70％，繪畫理論占 30％，素描及國畫考試作品，應連同成績送部審核。〔註 201〕

（四）錄取分發階段

1. 錄取制度

　　按照規定，取錄標準，由統一招生委員會規定，由部頒發；在各處閱卷完畢後，「成績送部，由部決定各處取錄學生人數」。〔註 202〕而錄取後的考生名單是由各處或各區招生委員會榜示公告的。〔註 203〕可見，在統一招生過程

〔註 198〕教育部：《第二次中國教育年鑑》第五編（高等教育　第一章　概述），上海：商務印書館，1948 年 12 月版，第 45 頁。
〔註 199〕《教育通訊》第 15 期，1938 年 7 月 2 日。
〔註 200〕《教育通訊》第 3 卷第 21 期，1940 年 6 月 1 日。
〔註 201〕楊學爲等：《中國考試制度史資料選編》，合肥：黃山書社，1992 年 8 月第 1 版，第 674～675 頁。
〔註 202〕《教育通訊》第 15 期，1938 年 7 月 2 日。
〔註 203〕《教育通訊》第 3 卷第 21 期，1940 年 6 月 1 日。

中，錄取環節是在教育部領導下由各處或區招生委員會組織進行的，但最終的決策權在教育部國立或公立院校統一招生委員會。

2. 分發制度

錄取學生後，「盡先依各該生第一志願分發，如第一志願學校額滿時，依其第二志願，餘類推。如有志願學校均額滿時，由部指派學校」。〔註204〕而國立或公立各院校統一招生委員會的任務之一就是決定及分配取錄學生。可見，分發的環節也決定權也在教育部的統一招生委員會。

（五）報考入學制度

1. 報考制度

首先，教育部統一規定了考生的報名日期。按照上述招生辦法規定，1938年國立各院校統一招生的報名日期為 8 月 10 日至 20 日。

其次，教育部還統一規定了考生報名時的繳費金額。根據有關規定，1938年國立各院校統一招生各處徵收學生的報考費為「不得過三元」。〔註205〕1940年徵收學生的報名費「不得過二元」。〔註206〕

再次，有關制度對考生的考試答題作了統一的規定。例如，關於答題時間的規定為：國文、數學、英文或德文各三小時，其餘各科各二小時。關於答題次序的規定為：學生可以自由變動答題次序。

最後，學生可以在報考時還必須事先填寫志願學校，招生辦法對考生填寫的志願學校數量也有明確的規定，一般為三個，最多四個。

2. 入學制度

根據教育部的有關制度及不成文規定，新生在被高校正式錄取之後，必須在規定的時期內到學校報到，並履行一定的入學手續，各種入學手續完成之後，還可能要接受一段時間的入學教育或訓練，如果才能正式開始上課。

首先，教育部對被錄取新生入學報到繳費作了統一規定。

根據由教育部統一規定的學校學年學期，全國高校幾乎都在同一周內開學，新生也幾乎在同一時期內到考入的高校去報到繳費，同時，各校的校曆

〔註204〕《教育通訊》第 15 期，1938 年 7 月 2 日。
〔註205〕《教育通訊》第 15 期，1938 年 7 月 2 日。
〔註206〕《教育通訊》第 3 卷第 21 期，1940 年 6 月 1 日。

也須經教育部審核，同時，各校新生何時到新學校去報到，也是要遵循教育部的統一安排。

至於新生的繳費數額，各校也須經教育部的核准。

其次，教育部對入學新生呈繳入學志願書和保證書也有統一的規定。

根據慣例和有關規定，新生在入學時必須呈繳入學志願書與入學保證書。

再次，根據慣例和有關規定，新生報到入學後必須註冊選課。

在報到繳費及呈繳入學志願書與入學保證書之後，新生才能註冊，註冊後才能開始選課，只有拿到選課證或聽課證之後，新生才算基本獲得在高校正式學習的資格。

最後，根據教育部的統一規定，各高校必須對入學新生進行入學教育和訓練。

在新生正式獲得學習資格之前，按教育部的統一規定，還須接受一定時期的入學訓練。在入學教育期間，如果發現新生出現某些情況，則可能被取消正式的學習資格，或者被開除學籍，或者被要求試讀一定的期限。1940 年 7 月 14 日，教育部發布訓令，要求高中以上新生入學時進行兩周的入學訓練。方法是將新生另行編成中隊，下設區隊及分隊或小隊；訓練科目包括政治訓練、修學指導、道德修養、小組討論、校史章則、軍訓、體育、音樂等科目；實行嚴格的軍事化管理，由同住隊裏的指導員實施生活指導，新生還須作自述一篇，受訓完畢時還須作受訓後之感想，自述及感想皆由指導員核閱後存校備查；指導員還須擬定個性調查表，由其填寫存校備查，並作為訓練完畢後分配導師之參考；整個訓練期間，若發現新生之思想、行為、確有不堪造就者，得依其情節之輕重，令其退學或編為試讀生，試讀生經一學期之考核，確有改悟之表現，即由其導師提出訓導會議核准為正式生。受訓期滿應舉行儀式及宣誓「余以至誠愛我中華民國，信仰三民主義，擁護國民政府，服從蔣委員長之領導，並遵守校規，努力學習，如有違背誓言，願受處分，謹誓」，還要求誓詞由全體新生簽名後，存校備查。另外，各校新生訓練情形須專案具報主管機關備案。〔註207〕

〔註207〕《高中以上學校新生入學訓練實施綱要》，《教育法令彙編》第六輯，出版地不詳，正中書局，1941 年版，第 72～75 頁。

（六）招生彙報階段

在國立或公立各院校統一招考期間，教育部除對招生的各個環節進行監督、管理和審核之外，在各院校招生工作開始三個月之前及完全之後與新生入學之後，教育部還要求各院校將招生情況呈報。具體呈報的事項包括：招生簡章及擬招新生名額（招生前三個月呈報），新生、轉學生、借讀生、特別生、研究生名冊及證件（學期開始後三個月呈報），特別生改正式生及借讀生改正式生名冊及證件（學期開始後三個月呈報）、轉院系生、休學生、復學生、留級生、退學生等名冊（學期開始後三個月呈報）等直接與招生有關的情況。還包括與招生情況直接有關的事項，如學校曆（學年開始時呈報）規定了招生與入學的時間，經費分配明細表（學年結束後兩個月內呈報）與招生收費有關。而且，在新生的呈報表中，還必須填寫新生的姓名、年齡、籍貫、學歷、學院、學系、性別、入學資格（中學、師範學校、職業學校或同等學力）及證件號數等內容。〔註208〕總之，各高校必須非常詳細地向教育部呈報本校招生的有關事項。

綜上所述，由於南京國民政府對高校招生的計劃與統制力度進一步加強，在單招計劃統制管理制度的基礎上，教育部還逐漸發展出了聯合招考式的計劃與統制招生管理制度，甚至還一度在全國公立高校範圍內實施了統一招考式的計劃與統制招生制度。

顯然，教育部試圖通過計劃統制高校招生來實現政府對招生組織人事制度的集權控制，並取得了一定的實際效果。從制度規定的層面來看，在聯招或統招中，各高校甚至不再是招生活動的行為主體，因而，至少在名義上，各高校是在配合政府招考新生。但是，一方面，由於受各種因素制約，再加上各高校派遣人員在全國統一招生委員會中佔據了相當數量的席位，各區招生委員會的成員也多數各校教授組成，其他重要環節如命題、閱卷與錄取環節的人員也多由各校教授擔任，教育部試圖完全控制高校招生組織與人事的目標一時難以實現，而且，隨著聯招統考的取消，全國統一招生委員會也自然解散，各高校實際上仍然保留有相當大的自主權，或者說，政府對各高校招生的實際控制權仍然相當有限；另一方面，除了由政府組織招考一年級新生之外，各校仍然可以比較自主地組織招考除一年級新生之外的插班生。因

〔註208〕《專科以上學校應行呈報事項表》（1940 年 11 月 17 日頒發），《教育法令彙編》第六輯，出版地不詳，正中書局，1941 年版，第 160～189 頁。

此，從總的情況來看，在南京國民政府時期，即使在教育部組織國立或公立高校實施聯招或統招的計劃與統制管理制度的過程中，各高校的招生自主權受到嚴重侵蝕，但仍然保留了相當一部份自主的權利。